非凡韌性

釋放傷痛，不再偽裝，從逆境中找到更強大的自己

Supernormal: The Secret World of the Family Hero

梅格・潔伊（Meg Jay, PhD） 著

林曉欽 譯

獻給傑與哈索

超凡（supernormal），形容詞，意指戰勝或超越平凡、平庸，亦有秀逸卓越之意。

推薦序　別讓堅強韌性成為壓垮你的最後一根稻草

陳志恆

從小看好萊塢動作電影，總有個疑惑：「主角為什麼永遠不會死？」

在我青少年時期，《終極警探》系列電影紅極一時，布魯斯．威利飾演的警察約翰．麥克連，跟你我一樣都是人生父母養，憑什麼出生入死卻總能奇蹟生還，凱旋而歸？賣座電影裡都要有這樣的角色設定，因為觀眾喜歡，像蟑螂一般打不死又百折不撓。但現實中的我們是如此不堪一擊，總期待著自己有一天能擁有那鋼鐵神勇、克敵致勝的超凡力量，打敗橫在眼前的種種困難——事業、房貸、愛情、婚姻、親子、疾病等。

我是一位心理助人者，在實務工作中，時常接觸到許多遭逢困境的人們，他們曾經歷過一般人難以想像的童年逆境，至今依然深受其擾；我也碰過許多苦惱的父母，這些大人的兒時成長經驗也是千瘡百孔，眼看著就要將這些傷痛複製到孩子身上了。

我該如何幫助這些人有所突破，甚至改寫命運呢？於是，我亟欲想知道，那些即使在成長過程中一再遭逢困境，仍能成功克服逆境、越挫越勇，終於攀上人生巔峰的人們，究竟是如何做到的？

回到真實世界中，在你我身邊，也有許多非凡人物，或許精采程度難以與大銀幕上的劇情相比擬，卻也曾經在苦難中受盡折磨，同時，他們撐過來了，甚至扭轉局勢。是什麼讓「不經一番寒徹骨，焉得梅花撲鼻香」在他們身上起了作用？而同樣在海上遭遇暗礁，有些人能夠「激起美麗的浪花」，有些人卻死在沙灘上？這中間的差異是什麼？

當我們不斷想探究這些問題時，作者卻在這本書中試圖告訴我們，超凡之子，其實也很平凡。這本書試圖從成千上百則研究報告及傳記故事中，去提煉出那些超凡之子異常堅強的祕密，同一時間，也真實地揭露，就算是超級英雄，也有孤獨、脆弱、無助、自我懷疑與恐懼的一面；儘管成就斐然，但憂鬱纏身，甚至長期承受著龐大身心壓力的副作用。

為什麼？因為，水能載舟，亦能覆舟——在這本書中，你能清楚理解這句話的奧義。那些幫助一個人成功克服逆境的身心特質或行為模式，一方面讓苦難者脫胎換骨，卻也把他們一步步推向終其一生痛苦不堪的無間地獄中。

發生在童年時刻的逆境經驗，我們往往無力對抗，更難以逃離。我們只能透過僅有的身心資源加以因應，由於選擇有限，任何當時展現出來的應對策略，目的都只有一個——活下來。幸運地，我們成功地在苦難中獲得生存，度過難關；然而，一個人的行為模式一旦有效果，就會被保留下來，同時成了他們應對後續人生挑戰時的主要因應機制。

因此，在他們漫長的人生路上，他們仍然依著慣性，走著最熟悉的路徑——戰鬥、逃離、凍結、警覺、過度努力、討好順服、取悅他人等，他們成功地因應了人生的困境，在學業表現、人際關係與事業發展等各方面一帆風順，然而，這也令他們吃足苦頭，付出代價，內心有著不為人知的辛酸。

像是，當我們看到一個樂於分享、熱心付出，總是笑臉迎人又深受歡迎的人時，我們沒看到的是，他可能常要把別人的需求放在比自己更優先的位置上去照顧，即使再委屈，也要縮小自己，眼淚往肚子裡吞。因為，在過去，他需要藉此獲得父母的認同與在乎，他是這樣在家庭風暴中生存下來的。

在我實務工作中的觀察，那些最堅強且成就不俗的人，往往也是最會「撐」的人，不到痛苦的極限，絕不求救。也許，在過去的逆境中，他們只能獨自苦撐，或者求援會討來責罵。於是，他們知道，凡事都得靠自己，他們拚了命地自我提升，而能爬到如今的局面。但獨自苦撐的後遺症，便是有苦不能說，甚至不允許自己感受痛苦。可以想見，他們再有成就，卻是缺乏人際支持的，身旁的親友再多，仍感孤獨不已。

我很喜歡作者對超凡英雄的堅強與脆弱，同時忠實呈現的寫作筆法。這讓我們知道，儘管遭遇苦難，我們仍有機會超越現狀，並活出不同的人生，正如好萊塢電影情節一般，我們永遠可以帶著企盼，而那個最終的拯救者，可能就是我們自己。

另一方面，我們也清楚知道，在克服逆境的同時，需要承認並允許自己感受到傷痛、脆弱、不堪、無力與孤獨。也許你得假裝堅強，因為這是幫助你一路撐過來的生存策略，但當假裝到連自己都不認得自己時，那些深埋在心中的脆弱與傷痕，便無從被看見。沒看見，不代表不存在，特別是那些源自童年的身心創傷，一旦形成，就會持續對後續人生造成或大或小的影響——在情緒、健康、生活習慣與親密情感等各方面。

超凡人物的非凡之處，在於能不被困頓洪流給淹沒，越挫越勇，翻轉人生，甚至鼓舞著成千上萬的人們；但超凡人物的平凡之處，就跟你我一樣，也會有煩惱、有壓力，感到身體病痛，身旁有難相處的家人、鄰居或同事。這本書正要讓你知道，你可以擁有非凡韌性；同時，你也擁有疲憊與脆弱的權利，就算你再能撐，也需要向外求援，就像大多數的人一樣。

因為，即使超凡，你還是個「人」。

（本文作者為諮商心理師、作家）

推薦序　變得強壯有時是不得不的選擇，儘管代價是滿身傷痕

蘇益賢

之於你，「活下去」是什麼意思？

對多數人來說，這是種誇飾。一種加油打氣、互相勉勵，一起撐過上班或生活的日子。不過，「活下去」有時正如它字面上的意義那般，是生命遭逢威脅時，人類的身心努力在做的事。面對威脅，被啟動的「活下去模式」改變了身心狀態，造成廣泛而深遠的影響。

相較其他生物，人類是少數很晚獨立的物種。我們稱十八歲為「成年」。反觀其他生物，長頸鹿在出生後沒多久就能站立甚至行走；幾個小時後就能奔跑好逃離捕食者。剛出生的嬰兒就連自己「抬頭」都有困難，更別提得花上數個月才能做到的爬行、坐立、步行、跑步。

在生命初期，脆弱的嬰幼兒無法獨自生存，相當仰賴照顧者的協助。無數心理學研究發現，照顧者（無論是雙親或親戚）提供的照顧品質，不但決定了嬰幼兒生命能否延續，更決定了嬰幼兒長大之後的身心狀態。

溫暖、支持且穩定的教養風格加上足夠的營養、睡眠與良性環境刺激，使得「家」成

為了讓嬰幼兒安心成長的避風港。在面對生存威脅或挑戰時，家是一個可以獲得安慰與修復的場域，讓嬰幼兒逐漸成長並適應社會。

但許多時候，家反而成為了嬰幼兒生存的主要威脅來源。「童年逆境經驗」研究發現，主要照顧者的不當教養，包含咒罵、羞辱、肢體傷害、性騷擾或性侵害、缺乏情緒支持、忽視、棄養，這樣不穩定的成長環境，對嬰幼兒來說都是巨大的威脅。同時，主要照顧者自身狀態的不穩定，好比離婚、入獄、罹患精神疾病、物質成癮等，也都會對發展中的嬰幼兒造成威脅。為了生存，嬰幼兒不得不長期開啟「活下來模式」，試著透過這樣的策略，熬過充滿威脅的生存環境。

只是，這種「先活下來再說」的策略雖然讓生命延續了，卻也讓人付出許多代價。如探討童年逆境的經典書籍《深井效應》一書所指出的，童年逆境之下長大者，罹患癌症、心血管疾病、肥胖、中風、糖尿病等機率，都是常人的許多倍。除了生理疾病受童年逆境經驗影響之外，個人心理狀態亦無法倖免。許多人因而發展出如焦慮、憂鬱、注意力不足或過動、創傷後壓力症候群等心理疾患。

看似悲觀的結論，其實只道出了故事的一部分。本書作者發現，百分之七十五的社會傑出人士，其童年都曾受貧窮、家庭破碎、疾病等逆境的折磨。

逆境不但不可預期，更不受個人控制。面對逆境，以「凡人」之姿活著是不太可能的。在沒有選擇的狀況下，這些人只能成為「超凡之子」，發展出各式各樣的生存策略與心理防衛機制。

這些策略運作極佳，因此，身為外人的我們看見的是這些傑出人士光鮮亮麗、超凡、成熟的一面，不一定能發現當事人正或曾承受著怎樣巨大的生存壓力。更不一定有機會深入他們的內心，理解他們的傑出是怎樣的犧牲換得的。

某種程度，這些超凡之子正驗證了尼采說過的話：「凡殺不死我的，必使我更強大。」只是，看在心理學家眼裡，這句話其實沒有說完。更精確地說：「凡殺不死我的，必使我更強大，也必在我身上留下傷痕。」

曾經保護許多超凡之子走過逆境的生存策略，在脫離童年逆境之後，仍不合時宜地緊緊跟著他們，成為人生的阻礙。有人不願或不敢相信愛情、時常處在情緒麻木的狀態、投入酒精或物質的世界、自我孤立、過度犧牲奉獻……許多超凡之子甚至沒有意識到這樣的傷痕與童年經驗的關係。

閱讀本書，內心是滿滿的不捨，捨不得這些主角們得在童年時經歷那樣的遭遇。為了求生而變得超凡，不但無法選擇，更是滿身傷痕換來的。故事說到這，似乎又落入了難過的結局。

但真正完整的故事，其實才剛開始。就在一位位負傷的超凡之子，願意試著理解自己所負之傷的那一刻起。這樣的過程，不斷交錯出現在本書裡。身為心理治療師的作者陪伴了許多超凡之子，一起扛起龐大的痛苦情緒，試著面對與理解自己的生命經驗。在諮商室裡，超凡之子時而沉默、時而哭泣、時而憤怒。當我們正視生命的重量時，會發現它往往是沉重的，更何況是要面對讓人如此不堪的童年逆境經驗。

但正如他們過去面對童年逆境時所鼓起的勇氣一樣，許多長大之後的超凡之子再次選擇面對。在一次次諮商歷程中，正視生命在倖存之後的傷口。

與多數人想像不同，心理諮商其實不總是舒服的。在治療室中，我們要面對的負面情緒總是多於歡笑。身為心理師，我對每位願意前來接受治療的案主是滿滿的敬佩。畢竟，逃避與不面對其實是更容易的事情。

本書不只適合推薦給曾有過童年逆境經驗的讀者，更適合每一位希望面對真實的自己，進而從中找到自身力量的伙伴。對書裡提到的主角們來說，超凡其實是不得不的選擇。但身為讀者的我們，若能借鏡這些超凡之子故事，在作者的敘事中，看見他們選擇再次面對自身恐懼的勇氣，也許在未來面對屬於各自的人生逆境之時，將更有機會從中找到更強大的自己。

（本文作者為臨床心理師）

各界推薦

每個人的生命中，或多或少都經歷過逆境，乃至於創傷，然而人們往往忙著存活下來，不盡然有機會理解這些逆境如何改變了自己——我們永遠失去了些什麼，卻也得到了什麼。希望透過閱讀本書，讀者們能得到自我理解與療癒的可能。

——臨床心理師／方格正

心理學家對於一個人遭逢困境後的復原力或韌性，一直相當有興趣。對於面對壓力之下展現出的堅毅性格，也感到好奇。從他人遭遇苦難到因應的過程中，都有難以衡量的生命智慧。藉著這本書，也許我們能找到一些解答，少一些磕碰與嘆息。

——臨床心理師／洪仲清

梅格．潔伊慈悲地理解童年遭逢逆境、創傷的人們，看見其復原的強韌實為「超凡」（supernormal），將他們從貼滿正常（normal）／不正常（abnormal）二元對立標籤的自我懷疑及社會眼光中解放出來。她提醒了我們，對於人我的愛與慈悲正是韌性的基石。

——英國BACP、UKCP認證心理治療師／侯蕙

過去的創傷或許讓你覺得自己「不正常」，但仔細想想，誰的身上沒有幾個傷，只不過刻意掩藏，來避免身邊的人失望而已。我常常說，受傷的地方經常也是蘊藏解藥的地方，相信你能在這本書裡，找到屬於你自己的力量。

——科普心理作家／海苔熊

如果您也是那個花了大半輩子時間療傷的人，希望您可以透過這本書的陪伴，理解自己並感到寬慰，逐漸從創傷經驗的桎梏得到釋放。

——臨床心理師／曾心怡

人如何在逆境中生存？作者談哈佛的心理學研究，也談超人、蝙蝠俠，她跟你說了動人的諮商故事，還說了文學與詩歌帶來的啟發，她在知性與感性、專業與通俗之間優游穿梭。不論你是專業助人工作者，還是渴望自我成長的讀者，相信都能在這本書中獲益，並感受作者對於生命與世界的熱情。

——初和心理諮商所 諮商心理師／黃柏威

目錄

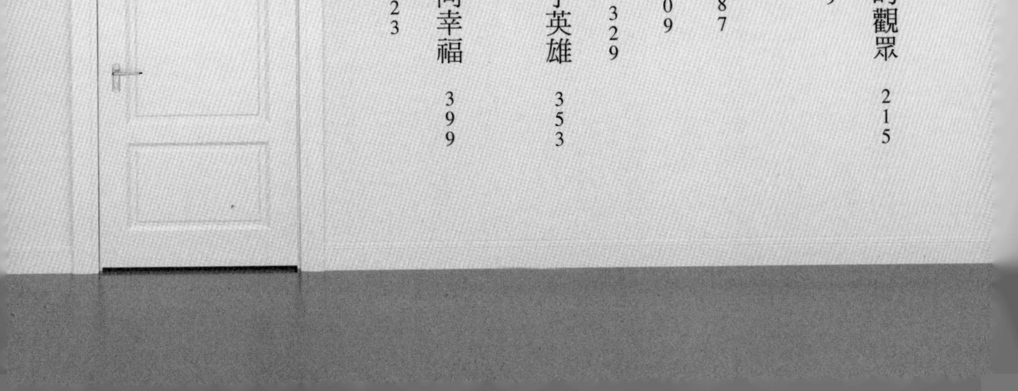

前言

身為臨床心理學家和教育者，將近二十年，我一直都在聆聽。直到最近，我開始寫書。我的理由如下：大多數的時候，人們之所以需要尋找心理諮商師或老師，是因為他們找不到人討論內心的問題，或者他們恐懼沒有任何人能夠理解自己的問題。將近二十年了，我的歲月一直待在門後的世界，聆聽各種同樣發生在門後世界的事件。我已經學會了一件事：許多人覺得孤獨，但他們面對相似的問題，卻不知道自己並不孤單，也絕非異常。

除此之外，不是人人都有機會上學或接觸心理諮商，每個人必須面對不同的財務問題、各種考量或者文化障礙，聆聽、研究與閱讀這些問題，讓我受益匪淺。我希望資訊能夠流通，不要局限於可以上學或者有能力負擔心理諮商費用的人，只要使用網路、書店或公共圖書館，都能取得資訊。女性主義理論學家格羅莉雅．珍．華特金斯曾說，教育是一種干預。她的筆名「貝爾．霍克斯」（bell hooks，華特金斯堅持不採首字大寫）更廣為人知。

因此，我決定寫一本非虛構的紀實敘事作品。在這本書裡，我以數百位研究者的數百份研究報告作為題材，為了增進本書的閱讀性，其中只有幾位研究者的名字會出現在文本裡。我同時也引用了數十本回憶錄與自傳，以及少數幾本傳記和小說作品。在大多數的引用例子裡，我會完整引用，但在少數情況下，為了保持閱讀流暢度，我會縮減引用篇幅，不額外使用括號或省略符號，但絕對不會修改引用文字本身的意義。

最重要的是，我所敘述的故事，與我聽見的故事完全相同。我有幸能夠聆聽諮商個案的傾訴，並且與學生共同努力，才能傳達這些故事。本書的故事都來自於真實事件，我付出相當多的努力，希望重現真實的情感。為了保護當事人的隱私，我修改了他們的身分細節。但故事中的核心要素，包括個案與學生面臨的逆境、內心的想法以及一路奮鬥的感受，則是完全保留原貌。故事中的對話來自於我的記憶。我期盼所有的讀者都能在文字裡看見自己，但如果本書內容看起來像是指涉任何一位特定人物，純屬敘事上的巧合。

第　一　章

超凡

真正傑出不凡的，反而是最平凡的

世上最大的痛苦，莫過於心裡藏著一個不能說的故事。

——馬雅．安傑羅❶

海倫本人看起來相當落落大方，就像她在電話那頭的聲音。第一次赴約，海倫相當準時，筆挺地坐在沙發上，雙手交疊，底下的那隻手，拳頭緊握。我們先是輕鬆閒聊，我問她前來此處的路上，是否遇到了任何狀況。談到這件事情，海倫幾乎想都不想，立刻說她上班開會延誤了時間，連忙開車出發，路上卻遇到爆胎，只好就近找一間汽車維修廠，火速把車子開進去，拔出鑰匙，快步跑出汽車維修廠，一邊跑一邊回頭對維修人員大喊：「我一個小時之後回來拿車。」接著跳上公車，顛簸行經快兩公里左右，下車之後跑過好幾個街角，最後準時抵達我的辦公室。

「妳好像超級英雄。」我說。

海倫的臉上滑過淚滴，悲傷冷淡地望著我，重複說了這句話：「妳完全不明白我的人生。」

海倫說，大學畢業之後，她花了絕大部分的時間——「多久了？」我問。海倫停了一下，開始計算。「大概十年、十一年左右？」——參與世界各地的非政府組織，為了改善世界而奮鬥。非洲的社會正義、東南亞的氣候議題、東歐還有加勒比海地區的青少年司法正義，哪裡需要海倫，她就會在那裡。直到有一天，母親捎來一封訊息：家裡需要她，海倫的父親在她從小成長的房子裡自殺了。

他們居住的郊區距離舊金山兩個小時的車程。房子有一座小庭院，可以讓人跑動玩耍，海倫與兩個弟弟都有自己的房間。或許，就是因為房子很大，多年前海倫的小弟半夜跑到後院的游泳池時，才會沒人聽見任何聲響，也沒發現他溺水淹死了。

早在青春期之前，海倫也開始在半夜溜出家門。起初，她只是想知道弟弟死前看到了什麼世界。後來，海倫之所以繼續溜出去，卻是因為這樣能夠讓她逃離一切，就算只是短暫的。

海倫的父親不想搬家重新開始新生活，海倫的母親甚至沒有哭，不願放下關於小兒子的回憶——她曾在廚房走廊上測量小兒子的身高，在牆壁上做記號，記錄他的成長。在那段歲月裡，海倫的學校成績良好，臉上總是掛著笑容——父母要海倫堅強，而她做到了。

但是，海倫在夜裡獨走，穿梭在黃色的街燈下，不需要替任何人堅強，也不需要拯救任

❶ 馬雅．安傑羅，美國詩人、民權運動者，寫作生涯超過五十年，出版過六本自傳，以描述童年與成年初期經驗為主題，生涯橫跨多個領域，獲得相當多的獎項與三十多個榮譽博士學位，曾在二〇一一年時獲得美國總統自由動章殊榮。

何人。

從環遊世界的工作回到家鄉之後，海倫在熟悉的街道上開著租來的汽車，心裡不確定自己最痛恨家鄉的哪一點：究竟是這些房子看起來毫無改變，還是她的老家永遠不像其他房子。隨後，海倫前往父親任職的公司，把他的私人物品收進紙箱裡。海倫在辦公桌最下方的抽屜裡看見了一個相當可疑的水瓶。她轉開瓶蓋，聞到了酒精的味道。海倫也很想喝酒。她坐在辦公椅上隨意轉動，看見了數百疊文件凌亂地堆在地上。走出辦公室的時候，父親的同事有些不知所措，只能笨拙地表達慰問，她彬彬有禮地答謝，同事們也恭賀海倫的事業成就。「妳的父親相當以妳為傲。妳應該知道，他經常提到妳。」海倫知道的，因為她是全家人走過傷痛仍然安好的證明，以前是，一直都是。

海倫迅速在家鄉找到了工作，擔任總統選戰的募款人員。她心想，就算是在美國境內，也有很多重要的事情要做，更何況母親需要她。工作時，海倫總是在電話裡用友善和充滿熱情的態度向捐款者交談。有一次，海倫接到母親的電話，她啜泣地說房子可能會遭到扣押——但海倫早已立下誓言，絕對不會離開那間房子了。她也因此決定向我傾訴自己的故事。

「我從來沒有對任何人說過。」海倫的眼淚如雨滑落臉頰。「有些人略知一二，但沒人知道全部的情況。他們看著我，只見到我的事業成就，等到他們發現我的家庭私事，都會有些驚訝，但沒人真的了解我。我想也不會有人了解我。我很孤單。」

海倫沉默地坐著，不停翻摺面紙。

「我好累。」她繼續說：「我也很羞愧。想到自己坐在這裡哭訴，但全世界還有很多人的生活比我更辛苦，我好像沒有疲倦與悲傷的權利。我不知道自己怎麼了，有時候覺得自己在哪裡都格格不入，沒有任何字眼可以形容我現在的狀況。我只覺得自己跟其他人不一樣。」海倫最後做了一個結論：「我不正常。」

我問海倫，她是否認為自己從創傷中復原了。她看起來一點都不困惑，反而非常驚訝，斬釘截鐵地說：「不。」

「如果我真的復原了。」她的口氣像是我誤會了什麼，所以她必須陳述事實。「我就不需要坐在這裡，找妳這種人談談。」

隨後，海倫在完美的時間閉口，看了手錶一眼之後說：「我們的時間到了。我下個星期再來。」她擦拭臉上的淚水，走出辦公室，跑向自己的汽車。

★★★

海倫的人生是一場奇蹟。童年逆境或者來我辦公室路上的種種一切，她克服了或大或小的逆境。失去年幼的弟弟、面對雙親的悲痛、父親的死亡、挑戰各國的不公還有汽車爆胎，無論眼前的困難是什麼，海倫總是勇敢行動，堅定且果決，慈悲且勇敢，她是家人的英雄，可能也是世上許多人的英雄。她似乎永遠不會疲倦，只要任何人需要她，她就會拯救他們，甚至替世界各地的陌生人挺身而出。認識海倫的人，認為她是奇蹟般的傑出人才，或許幾乎沒人想得到，在門後的世界，海倫覺得心力交瘁而且疏離。

但是海倫並不如自己想像般異常。以下是孩童與青少年每天面對的常見逆境。如果您正在思考自己青少年時期是否曾經面對逆境，請捫心自問，在二十歲之前，是否遭遇以下問題：

- 你曾經因為死亡或離婚而失去雙親或兄弟姊妹嗎？
- 家長或兄弟姊妹曾經咒罵你、批評你、羞辱你、孤立你或者用任何方式讓你覺得害怕？
- 住在一起的家長或兄弟姊妹是否有酗酒或者其他毒品濫用問題？
- 你是否害怕或實際遭受學校與鄰里的青少年霸凌？
- 與你一起生活的成人或親屬是否苦於心理疾病、嚴重的生理疾病或特殊需求？
- 你的家長或親屬是否經常暴力推擠、拉扯、攻擊你或朝你扔擲物品？你是否因為其暴力行為而產生瘀青、傷口或其他受傷情況？

．你在家中是否曾遭遇衣物、食物短缺，無法負擔就醫費用，或者認為自己無依無助？

．鄰里是否有人入獄服刑？

．你的家長、親屬或任何年長五歲者是否曾以帶有性意圖的方式接觸你的身體，或者要求你做出類似行為？

．家長或親屬是否毆打、踢擊、摑掌甚至使用武器攻擊你？

如果你的答案是肯定的，而且超過一個——或者，你的生活逆境並未出現在上述問題——你並不孤單。從個別的角度而言，每一種逆境經驗可能只會影響少部分人口，但如果以「幼年逆境」的整體分析而論，美國與全球的各項研究結果一致認為，七十五%的孩童與青少年都曾面臨過至少一項逆境，而這些逆境可能會引發連鎖效應。然而，正如我們所知，許多與海倫相仿的年輕人，仍然順利成長茁壯，你可能也是如此。你們不只克服了生命的逆境，或許，生命的逆境正是你們成功的原因。社會學家認為你們是擁有「復原力」的人。

根據美國心理學會的定義，「復原力」是指個人面對逆境、創傷、悲劇或者顯著的壓力時得以妥善適應的能力。研究者認為，復原力乃是應對風險的超凡競爭力，足以面對險峻的挑戰並且獲得成功。無論我們想要何等精確地描述，「復原力」永遠都能超乎想像，環境越是深邃黑暗，越是能看出其光輝璀璨。經歷逆境之後，海倫當然贏得了成功。她妥善地調適成長，她的成功也超乎預期，擁有無比的競爭力。但是，為什麼海倫不認為自己已經「復原」了？

關鍵的問題在於，以口語的方式描述復原力，將會導致錯誤的理解，例如「逆勢反彈」或「重振旗鼓」。如果我們查閱字典，就會發現復原力的意思是「彈性」「韌性」，也就是「迅速且輕鬆復原，對抗疾病、不幸或驚人的打擊之後，能夠回到原初的良好狀態」的能力。這種定義可以適用於許多情況，例如從流行性感冒中痊癒或者戰勝失業的打擊。但是，常見的「復原力」描述無法解釋海倫的例子，她並未迅速地復原，更不曾回到「原初的良好狀態」。海倫的早年逆境徹底改變了她，復原力並不是她克服童年逆境的真正原因。

事實上，社會學家相信，復原力的最佳定義並不是韌性或彈性，亦非經由測驗就可以探知一個人是否擁有的「特質」與「能力」。復原力是一種現象——我們能夠親眼目睹，卻無法完全理解。

我們在海倫的人生故事裡看見了復原力現象，在本書往後的篇章裡，也將見證更多世界知名的人物如何展現其復原力。這些故事會讓我們明白，海倫並不如自己所想的孤單，事實上，她擁有許多同伴，例如：

安德烈．阿格西（Andre Agassi），世界網球冠軍
馬雅．安傑羅（Maya Angelou），作家
艾莉森．貝克德爾（Alison Bechdel），漫畫家
強尼．卡森（Johnny Carson），喜劇家、知名電視主持人
強尼．凱許（Johnny Cash），鄉村歌手
史蒂芬．柯伯（Stephen Colbert），喜劇家、知名電視主持人
米斯蒂．柯普蘭（Misty Copeland），芭蕾舞者
艾倫．康明（Alan Cumming），演員
薇拉．戴維斯（Viola Davis），演員
維克托．法蘭克（Viktor Frankl），心理學家、猶太人大屠殺倖存者
勒布朗．詹姆斯（LeBron James），NBA總冠軍球員
巴拉克．歐巴馬（Barack Obama），第四十四屆美國總統
保羅．萊恩（Paul Ryan），第五十四屆美國眾議院院長
奧利佛．薩克斯（Oliver Sacks），神經學家

霍華．舒茲（Howard Schultz），星巴克咖啡董事長
阿克希爾．夏馬（Akhil Sharma），作家
伊莉莎白．史馬特（Elizabeth Smart），兒童安全倡導者
索尼亞．索托麥爾（Sonia Sotomayor），美國最高法院大法官
歐普拉．溫芙雷（Oprah Winfrey），媒體大亨與慈善家
Jay Z，饒舌歌手與企業家

多數克服逆境者皆非名人，只是生活在市井的俗世男女。他們可能是醫生、藝術家、企業家、律師、街坊鄰居、父母、社會運動者、老師、學生、讀者或任何身分。他們的偉大成就值得一個更好的比喻，不只是「觸底反彈」或「韌性反抗」，他們值得更好的故事，只屬於他們的故事，才能夠公正地傳達他們對抗逆境的經驗，這就是本書的主旨。

在往後的篇章，無論社會名流的公開故事或市井小民的生命經驗，我們都會看見他們不只是「從逆境中反彈」，他們的行動更複雜，更需要勇氣，他們是人生的主角，永無止境地對抗一場別人看不見的激烈戰爭。我們將會明白，這是一段充滿英雄能量的人生旅程，也是獨一無二的現象——經過數十年的探索與研究之後，仍然會讓我們驚豔無比。

★
★
★

一九六二年，維克托．格澤爾與妻子米爾翠德攜手發表《卓越的搖籃：二十世紀四百位著名傑出人士童年的激辯研究》一書。兩人書中提到的著名人士，各自都有至少兩本以上的傳記作品，並且對社會做出了正面貢獻，在此列舉少數例子，包括路易斯．阿姆斯壯（自行車選手）、芙烈達．卡蘿（墨西哥畫家）、畢卡索、愛蓮娜．羅斯福（前美國第一夫人，主導起草聯合國《世界人權宣言》、女性主義倡議者）。格澤爾夫婦書中的「激辯」特色，或者說，令人驚訝的特點在於書中提到的四分之三的傑出人士，都曾經在童年時受到貧窮、破碎家庭、父母虐待、酗酒、身障、疾病與其他不幸處境的折磨。只有五十八位書中人物，也就是低於十五％的比例，成長於毫無困難的支持性家庭。因此，格澤爾夫婦的結論是：「所謂的『正常人』，不太可能成為名人堂的候選人物。」

或許，前美國第一夫人艾碧蓋兒．亞當斯所言不虛，她曾說：「對抗巨大的艱困，往往能孕育出茁壯心靈的特質。一個人的心智，需要被觸動心靈的場景所喚醒，否則那些特質會陷入沉睡。然而，只要一個人的心智被喚醒了，那些特質會擁有生命力，建構出英雄與政治家的人格。」無論我們望向何方，只要仔細觀察，就會發現逆境確實無所不在。不只是少數不幸者遭逢的可怕逆境，就連傑出秀異之人、英雄人物還有生活裡無數充滿復原力的凡夫俗子，我們都能在其生命裡看見逆境。

一開始，社會學家只是因為意外，所以偶然注意到具有復原力的平凡人。自從心理研究成為一門學科，在將近一百年的時間裡，研究者的目光泰半聚焦在心理疾病，關注童年問題如何影響成年問題。

十九世紀末，佛洛伊德因為讓以上觀念受到歡迎而聲名鵲起，但事實上，在佛洛伊德之前，童年影響成年的論點早已明確而完整。「無論走到哪裡，我都會發現一位詩人的腳步比我更早。」據信，佛洛伊德曾出此言。事實上，也確實是十八世紀詩人亞歷山大．波普的文字讓這句話成為箴言：「如果樹芽已扭曲，長大之後的樹幹必然彎曲。」

然而，到了一九七〇年代，一群與眾不同的少數研究者才發現，即便樹芽扭曲了，長大之後的樹幹卻不必然彎曲。

明尼蘇達大學的心理學家諾曼．賈美茲開始研究兒童心理。賈美茲起初認為，如果母親的心理狀況不佳，孩童罹患精神疾病的風險也相當高。但是，他最後發現有些兒童毫無任何精神異狀，因而大感驚訝。

倫敦精神治療研究所的麥可．路特研究不受家庭貧困與匱乏影響的小孩。

加州大學戴維斯分校的心理學家艾米．韋納推行了「考艾島長期研究」，長期追蹤高風險的嬰兒，而克服童年逆境與家庭失和的孩子，也同樣讓韋納大讚驚奇。

梅寧格基金會的露易絲．莫菲與愛麗斯．莫里亞堤共同主導了「妥善應對研究計畫」，希望找出妥善應對童年逆境的小孩。

瑞士精神治療學家曼費德．布魯勒——其父尤金．布魯勒創造思覺失調症一詞，並且長期研究成年人的思覺失調症狀，非常驚訝地指出，在他接觸過的許多精神病患個案裡，小孩並沒有受到影響，教養都非常良好。因此，布魯勒認為小孩童年時的艱困經驗產生了「鋼鑄效應」，使其心靈無比茁壯。

英國精神分析學家詹姆斯．安東尼曾在一九八七年時提到：「也許我們會以為，小孩戰勝絕望、屈辱、沮喪、剝奪和環境逆境的美好圖像，能夠立刻引起心理臨床工作者和研究者的注意，但這些克服逆境的倖存者與勝利者其實一直無人聞問（情況直到最近才改變）。」這些倖存者與勝利者確實在一瞬間引發了高度關注。像是海倫這樣的年輕人被稱為「夢想守護者」，理由是至少從外表上來看，他們代表了美國夢：戰勝逆境、拼湊而成的自給自足、明天會更好的希望，以及看似平等的成功機會。

擁有復原力的孩童同時捕捉了專業人士與門外漢的想像力，學術研究與大眾媒體的描述都認為，這些孩童擁有真實而無與倫比的特質。報章頭條、期刊文章和書籍標題用盡所有最高級的超級英雄描述，例如「超級小孩」「刀槍不入」「不屈不撓」「鋼鐵之子」「超凡入聖」等。刀槍不入且不屈不撓的孩子展現出彷彿不屬於這個世界的適應力與成功，但他們究竟怎麼做到的？

★★★

能夠對抗逆境的孩子，通常備受仰賴，必須在家庭或學校裡拯救一切。在某一段時期，研究者似乎也將這些孩子視為社會科學的救星。創傷研究專家朱利耶斯·席格在一九七八年的著作中曾稱呼他們是「永不放棄的孩子」，甚至主張他們必然擁有特殊的力量，只要科學家能找出復原力的祕密，就能讓全世界看見成功背後的訣竅。「百折不屈的孩子們」，席格如此描述道：「就是研究者的希望。」

席格絕非孤軍奮戰，全世界的研究者開始熱切地研究這些逆勢復原的男孩女孩。他們原本相信自己可以找出一張簡單的清單，詳細地列舉可以創造復原力的人格特質，但清單越來越長，而且無法在單一個案身上發現所有特質，個案也不見得是才能極為出眾的孩子。這些特質包括：符合平均標準的智商、令人著迷的個性、解決問題的能力、自制力、獨立、自信、良好的溝通技巧、幽默感、決心、結交朋友的能力、樂觀、吸引力、對宗教或理念的信仰、勤奮、吸引他人的天賦或習慣等等。

雖然研究者非常想要主張優秀傑出的孩子可以善用自己的超能力對抗逆境，但事實越來越明朗，許多孩子受益於生活環境中的良好影響。幸運的孩子至少擁有一位真心愛他的家長或成年親屬，持續地提供溫暖的關愛與監護。有些孩子可以熬過痛苦，不是因為家長，而是兄弟姊妹努力地付出與照顧，另外一些孩子在家庭以外的環境，得到了支持性的關係，例如學校的老師、教練、導師、親戚或朋友，甚至獲得了社區的資源照顧：善良的學校滋養他們的心靈，填補他們飢餓的腸胃，安全的居家環境或社區中心，讓孩子放下重擔，輕鬆地生活；圖書館、教堂、健身房、音樂中心是他們的出口，甚至啟蒙他們的心靈。

知名的復原力研究專家安．瑪斯登相當中肯地認為，海倫這樣的孩子並沒有所謂的超能力。或許，真正讓我們訝異的是瑪斯登主張他們擁有「平凡的力量」——也就是在每個人的心靈、家庭和社群裡常見的日常生活力量，才能憑空創造奇蹟，在逆境中孕育瑰麗的人生，猶如魔術一般，從帽子裡變出可愛的兔子。然而，他們的人生也像魔術，我們的眼睛往往看不見真相。

社會學家越是緊密且持續地觀察復原力的個案，包括孩童與成人，就更加能肯定復原力的真貌取決於他們觀察的角度與時機。研究者習慣尋找「可以具體觀察」的良好表現跡象，因此，職場與學習表現就是最佳選擇。如此一來，我們又應該如何看待研究者無法輕而易舉探索的其他面向呢？很快的，研究者發現許多面臨家庭逆境的孩子，在學校的表現相當傑出，「擁有強大復原力」的個案更是如此，但他們的內心面對沉重無比的壓力，並且孤獨寂寞，幾乎無法察覺他們的辛苦之處。同樣的，許多在職場上表現優異的成年人，似乎不會因為任何困難而動搖，但他們私下卻必須面對艱難的人際關係或健康問題。數十年的復原力研究或許揭開了「童年復原力」的祕密：沒有任何一位孩童或成年人是真正的百折不屈。

★★★

二十世紀中葉，海因茲·哈特曼推測正常的人格發展應建立在所謂的「平均且可預期」的環境中。哈特曼的想法近似於小兒科權威、心理學家唐納·溫尼寇特所說的「足夠良好的成長環境」，意思是平均且可以預期的家庭、學校或鄰里居住環境，足夠安全、足夠的食物、足夠的正面影響力、足夠的和平生活、足夠的紀律、足夠的監督、足夠的模範人物、足夠的注意力、足夠的愛，以及至少一位足夠優秀的家長或成年人。在「足夠良好的生活環境」裡，孩童仍要面臨問題與挑戰，其難度適宜且符合年齡，有益於成長。哈特曼與溫尼寇特認為，孩童面對的問題必須是「可以預期」並且符合大眾社會文化認知的「一般問題」。

諷刺的是，哈特曼想像的「平均且可預期」的成長環境一點也不平均，更難以預期。許多人的成長環境符合哈特曼所說的「超過平均的負擔」，而且面對此種逆境的人數遠遠高過於一般人的想像。根據美國疾病預防及管制中心在二〇一〇年提出的報告，四分之一的美國成年人在幼年曾受言語攻擊，十五％遭到暴力對待，一〇％遭到性騷擾或性侵害，三〇％目睹雙親離婚，三〇％的家庭環境裡出現了一位毒品或酒精濫用者，十五％目睹了各種形式的暴力行為，至少一位家長入獄服刑的比例為五％，二〇％的人曾與飽受精神疾病困擾的家庭成員同住。

上述問題聽起來就像「別人的問題」，與我們的生活無關，或者是生活水準低於貧窮線的家庭才需要面對的煩惱，財務困難確實可能導致或引起家庭環境問題。但是，一份報告問世之後，不但震驚了醫學界，更讓我們必須承認早期成長環境問題如此普遍且充滿殺傷力。這份報告的名字是《童年逆境經驗》（*Adverse Child Experiences*；往後以ACE簡稱）。調查人員於一九九〇年代晚期開始研究，接受了美國疾病預防與管制中心及知名的凱薩醫療機構的資助，由文斯·費利帝以及羅伯特·安達共同指導。ACE

報告調查了將近八萬戶中產階級家庭之後發現，其中三分之二面臨至少一項難題，半數必須處理兩項以上的難題。

對於所有的孩童與青少年而言，逆境總是接二連三而來。艱困的難題彼此糾結，形成所謂的「逆境包裹」，例如海倫的童年，一件不幸的意外導致連續的問題。二〇〇四年時，另一份研究檢測了生命難題之間的相互關係之後指出，八〇%的孩童只要遭逢一項難題，就必須承擔另外一次的打擊，五〇%左右的孩童同時面對三種不同的險峻狀況。

除此之外，最常見的早年逆境通常不是一次性的事件，它將持續地影響小孩的人生。精神分析學家恩尼斯特·克里斯認為，最常見的孩童逆境不是「震盪創傷」，而是「壓力創傷」。壓力創傷將加重孩童的心理負擔，一直延續到青少年時期。另一位精神分析學家馬速德·康則以「累積創傷」一詞形容，認為這類型的問題將在個案的童年時期不停惡化，也許要到成年之後，才會完全顯露「累積且回溯」的沉重負擔。

兒童逆境最危險的特質不在於造成巨大的瞬間傷害，而是日復一日地折磨小孩，並且持續地影響身體與腦部的發育。潛藏在內心的逆境經驗造成當代社會熟知的「毒性壓力」或「慢性壓力」。慢性壓力造成的打擊，就像以相同方式不停攻擊孩童的頭部。舉例來說，運動員不慎受到重傷而失去意識，可能造成腦震盪，醫護人員會立刻暫停比賽，帶他離開現場。如果運動員的傷勢輕微，看似無恙，醫護人員認為他能夠重返比賽，往後的生活也無須擔心。然而，正如腦神經專家的研究結果指出，無論輕重，所有的傷勢都將累積在運動員身上。

二〇一一年，前任美國小兒科學院主席羅伯特．布洛克在參議院的兒童與家庭小組委員會裡證實，童年逆境「可能是造成美國成年人陷入嚴重健康問題的主要原因」，因為慢性壓力導致成年人徹底暴露在各種危機，例如傷口潰爛、憂鬱症、癌症與免疫系統疾病。讀者無須猜疑，即便是擁有強韌的復原力孩童與成年人，也要面對同樣的風險。他們或許更為擅長對抗逆境，也清楚如何絕地重生——但這就是盲點所在：對抗逆境本身就充滿壓力。

二〇一七年，《紐約時報》的文章〈戰勝困難為何讓您生病〉敘述了科學家研究復原力個案的成果。個案努力克服了童年時期的劣勢條件，但越是同意以下敘述的逆境鬥士，例如「我不喜歡眼前的局勢，我要更努力地工作，克服所有困難」或「我一直相信自己能夠創造人生」，他們的健康狀況就越是惡劣。因此，一位研究者推測，心理復原力對於身體健康毫無實質助益。

★★★

時代來到二十一世紀，社會科學研究者意外「發現」復原力已是五十年前的往事。他們當初的使命是追蹤超級小孩的人生，找出他們的超能力，卻因而開創了一段出乎意料的旅程，讓我們看見的不只是單純的答案，而是揭開了更重要的真相：我們經常面對逆境，大多數的人使用「平凡的力量」對抗逆境——有些人獲勝了。但他們的勝利絕非外表看起來的輕鬆寫意或一勞永逸。時至今日，越來越少人認為具備復原力的年輕人是「超級小孩」「百折不屈」「戰無不勝」或「超凡入聖」。早期研究者的英雄比喻法或許找到了一個關鍵：我們必須記住，所有的超級英雄都擁有複雜的人格特質。

世界的第一位超級英雄「超人」——美國製造的經典人物，美國夢的恆久象徵。襁褓時期的他，就被雙親從氪星送至地球。一九三八年，超人首次登上漫畫封面，展現了紅、黃、藍相間的三色榮耀。他「比子彈更快、比火車頭更有力量，一蹴即可越過大樓。」超人當然也能飛行：「是鳥嗎!?是飛機嗎!?不，是超人！」只有氪星的石塊——來自過去的碎片，能夠打倒他。

但是，全世界的觀眾很快就明白，想要成為「鋼鐵英雄」並非易事。超人是孤兒，也是外星人，地球上的善心人士肯特夫婦收留他，並且細心養育。儘管如此，因為他的過去與無法理解的超能力，他仍然覺得自己格格不入。長大之後，超人希望善用力量幫助他人，從小鄉村搬到大都市，開啟了一段永無止盡的漫長旅程，用盡全力想要讓世界變得更好。儘管超人非常喜歡「克拉克．肯特的日常生活」，甚至與路易絲．蓮恩墜入愛河，但全世界仍然呼喚他繼續拯救地球，彷彿只有他的「孤獨堡壘」才是真正的和平殿堂。

復原力之子也許不是超人，但可能是超凡之人——「超凡」意指「超越平凡或平庸」。社會學家厄文．高夫曼在經典作品《汙名》裡認為「凡常者」是不脫常理的人們，因此，「超凡」或許正是以千百萬種方式偏離常軌之人。他們在日常生活中的掙扎遠遠超乎我們認定的「平均且可預期」，而他們取得的成就亦是如此。他們戰勝不可能，實現前所未有的人生，學術界花費數十年的研究時間，仍然無從得知個中奧祕。

在本書往後的篇幅裡，我會經常使用「超凡」一字。我將「超凡」同時視為形容詞與名詞，用來提及所有具備復原力的人。我知道自己的用字並不睿智，因為我更想表達自己的同情、同理心。我希望藉由「超凡」的文字意義，以及「與平凡之間的對照關係」，讓讀者可以感同身受地理解「從逆境中復原」和「生活在平凡與可預期之外」的感受。根據我的個人經驗，許多像海倫一樣的朋友，他們雖然配得上「復原力」這個字，卻從來沒有這種認同——還沒有。在本書稍後的內容，我們很快就會發現，他們更認同超級英雄與其他勇敢人物的人生故事。

幾乎所有的超級英雄都將超人視為原形，他的特質也定義了許多超級英雄的生活元素。超凡之子可以躲避子彈，越過高樓大廈，就像超級英雄一樣。超凡之子的身旁圍繞著許多人，他們並未承受如此沉重的負擔，也無法做出同樣的表現。超凡之子正面迎戰危機，看似輕鬆無比，正如海倫在第一天稀鬆平常聊到自己的英雄行動，但這一切只是事物的表面。許多超凡之子一路前進，追求雄心壯志，只為了知道自己可以飛得多遠，或者，他們想知道自己什麼時候才會墜地殞落。

★★★

大眾文化對超級英雄與美國夢懷抱著瑰麗的幻想，我們浪漫化了各種形式的迅速移動能力，卻忘了其中隱藏的難題：心力交瘁、脆弱易傷和孤獨寂寞。看見擁有復原力者的表現，我們理所當然地覺得訝異，只顧著追問他們如何辦到，卻忘了關心他們的感受。

在隨後的篇章裡，本書將使用科學途徑與敘述故事的方法，同時回答上述兩個問題。「他們如何辦到的？」復原力是一種現象，一種高度個人化的體驗，我們絕對無法簡化為公式或代數。然而，經過數十年的研究，社會學家已經略知復原力的運作方式，而全世界各地的復原力英雄也有權知道。超凡之子總是覺得孤獨疏離——正如海倫所說的「（我）不正常」，部分的原因在於，社會大眾認為他們神祕難解，而他們對自己的看法亦是如此。他們不知道應該如何用文字描述自己的所見所聞，他們如何穿起斗篷，又該如何看待自己的真實身分。我將會在接下來的篇幅向讀者介紹鮮為人知的童年逆境，以及社會學家最新的研究成果：

- 恐懼如何影響腦部發育，又為何鮮為人知？
- 慢性壓力如何讓人類持續保持「戰鬥或逃跑反應」，以及這種現象又如何讓人在日常生活裡持續保持警覺與決心。
- 超凡之子如何經由憤怒的情緒感受自己的力量與樂觀——自制力為什麼成為一個重要的工具以及超凡之子為何必須同時善用憤怒與自制。
- 超凡之子在童年時期如何躲過風險而無須離開家園，成年以後，他們如何利用第二次的機會，一勞永逸地逃走。
- 以成就編織的盔甲如何反彈來自於過去的傷害與攻擊。
- 超凡之子如何經由保護祕密，造成大腦和健康的改變，甚至影響居住社區的街坊鄰里。

‧為什麼行善是好事？為什麼愛是最強大——也最神祕難解的超級英雄之力？他們的感受如何？

我開始寫這本書後，越來越多人問我：「你要如何尋找這些人？」復原力的其中一個迷思是「真正擁有復原力的人往往潛居在社會邊緣，必須費心追蹤尋找，或者根本不需要幫助」。事實上，超凡之子就在你我身邊。二十多年來，我在私人的心理諮商、教育督導社區型心理臨床診所與演講時，已經認識了許多超凡之子。我很榮幸能夠擁有這個特權，也將在往後的章節裡訴說超級英雄的日常故事，並且留心保護他們的隱私。他們的故事之所以成為書中文字，不是因為他們面對多麼可怕的處境。相反的，我們將在這些故事裡發現，最普遍的童年逆境竟是如此致命，而數百萬名的孩童與青少年每一天都要面對如此的逆境。

‧逆境如何讓世界一分為二，變成「局內人」與「局外人」，又如何將時間切割為「從前」與「以後」。

‧祕密如何讓我們覺得「不正常」而不是「超凡」，「反英雄」而不是「英雄」。

‧儘管我們的善良義舉受到讚揚，卻沒有人認識真正的你，甚至連你都不了解自己。

‧人人認為你百折不屈、戰無不勝，但沒人發現你也只是凡人，感覺如何？

．隱藏自我，糾結於應該向誰傾訴真相，又應該透露到何種程度，感覺如何？

．為什麼超凡之子害怕成為伴侶或家長，甚至錯過扭轉一切的經驗與力量？

．為什麼超凡之子最後也是最重要的戰鬥不是外在世界的好壞之爭，而是內心世界的善惡之鬥？

．為什麼超凡之子最後認為「真正傑出不凡的，反而是最平凡的」？

享譽盛名的「傾聽之父」拉斐爾．尼可斯曾說：「所有人類的最基礎需求就是理解與被理解。」我希望，閱讀過此書之後，全世界各地的超凡之子可以更理解自己的生命與自我，也會發現無數的平凡人能夠理解他們。

★★★

托爾斯泰曾說：「幸福的家庭彼此相似，而不幸的家庭卻千千萬萬。」這句話可能是最老生常談卻不甚準確的家庭描述之一。成長於不幸環境的人也許外表不同，內在卻是彼此相似。時至今日，許多童年逆境的研究探討仍然閉門造車，不經意地區隔了每一位超凡之子。因為酗酒環境而困擾的孩童認為，唯有出身於相同逆境的人才能理解彼此；性侵害的倖存者也相信唯有性侵害防制保護中心才能提供支持與協助。情緒虐待的研究報告只流傳於研究者之間。

然而，在我的個人諮商經驗裡，三分之一的個案，其情緒困擾並非來自於家長，而是兄弟姊妹，但他們的掙扎與痛苦鮮少獲得童年逆境研究者的關注。倘若我們可以留意更多不同的逆境與個人故事，就像仔細觀察一本書的封面與背面細節，也許就能看見更寬闊的景象。這是一個祕密故事，不曾由任何人述說，故事裡的男男女女在所謂「平均且可預期」的環境裡努力生存。這個經驗連結了他們。這個故事懇求我們重新思考究竟什麼是「正常」以及「平均且可預期」。

本書就是一本關於「未經述說的逆境與復原力」的傳說故事，講述童年飽受苦楚與心碎的人如何展翅高飛，攀升至前所未有的高度。全世界的讀者都會明白，超凡之子與其對抗過去的壯舉，不但充滿勇氣，而且複雜無比。超凡之子是日常生活裡的平民英雄，有時是反英雄，即便最親近的朋友也不見得知道他的力量與祕密。他穿上斗篷，就算心力交瘁，仍然繼續行善幫助他人。他戴上面具，內心或許是無盡的孤獨，但唯有人與人之間的情感關係可以拯救他。

本書最後的篇幅將直指嚴肅的議題：生命必須是一場無止盡的戰爭嗎？善最終必定

戰勝一切?愛又可以如何幫助我們?然而,先讓我們開始述說傳說故事的起源——萬事萬物的背後,必有一個關鍵的時刻或條件,才能推動一切。

第　二　章

起源

一開始也許美麗迷人，卻瞬間急轉直下

我不想念上帝，我想念聖誕老人。

——艾瑞克・厄蘭德森與寇妮・洛夫，《懦弱》

熟悉的衣架聲吵醒了山姆。自從有記憶以來，每個週間的早晨，他總是在睡意濃厚時聽見這個聲音。山姆的父親是一名商人，在鄰近城鎮的紙漿工廠擔任管理職。父親必須早起通勤，從衣櫃裡挑選西裝與襯衫，金屬的衣架因而嘎吱作響。山姆起床準備上學之後，父親已經出門了，早餐桌上的空咖啡杯是他存在的唯一證明。山姆的咖啡已經冷了，但裡面加了糖和豐厚的鮮奶油。他喜歡在每天早晨享受這樣的咖啡。

但是，今天的衣架聲不同以往。天色太暗，根本還不到清晨時分，金屬衣架的聲音比平常持續更久。除此之外，父母昨晚的爭吵也比往常更嚴重。父親離開臥室，往大門走，山姆知道他要離開了——不是上班，而是一勞永逸地離開。他踮著腳尖走向走廊，悄悄地向外看，還來得及看見父親在陰暗走廊的最後身影和手上的咖啡色硬邊公事包。他目睹父親離開，想要大聲地喊出：「等一等，不要走！」

但他並未開口，只是暗自心想：這才是最好的結果。

他背叛了自己糾結複雜的感情，躡手躡腳地走入妹妹的臥室。他知道媽媽在那裡睡覺。他搖晃媽媽的肩膀，她昏昏沉沉地悶哼一聲。

「爸爸走了。」他輕聲細語地說，家裡發生了大事，他覺得應該通知媽媽。

「回去睡覺。」她只說了這句。

山姆聽話了。

但他才九歲，今天還要上學。

★★★

每位復原力之子都有自己的起源故事，但故事的開頭並不是「我生下來就……」相反的，就像超人從氪星被送往地球，或者蜘蛛人遭到蜘蛛齧咬，他們將遇到一個事件，或者陷入某個處境，進而走上絕望而充滿勇氣的生命之道。借用小兒科醫師與精神分析學家溫尼寇特的形容，這是「影響一生的改變」，這個事件導致他們的生活變得破碎，沒有任何方法可以回到過去。「七歲以後，我的人生就此粉碎，再也無法拼湊完整。」馬雅．安傑羅曾如此書寫兒時遭到性侵的心路歷程。有時候，孩童必須面臨一種處境，雖然完全不像「遭到蜘蛛齧咬」，卻始終揮之不去，例如出生在極度貧困的家庭或家長罹患精神重症。這些「事件」與「處境」切斷了超凡之子的生命連續性與聯繫。他們的人生從此一分為二，變成「從前」「往後」和「過去」「現在」以及「我」「其他人」。

改變孩童生命的事件或處境發展，經常是經年累月的持續影響，例如家人罹患疾病、居住城市沒落、家長開始酗酒等等，但是，它們仍然突如其來地帶來災難性的影響。「人生發生巨變的時候，不會有人花錢請一架飛機在天空畫出華麗的氣流文字通知你。」饒舌歌手 Jay-Z 如此回憶自己在紐約馬西孤兒院長大的童年。「一旦你發現不對勁，事態早已全面失控，如此突然而徹底。例如，你的好朋友被開槍射殺，你的父親拋家棄子。新的現實人生再也無法回頭。過去的一切不復存在，轉眼間，你必須接受新的生活方式，而它彷彿一直都在，並非不速之客。」

父親的離去，徹底改變山姆的生命，也是他的生命起源故事。每當他思考自己的人生，這個故事就會湧上心頭。那個夜晚雖然不是他最早的記憶，卻是無法回頭的新生命裡的第一個記憶——第一個時刻。這個事件徹底改變了山姆的家庭，決定每位成員在往後數十年間扮演的角色。山姆站在走廊，目睹父親離開，甚至帶走他的舊生活，但他仍然試著保持理性與堅強，告訴自己：「這才是最好的結果，因為父母親都不快樂。」然而，當他躡手躡腳地走回房間找媽媽，心裡早已知道一切只會更糟。

★★★

三分之一的婚姻會在十五年之內瓦解，離婚因而是最常見的童年逆境。據估計，每年將近一百萬名的兒童目睹父母離婚，離婚雖然普遍，但是不代表小孩不會因此受到影響。又美國的每日新生兒人數大約是三十五萬，這些統計數字彰顯了因為父母離異而受苦的孩童數量。溫尼寇特認為，離婚或許會徹底改變小孩的世界。父母是他們的全世界，離婚卻讓他們知道世界可能會一分為二，而且不是因為任何極端的暴力行為或恐懼，只是日常生活的一部分，甚至可能出自於善意，他們的家長決定就此分道揚鑣。

一九六九年，加州州長雷根簽署美國史上第一份「合意離婚」法案。在合意離婚法案通過前，婚姻關係裡的任一方若想重獲自由，就要證明另一方必須為了家庭破碎而負責，例如通姦、暴力虐待、遺棄、精神錯亂、缺乏親密行為或者任何常見的婚姻失和理由。許多法學學者與女權主義者認為，早期的法律條件導致離婚變得過度複雜，更造成雙方劍拔弩張的緊張關係。除此之外，蒐集證據的成本過於沉重，妻子的經濟資源通常較少，更無法負擔訴訟費用。一九七〇年代，全美颳起一陣合意離婚旋風，其他州政府也迅速通過法案。到了一九八〇年代之後，全美男女終於能夠結束失能無愛的婚姻關係，歡天喜地迎接新自由。一九八五年，全美五十州裡已有四十九州通過合意離婚法案。自由與個人選擇，似乎可以幫助婚姻裡的伴侶或家長做出更健康的決策，追求更美好的生活，也能夠照顧孩童的福祉。

毫無疑問地，離婚有時是照顧家庭所有成員的最佳選擇——包括家長與孩童。並非所有的離婚都會造成逆境，但也不是所有的離婚都是好的選擇，有時候，即使是「最好的結果」——正如山姆那一夜的想法，也依然會造成損失與生命的巨變。大量的美國國家級調查報告指出，家長離婚之後，二〇％至二十五％的孩童經歷了情緒或行為的困擾，例如憂鬱症、焦慮、侵略行為、失序或課業問題等，而完整家庭中只有一成的孩童面對相同困擾。相較於完整家庭的同學，離異家庭的孩子出現顯而易見或可診斷的行為失序機率是兩倍左右，但這也代表將近七十五％至八〇％左右的離異家庭孩童安然無恙。「孩子沒事。」我們或許會鬆一口氣，但孩子並未出現失序症狀不代表他們毫無壓力。「關鍵在於，」精神分析家與離婚專家羅伯特．艾梅利曾說：「阻止痛苦演變為心理疾病。」

過去四十年來的臨床經驗研究認為，離異家庭的孩童「雖然具備復原力，卻不是百折不屈」。就外在行為而言，許多離異家庭的孩童似乎能夠不屈不撓地調整自己，並且承擔更多家務，保持課業學習的進度，照顧自己與兄弟姊妹，甚至扮演了雙親之間的橋梁，但他們內心可能潛藏著多年無法訴說的折磨，家庭離異數十年後仍然清晰無比的痛苦。

精神分析學家朱帝絲．華勒斯坦指出，「離婚是累積的經驗，其衝擊將隨著時間經過而持續增加，在成年時期越演越烈。」她的說法不見得適用於所有離異家庭的孩子，但每一位因為離婚而產生痛苦感受與記憶的孩童，都符合她的想法。

艾梅利與研究伙伴的調查報告指出，相較於完整家庭的孩童，成長於離異家庭的成年人認為「我的童年比多數人更辛苦」的人數比例是三倍。大約一半的離異家庭孩童同意，父母離婚緩和了家庭的緊張關係，另一半則認為，離婚解決其中一些問題，卻引發另外一些問題。離異家庭的孩童成年之後，更容易產生負面情緒、負面記憶以及對家庭關係的不信任，同時，質疑父母親是否愛自己的孩童人數比例也是三倍。他們再也不能用瑰麗浪漫的眼光看待世界，他們的生命觀與愛情觀都被套上了「離婚濾鏡」。山姆成年之後，也是因為「離婚濾鏡」而參與心理諮商。「我覺得自己就像一捲膠帶，任憑他們黏貼撕下，再也沒有黏性了。我的人際關係與感情生活看起來很正常，但我無法保持天真浪漫的心情。如果父母拋棄我，任何人都可能離開我。世事無絕對，一開始也許美麗迷人，卻瞬間急轉直下。我不能假裝自己不知情。」

許多孩童可以從容面對父母離異，往後卻認為這是影響童年生活的關鍵——也是生命的起源故事。四分之三的離異家庭孩童認為，如果當初父母未離婚，他們會變成截然不同的人。相較於一般家庭的孩童，離異家庭的孩子認為童年遭到剝奪的人數比例是兩倍，受訪者甚至認為自己失去了快樂的能力。他們最幸福的日子似乎只存在於父母離婚前，而他們更擔心自己最美好的時光已經不復存在。

★★★

希薇亞．普拉斯九歲的時候失去了父親。她如此回憶當時的情景：「我的父親死了。我們舉家搬到更內陸的城市。我九歲以前的記憶，就像被封在瓶中的船──美麗老舊、精緻亮眼但無法觸碰的神話。」山姆的父親雖然健在，但他和希薇亞一樣，九歲以前的記憶瞬間被封在瓶中，也許不像一艘美麗的船，而是幾枚老舊的硬幣在瓶子裡面鏗鏘作響。這些老舊的硬幣是山姆對於父親的美好回憶，甚至是當時最棒的人生記憶。他曾以為自己能隨著年紀增長而拋下瓶中幣，然而，他終於明白自己只有這些硬幣了。

山姆的父親來自布魯克林──在一九七〇年代的維吉尼亞，布魯克林聽起來就像外國一樣陌生。他是洋基人❶，山姆知道這個身分不太好，卻總是認為父親曾接觸過特殊的事物，周圍的人無法理解他。每個星期六，父親的出身過往總是如此美味可口。父子懶洋洋地觀看父親在康尼島拍攝的幻燈片，或者細數祖父傳給父親的郵票收藏。山姆喜歡用手指觸摸滑嫩的塑膠郵票封套，感受郵票的重要性與正式意義，更享受集郵本翻頁的聲響。他瞠目結舌地瀏覽老派的郵票與面額——這張一分錢！那張三分錢！愉快地閱讀郵票上的古老日期。

其他時候，他們在週六開車前往附近的海灘。父親教導他如何駕馭紅藍相間的帆船乘風破浪。浪潮洶湧時，兩人下水玩耍。山姆騎在父親背上，緊緊地抱住他的脖子。山姆害怕海浪，但父親教導他如何潛水，屏氣等待海浪衝過腳踝。海水退潮之後，父子開始抓蛤蜊。他們觀察濕潤沙灘上是否出現了氣泡，迅速地挖掘。如果海水漲潮，他們改抓螃蟹。他們將雞脖子綁在網子，從碼頭一側放入海裡。山姆負責抓緊繩索，等待螃蟹上鉤。只要他感覺到網子遭到拉扯，就會興奮地跳動，父親會立刻衝過來，一起用力拉起網子，裡面全是毫無戒心的螃蟹。

他們用十幾隻螃蟹裝滿隨身攜帶的小冰箱之後，就會帶著愉悅的心情回家，準備享受新鮮的水煮螃蟹大餐。父親直接將螃蟹倒入冒著熱氣的大爐子，熱水煮沸冒泡，螃蟹觸碰到熱水表面時也會嘶嘶作響。偶爾會有一隻螃蟹跳出爐子，在廚房的地板上橫行，山

❶ 洋基是指美國北方的新英格蘭地區後裔，在美國南方地區，洋基一詞帶有貶意。

姆嚇得逃出廚房，待在走廊，一邊尖叫，一邊觀察驚慌失措的螃蟹衝向櫥櫃或冰箱。幾秒之後，父親會踩住螃蟹的背殼，抓起牠的後腳，丟進爐子裡，牠再也沒有機會逃跑了。山姆知道傷害動物不好，他的表情不太自在，但他是父親最愛的孩子，而父親是他最愛的人。螃蟹曾經用尖銳的爪子刺破父親的大拇指，當場血流如注，所以牠們死有餘辜。

★★★

心理學家與家庭研究專家維吉妮雅．莎帝爾認為：「大多數人傾向於接受『明確的不幸』，而非『不確定所導致的不幸』。」成年以後，山姆當然不希望父母當初繼續維持一段不幸的婚姻，但父母離異之後的不確定生活依然艱困無比。父母分道揚鑣之後，孩童對於愛、家庭、秩序、人生表現的基礎認知會徹底粉碎，內心也將湧起毀滅性的問題：離婚是不是我的錯？以後還會發生什麼？誰會照顧我？如果家長已經不愛彼此，他們還會愛我嗎？我要住在哪裡？誰照顧跟我一起生活的家長？誰又會照顧孤獨的另一位家長？誰負責提供食物？我的婚姻也會破碎嗎？儘管其中一位家長，或者兩位家長都會想盡辦法安撫孩童，保證一切無恙，甚至可能更好，但現實的情況不見得如此。

如果單親媽媽或爸爸調適得宜，孩童也可以妥善適應，但離婚有時會造成家長與養育方式急速惡化。現代家庭已經非常難以兼顧事業與育兒。夫妻或伴侶雙方原本可以共同承擔家務、帳單支出、煮飯、沐浴時間、就寢時間、週末以及生病不適的休養時間，離婚之後必須獨自面對重擔。將近三分之二的成年人並未居住在成長的故鄉社群，換言之，祖母、祖父、舅舅或阿姨等親人可能遠在幾公里之外，甚至並未住在同一個大陸。幾乎半數的成年人最多只向一位對象討論重大決策，而這個對象通常就是伴侶或配偶。離婚之後，成年人不但必須獨自處理生活需求，連情感需求都會變得更為沉重。雙親哭泣的時候，有些孩童必須成為他們的肩膀，也要面對成人世界的問題，但孩童根本無力解決，例如負責參與社區的共乘❷，或者支付家庭生活費用的帳單。

半數左右的離婚者在取得孩童監護權之後，可以拿到足額的贍養費，但三分之一的人只收到部分，四分之一的人沒有收到贍養費。假如離婚的伴侶並未協議共享監護權或定期探視孩童等事宜，或者對方搬遷至另一個大陸生活，不願支付任何費用的機率也會大

❷社區共乘是美國人生活裡的重要環節，居住在附近的家長，每日輪流開車載自己的小孩以及鄰居的小孩上、下學。

幅提高。但是，即使雙方都願意公平負擔育兒費用，負責養育孩童的一方依然非常容易陷入財務危機。破產研究專家、美國參議員伊莉莎白·華倫指出，到了二十一世紀，就連雙薪家庭都只能勉強維持中產階級的生活水準，「一旦他（她）簽署離婚協議書，成為單親家長之後，就像站在財務深淵旁的懸崖，搖搖欲墜。」大約三分之一單親家庭的生活水準低於貧窮線，女性離婚者扶養孩童的機率高於男性七至八倍，因此女性與孩童的生活暴露在極高的風險中。「扶養小孩已經變成最好的新指標，能夠直接判斷該名女性肯定會陷入財務崩潰。」華倫寫道。華倫當然明白這個道理，雖然她的父母並未離異，但她的生命起源故事始於父親失業，她與母親必須肩負工作職責，才能養家活口。「我很清楚自己在哪一天長大，甚至記得我在哪一分、哪一秒長大。我知道自己為什麼會長大。」她回憶道。

比起日夜擔憂孩童保健或育兒基金的來源，更折磨人的是根本不知道究竟哪裡才能找到孩童教養的資源。精神分析學家亞當·菲利普斯與歷史學家芭芭拉·泰勒認為「時至今日，只有在親子關係中，我們才能看見人類的善心，也只有在這個領域裡，人們才會鼓勵善心，甚至認定善心是必要之舉。」無論菲利普斯與泰勒的想法是不是普遍的真相，小孩確實容易有此感受。復原力研究裡最驚人的發現之一是「減少孩童內心負擔的關鍵是生活中的高品質人際關係」，但離婚將會折損一半的高品質人際關係，因為孩童原本擁有兩個家長，離婚後只剩下一位。孩童可能會產生人際關係減半的感受，因為家長雖然依舊關心孩童，但必須費心處理新工作、新愛人、新的壓力源與責任，只能付出過往的一半關愛。為了鼓舞孩童與自己，家長可能會過度讚揚孩童成長以後的好處，兩間臥室、兩個家庭，什麼都有兩個。有些家長甚至說孩童以後的生活會變得兩倍美好，但小孩不是傻瓜，不會被騙。「就算是好的離婚，也會重新建構小孩的童年，讓他們必須游移在兩個世界。」伊莉莎白．馬爾奎特說：「但小孩必須背負讓兩個世界變得合理的重責大任，家長卻不必。」

然而，我並非主張家長必須勉強維持不健康、不幸福的家庭關係。備受煎熬的情感關係永遠沒有簡單的答案。成年以後，我們痛苦地承認某個事實，但其實孩童早就明白了：婚姻可能會有好結果，也可能沒有，離婚亦然。一份研究指出，八〇％的青年同意「即使痛苦，離婚仍然是對全家人最好的選擇。」如果家長願意主動地討論離婚的真相，讓孩童知道「即使離婚是最好的選擇，但你仍然會痛苦」，他們才能用最好的心態面對。否則，青少年會陷入痛苦與怨懟，更年幼的孩子必須面對悲傷。

★
★
★

山姆的父親在十月離開，家人絕口不提，雖然此舉看似詭異，卻是常見的情況。根據統計，二十三%的孩童在家長離婚之後，並未聽見任何一方的說明，四十五%的兒童只得到一句突如其來的解釋，例如：「你爸爸離開了。」只有五%的孩童清楚完整地理解家長之間的狀況，家長也鼓勵他們提出更多問題。父親離開的那天，山姆照常上學，宛如日常生活的一切依舊，並未覺得困擾。在家裡，他必須假裝沒有任何異狀，但學校生活確實毫無改變。每天清晨，他繼續唱國歌，表達對美國的忠誠。點心時間，他可以享受起司餅乾與巧克力牛奶，同時欣賞簡短的卡通影片。下課後的足球活動還是每天最美好的時光。他在學校仍然可以接收各式各樣的新奇樂趣以及與日常生活毫無關連的有趣事實，例如天氣與埃及故事。它們總是體貼且溫柔，不但易於理解，也不曾讓山姆備受壓力或者被迫想起自己的家務事。

父親離開不久以後，四年級的山姆開始學習信件寫作，包括如何使用合宜的敬語，例如「親愛的先生女士」或「誠摯的山姆」等等，以及在信封上的正確位置填寫收件人地址與寄件人地址。為了練習，老師要求學生寫一封真正的信，寄給不住在家裡的親人。山姆坐在桌前，凝望著手上的鉛筆。他開始轉動鉛筆，卻不知從何寫起。良久以後，他終於起身，穿過一張又一張的課桌椅，走向黑板。老師背對學生，正在黑板上寫字。

「李奧納多老師……」他說。

老師轉身。

「我不會寫信。」他的眼神茫然。

「為什麼？」她一邊問，一邊將身體傾向小男孩，準備轉身寫黑板。

「我沒有親人可以收信。」山姆堅持地說，眼睛盯著老師手上的粉筆以及寬鬆衣服上的粉筆灰。

「不可能，你一定想得到收件人。」她的語氣變得堅決。

「我真的沒辦法，我沒有任何人可以收信……」他表情僵硬地回答。

李奧納多老師瞪了他一眼，冷漠地說：「你為什麼不寫信給爸爸呢？」

山姆驚訝地站著，內心驚慌且無法呼吸。他一句話也沒說，逕自走回座位，開始寫信給住在德州的表親。

十一月，母親給山姆一本完整版的《聖經》，封面是鬆軟的黑色書封。他們每個星期天都會到教堂，但山姆以前不曾擁有一本《聖經》。他不知道《聖經》的用途，但內心已經猜想得到，因為父親離開，他需要《聖經》的協助。夜裡，山姆翻閱輕薄透明的書頁，意外地發現聖經遠比自己想像的更有用。《聖經》探討了大人不願闡述的道理，包括：性、愛情、婚姻甚至離婚。山姆讀到了《聖經》裡描述通姦者離婚的段落之後，夜夜反覆地重新閱讀，想要弄清楚難解的文字意義以及詭異的新生活。一天下午，他坐在車內，鼓起勇氣問媽媽：「爸爸離開，因為他通姦嗎？」他的口吻輕鬆隨興，卻謹慎地坐在汽車皮椅上，強迫自己直直地望著前方。媽媽放慢車速，彷彿正在等待兒子繼續提問，於是他又說：「我的意思是，爸爸外遇了嗎？」

媽媽踩下油門，汽車加速。「老天啊，不可能。」她輕蔑地說：「沒有女人想要他。」

從此以後，山姆再也不讀《聖經》了。

山姆原本以為聖誕節再也不會來了。然而，到了十二月，聖誕節總是無比特別，好像一場美麗的魔術——精心設計的發展並且延續過往的喜悅。以前的聖誕節如此，現在的聖誕節氣氛也沒有因為父親的離開而改變。聖誕老人將會送來禮物，始終如一。就寢不久以後，山姆突然起床——也許想要喝水，於是躡手躡腳地從走廊前往廚房。接近客廳時，他花了一些時間才能看清楚，但很快就明白了：媽媽正在客廳包裝禮物。禮物應該是聖誕老人從北極送來的喜悅。山姆轉身，悄悄地走回房間，爬上床，終於明白生命裡的所有男人都消失了：父親、上帝以及聖誕老人。

★ ★ ★

研究者認為，山姆腦海的畫面如此鮮明，因為它們是所謂的「閃光燈記憶」。閃光燈記憶猶如冰封在時間裡的閃亮收藏，就像潛藏在腦海裡的快照畫面。哈佛大學心理學家羅傑・布朗和詹姆斯・庫利克在一九七七年的一篇論文裡，首次將「閃光燈記憶」一詞引入科學研究社群。他們認為，人類發現震驚或重大的事件之後，該事件將如照片般拓印至回憶之中。典型的閃光燈回憶包括極具標誌意義或文化報導價值的時刻，例如人人記得自己在二〇〇一年九月十一日時位在何處做什麼事。我們可能都清晰鮮明地記得當初如何得知飛機撞上了世貿大樓，以及自己隨後的反應。

布朗和庫利克非常有興趣想知道人們如何記憶驚人的公共事件，而他們的研究結果揭開了「文化」與「個人」之間的互動關係。他們調查美國黑人與白人之後發現，對於甘迺迪總統的刺殺事件產生閃光燈記憶的受試者人數幾乎相同，但更多黑人在馬丁・路德・金恩博士和馬爾康・X遇刺之後也產生了相同的記憶反應。這份研究調查結果再次強調了閃光燈記憶不只是「客觀重要的事件」或者「平常的事件」。最關鍵的重點在於事件與記憶者的「關連性」或事件結果對記憶者的影響。換言之，閃光燈記憶是「情緒記憶」。長年以來，研究社群認為情緒記憶在人的大腦與生命裡扮演極為重要的角色。事實上，情緒記憶是人類最恆久的記憶類型之一，其力量與恆久特質，也是人類心智研究的其中一個重要議題。

一八九〇年，美國心理學之父威廉．詹姆斯指出，某些記憶看似不可磨滅是因為「對內心造成過度刺激的印象，幾乎就像在腦部組織留下了傷痕」。雖然，十九世紀的心理研究者無法充分地理解「傷痕」的運作原理，但詹姆斯的同代研究者也得出相似的結論。現代神經學之父、法國神經學家尚．馬丁．沙可思忖為何駭人的記憶不但恆久，甚至可以吞噬其他記憶，宛如「心智的寄生蟲」。奧地利神經學家、精神分析之父佛洛伊德也主張，無法承受的恐懼、焦慮、羞恥或痛苦記憶是讓個案「持續受到折磨的主要記憶」。法國精神分析學派的先鋒研究者皮埃爾．嘉內特認為，「激烈的情緒」讓病患得知「自己的生命確實被改變了」。關於強烈情緒記憶的研究成果最初始於探索女性生活的壓力與創傷，但兩次世界大戰很快地創造出男性個案。美國精神分析學家阿布拉姆．卡迪納關於「戰爭精神官能症」的研究作品向來被視為創傷症候群的承先啟後之作，奠定了戰爭壓力研究和戰爭精神衝擊研究的基礎。美國心理醫師羅伊．格瑞柯和約翰．史皮格勒在一九四五年時寫道：「（戰爭）不像石板上的文字，無法一抹而淨，更不能讓石板回到原初的狀態。戰爭在男人的心裡留下了恆久的印象，如同生命中的關鍵經驗，徹底地改變他們。」

從演化論的角度而言，威脅或有益於生存的人事時地物確實會造成深刻的印象，人腦也會強化情緒記憶。有時候，情緒的關鍵時刻可以是極度快樂的往事，例如在陽光豔好的日子裡，待在沙灘上享受乘風破浪的歡愉，也可能是刺激的記憶，像是觀察螃蟹在廚房地板上倉皇地逃竄。在其他時候，情緒記憶可能是非常沮喪或懾人的事件：親眼目睹家長走到走廊的盡頭，永遠離開他的人生。快樂刺激的事件強化了我們「活著」的經驗，懾人驚恐的事件則提供了重要的「求生」資訊，因此，負面的情緒記憶更容易留在我們的腦海裡。心理學研究者羅伊．鮑美斯特的作品〈壞的記憶比好的記憶更強烈〉經常受人引用。羅伊相信，在人類的心靈之中，「壞情緒、惡劣的父母以及不良的回應所創造的衝擊更勝於好的情緒。人類的大腦也更仔細地消化、處理負面的資訊。」因為人類的大腦必須保護我們「求生」，而不是追求快樂，我個人不相信任何研究者或心理諮商專門處理「個案無法忘懷極度快樂的往事」。駭人可怕的沮喪回憶會在大腦裡留下最鮮明的畫面，心理研究社群直到過去的數十年才開始更明白這個道理。

在本書往後的篇章裡，讀者將會反覆讀到腦部的重要結構：杏仁核。腦神經學家約瑟夫．雷杜克斯認為杏仁核是「恐懼之輪的軸心」。杏仁核位於大腦深處，體積小巧且外型有如杏仁，故而得名，其結構複雜，司掌多項腦部功能。大量的研究證據認為，杏仁核是人腦處理危機的關鍵地帶。人類的感官察覺環境的不安騷動——任何潛在的身體攻擊或社會威脅，杏仁核會進入警覺狀態，在毫秒之內回應。雷杜克斯認為杏仁核就是「刺激回應的起源」。

杏仁核遭到觸發刺激之後的關鍵回應之一是啟動腎上腺軸或稱神經內分泌系統的連鎖反應，包括腦下丘、腦下垂體和腎上腺。一旦腎上腺軸受到刺激，腎上腺會立刻釋放腎上腺素、去甲基腎上腺素和皮質醇，這些賀爾蒙曾一度統稱為「腎上腺素」，因為它們全是腎上腺所生產。時至今日，它們更常被描述為「壓力賀爾蒙」，因為它們協助人類適應壓力。壓力賀爾蒙讓人類的身體準備迎接戰鬥或逃跑，也能激勵大腦，提升專注力和記憶力。壓力賀爾蒙要求大腦保持警覺清醒，刺激身體準備就緒。除此之外，壓力賀爾蒙也讓大腦記住眼前的事件。

腦部成像研究發現，造成激烈情緒起伏的事件，例如極度歡愉或不悅的畫面，將會刺激杏仁核活躍。從某個程度而言，杏仁核越是激烈運作，人的記憶就會更強烈，甚至長達數個星期。平淡的事件代表沒有需要特別注意的關鍵，為了避免承載過多資訊，大腦不會長時間地記住日常事件的細節，例如沐浴或開車上班。為了避免另一種程度的超載，大腦也會刻意「不記住」情緒強烈的事件，特別是極度恐懼或無助。這就是為什麼遭到鯊魚攻擊或暴力犯罪事件的受害者無法記住創傷細節的原因。然而，適度的壓力提醒我們留意環境裡的威脅，我們能夠也應該採取行動。「微小適度的壓力最能創造強烈持久的事件記憶。」神經生物學家詹姆斯．麥高夫如是說。

情緒學習的效果非常強大，也必須高效率，因為生死關頭沒有嘗試與錯誤的空間。

正是此原因讓杏仁核可以「迅速學習且緩慢遺忘」。雷杜克斯甚至認為：「情緒記憶可能是永恆的。」山姆只看過一次父親帶著公事包離開的畫面，記憶卻持續了數十年之久；九一一事件的那個早晨，亦如惡夢般纏繞著許多美國人的心靈。情緒記憶比日常記憶更強烈持久。相較於日常生活的閒暇瑣事，情緒記憶的鮮明程度栩栩如生，更有力量形塑我們的人格。問題在於，倘若這些記憶是負面情緒，正如沙可、佛洛伊德和珍妮特所說，我們的情緒記憶就會變成「惡性記憶」。惡性的記憶將導致惡劣的後果。巨大頑強的惡性記憶猶如來自過去的暴君，統治了我們的現在與未來，甚至奪走我們的回憶故事與人生。山姆就讀小學四年級時，肯定參與過派對、騎腳踏車、享受冰淇淋或者在公園玩耍，但他再也想不起來了，只記得震驚駭人的損失與痛苦。

★★★

山姆的父親離開之後，家中前後門都換上了銀白色的嶄新門鎖，母親對此隻字未提，但鑰匙在她手上——既然她是唯一的家長，家中許多重大事物當然由她決定，更換門鎖的用意，無須多說，肯定是為了不讓山姆的父親回家。但是，往後的數個月，甚至數年，兩個新門鎖就像提醒他們：山姆的父親不曾想回家。他確實打過一次電話，打算回家拿走單身時購買的一張桌子。山姆和母親清理桌子之後，父親卻沒有回家搬運，甚至沒有回來拿走康尼島的幻燈片或集郵冊，雖然山姆再也沒有在星期六時躺在地板上用手指觸摸集郵冊的書頁了。光是看見集郵冊的黑色皮封面，就讓山姆覺得赤裸難堪，就像父親離開之後，他再也沒有辦法抱住房間的泰迪熊玩偶。

父親也沒有為了山姆回來，只有一次，他帶山姆去看午場的電影。在此之前，山姆不曾在自家車道上等待父親——那是相當詭異的感覺，他進入父親的車，在強烈的陽光下瞇起眼睛，不能分辨究竟是陽光，還是因為自己努力地忍住淚水。山姆坐在副駕駛座，無法鬆開眉毛。他坐立難安，不知道該說什麼，甚至因為難以控制表情而心神不寧。山姆根本不記得父子當年看了哪一部電影。他坐在漆黑的電影院裡，臉部仍然糾結無比，只能用力抓住椅子扶手，無法專心注視螢幕。山姆並不知道，他的眉毛就是所謂的「達爾文的悲傷肌肉」，因為它們透露了人的悲傷與困惑，即便我們再怎麼努力掩飾也沒有用，正如心理創傷專家貝賽爾．范德寇所說，倘若情緒過強，導致心理意識無法也不願承受，但我們的「身體會記得」。

山姆的雙親在兩年後的情人節正式離婚——沒錯，就在情人節當天。山姆後來才知道，法官宣判父親必須負擔孩童贍養費，父親和母親走出法庭的途中，他居然說要殺了他們全家。當天傍晚，山姆的母親下班之後，直接與另外一位朋友前往酒吧慶祝，而六年級的山姆獨自在家寫功課。晚上十一點左右，母親從後門回家，並未如往常般將包包放在流理檯上，而是隨手丟在地板，立刻衝向洗手槽嘔吐。

多數的離異家庭孩童從每天至少可以看見一位家長，轉變為一個月只能看見離開家庭的家長四到十四天左右。四分之一的離異家庭孩童則鮮少看見並未取得監護權的家長，甚至再也沒有聯繫，山姆就是這類型的孩童。他和許多孩子一樣，盼望能更常與父親相處。山姆曾和最要好的朋友說過，希望在暑假時與父親同住，因為父親非常寂寞，想要見到山姆。「你怎麼會有**如此荒唐**的想法？」朋友的母親將此事告知山姆的母親，她的反應是：「你爸爸完全不寂寞，你也不准和他一起生活。除了節慶的賀卡，他甚至不曾與你聯絡。」

聖誕節和情人節時，山姆的父親用十元在雜貨店裡買了卡片，再將帳單撕成一半，半張貼在給山姆的卡片，剩下的半張貼在給山姆妹妹的卡片。山姆的父親向來不善於表達關愛立場，他的憤世嫉俗反而更為人所知。他可能認為這些卡片相當聰明幽默，事實上，他的禮物確實很聰明地讓山姆與妹妹知道他們的生活已經被撕成兩半，毫無價值可言。山姆和妹妹只好把卡片上的帳單撕下，丟到垃圾桶，因為他們手足無措。

卡片或許讓山姆受傷憤怒，但他只記得內心充滿罪惡感，因為他從來不曾寄給父親任何物品。他很聰明，不會向母親打聽應該要送父親何種文具或禮物，除此之外，他根本不知道父親的地址。一間非政府組織寄送會員卡到家裡，收件人是父親，山姆立刻將卡片塞進自己的皮包，自欺欺人地假裝這是一張緊急聯絡卡。如果某一天他需要找到父親，就能循著會員卡上的地址。直到他的朋友戳破了這個謊言：「我的爸爸也收到卡了，根本只是常見的垃圾郵件。」

山姆的父親非常信守承諾——並沒有謀殺全家人，而是完全沒有支付孩童贍養費。山姆一家人再也沒有辦法前往海灘度假，不能繼續參與運動遊戲，甚至不確定有足夠的錢購買衣物和支付房租。他的母親曾坐在汽車裡，對著帳單痛哭，山姆鼓起勇氣地說：「我們可以賣掉爸爸的集郵冊……」

母親的啜泣變成激動尖銳的笑聲：「那些郵票一文不值。」她的嘲諷如此粗糙，反而讓山姆淚眼欲滴。

山姆知道父親回到紐約工作了。每一年，他偶爾會收到父親寄來的卡片，上面不再是帳單，而是紐約市的刮刮樂。當時，維吉尼亞州還沒有刮刮樂，所以父親的卡片充滿謎樣的刺激色彩。山姆從抽屜裡找出一分錢銅板，趁著四下無人，在某個神祕的角落坐著，準備刮除彩券上的銀色粉末。每次期望落空，他都覺得自己又被父親戲弄了。

第　三　章

祕密

大多數的時候，祕密必然頑固地影響我們

七歲的時候，我非常害怕，但我只能跟自己說話，因為沒有人願意聽我說。

——安德烈．阿格西《公開》

一九七六年七月十五日，加州的喬奇拉農村小鎮登上全國媒體版面。暑期輔導結束的前一天，一輛校車正在把學童送往學校。校車司機看見一輛白色廂型車擋在街道上，他減速慢行，兩名戴面具的歹徒持槍跳出廂型車，劫走校車，帶著二十六名年紀介於五歲至十四歲的孩童以及校車司機離開。校車司機名叫愛德．雷。歹徒用槍指著孩童，將校車開往鄰近的小山谷，把驚慌困惑的人質押至另外兩輛沒有對外窗戶的黑色廂型車。歹徒漫無目的開車繞了十一個小時，沒有向孩童解釋情況。車上沒有水和食物，更沒有洗手間，但孩童並未因此恐慌或痛哭失聲。他們冷靜地坐著——大多數的孩子因為沒有辦法使用洗手間，已經尿在褲子上了，為了打發時間，他們高唱：「如果你很開心，你就拍拍手。」❶

到了晚上，兩輛黑色廂型車終於停下。蒙面持槍的歹徒命令人質下車，要求他們低身鑽入某個「洞」裡——事後，只有幾名孩童能夠指認地點。這個洞通往被埋在地下的卡車屋，僅部分車體露在泥土外，歹徒要孩童鑽進卡車屋。孩童進入之後，聽見上方傳來金屬板的聲音。歹徒用金屬板蓋住洞口，將二十六名孩童和校車司機關在卡車屋裡。隨後，人質聽到鏟子聲響，泥土和石頭如雨水般敲打車頂。遠在一百英里之外，家長早就注意到校車失蹤了，ＦＢＩ和媒體也趕到喬奇拉，但二十六名孩童和校車司機已經被活埋在地底下。

幾位孩童尖叫痛哭，校車司機懇求歹徒住手，不久之後，卡車內外全都寂靜無聲。孩童恢復冷靜與專注，與校車司機一起使用車廂內遺留的舊床墊、手電筒以及些許食物。年紀較大的孩童開始照顧年幼的孩童。大多數孩童都睡了，少數孩童在黑暗中坐著，打算一夜不睡，做好應對準備。隨後，由於泥土過重，車頂開始坍塌。受到突如其來的生命威脅刺激，校車司機和幾名年紀較大的孩童急中生智，將床墊疊高，移開車頂的金屬板，徒手挖開泥土，希望可以逃出去。逃出卡車屋，孩童以為自己會遭到歹徒槍擊，但他們踉蹌地發現周圍空無一人。

孩童終於得到援助，被帶往鄰近的監獄。有關單位立刻提供漢堡和蘋果派，並且替他們進行簡單的身體檢查。沒有任何學生害怕顫抖或者驚慌失措，醫療團隊就此判斷他們的狀況「沒問題」。只有兩個孩童認為自己經歷了「綁架」。心理學家雷諾爾・泰爾相當

❶美國經典兒歌歌詞，學童常在搭校車的途中歌唱。

緊密地觀察受害者家庭之後認為：「其他孩子根本不知道要用什麼字眼形容這次事件。」

★★★

同年夏天，在美國東岸，六歲的女孩愛蜜莉和十三歲的女孩保母一起享受週日時光。兩名小女孩正在玩桌上遊戲。愛蜜莉一家人居住在綠意盎然的老社區，街道兩旁全是濃密的行道樹。巨大而老舊的房子與人行道之間的距離相當遠，人行道和汽車街道的距離也同樣遙遠，是非常雅緻的社區。在這個社區，沒有人會拒絕別人，因為這種行為違反敦親睦鄰的精神。小孩也不能無禮地拒絕大人。因此，住在另一個街區的男人滿臉通紅地敲打愛蜜莉家的大門時，保母不假思索地開門迎接。愛蜜莉的雙親和雙胞胎兄弟正在參加棒球比賽。陌生的男人推開兩位小女孩，逕自衝向廚房尋找愛蜜莉的父親，隨後開始翻箱倒櫃地尋找某個東西，愛蜜莉和保母竭盡所能地幫忙。

陌生男人喃喃自語，不停翻找櫥櫃，想要知道酒藏在哪裡。年幼的愛蜜莉誤以為他說的是醃菜：「醃菜在哪裡？我知道妳爸爸有醃菜！他把**該死的醃菜**藏在哪裡!?❷」男人憤怒地大吼，但他生氣的對象是櫥櫃，不是坐立難安的小女孩。

愛蜜莉覺得疑惑。醃菜放在冰箱，不是櫥櫃，況且只有母親會用醃菜製作三明治，不是父親。愛蜜莉打開冰箱，裡面也沒有醃菜。她再三提醒陌生男子，但他繼續在櫥櫃裡尋找醃菜，甚至把通心粉和餅乾撒落一地。

愛蜜莉完全無法理解眼前的景象。憤怒的男人離開了。愛蜜莉和保母繼續玩遊戲，看起來若無其事，因為她們根本無法解釋方才發生的事件。

愛蜜莉的父母和雙胞胎兄弟回家之後，保母報告了這個事件。愛蜜莉的母親非常不悅。她和父親在隔壁房間交談，雖然壓低音量，卻忍不住情緒，而愛蜜莉聽不懂其中的特定詞彙。母親用氣音說了「酒鬼」，父親則說：「可惡的紐澤西禁酒法案❸」。這場對話的結尾是母親說：「今天是星期日，他喝完酒之後當然會來找你……」

愛蜜莉只能暗自猜想：某些人知道父親的祕密問題——例如方才那個憤怒的鄰居。

❷酒的英文是 linqor，醃菜的英文是 pickle，兩者讀音略微接近，六歲孩童詞彙尚少，容易誤會。

❸禁酒法案是一九八〇年代前通過的法案，主張清教徒不應在週日進行對上帝不敬的行為，例如商業買賣和飲酒。

★★★

看著陌生的男人在你家廚房翻箱倒櫃，其恐懼程度當然比不上校車被持槍歹徒劫走。雖然兩個故事截然不同，仍然可以揭露孩童面臨恐懼時的重要反應，甚至能夠解釋成人遭遇相同情況時的反應：保持正常。其中一部分的原因是他們希望自己保持平常狀態，生活就會重返正軌，換言之，只要我們維持原本的生活步調，周圍的人事物也會回到原貌。除此之外，大腦也會要求我們保持原狀。

讀者應該還記得人腦的杏仁核察覺環境威脅時，可以讓人準備就緒並且「隨時做出回應」。至於具體的「回應」行為，取決於當下的狀況，可能是反擊，或者是逃跑。但是，孩童面對的威脅通常是體型更大、力量更強、速度更快的成人，無論「戰鬥」或「逃跑」都不是適當選項。他們感受自身的無力和脆弱，最佳的回應選項就是「放輕鬆，不要輕舉妄動，保持安靜，盡可能地適應一切。」

如果杏仁核是「恐懼之輪的軸心」，人腦的「布洛卡區」就是「言說之輪的軸心」。人類的視覺、聽覺與其他感知傳入布洛卡區，形成語言回應之後，將訊號傳遞到運動皮層，才會具體說出回應的語句。腦部研究認為，某些人的杏仁核區域活動情況越是熱絡，布洛卡區的活動就會相對減少。面對恐懼時，杏仁核受到刺激，布洛卡區變得遲緩，人類也會因而安靜。人類面對恐懼時，神經可能遭到影響所以無法順利說話，為了避免自己受到注意而保持沉默——例如，當你驚慌失措地躲在樹叢裡，就會要求自己不要尖叫或哭泣，以免引起獅子的注意。喬奇拉校車事件中的一位男孩回憶當天情景時曾說：「太害怕了，根本不敢哭。」

面對無法承受的恐懼，人腦無法思考文字，甚至說不出任何話；這種情況特別適用於非比尋常或陌生的事件。從愛蜜莉和喬奇拉校車事件幾乎可以確定：孩童不但無法承受恐懼，內心也過於混淆，所以無法哭泣。即使布洛卡區正常運作，如果沒有適當的字眼，我們也無法描述事件經驗。人類的生活理解多半採用「圖像認知」：眼睛看見的「事物」連結到腦海的「認知」。我們知道「香蕉」就是「香蕉」，並且確信香蕉是一種水果——因為我們在學齡前就已經建立這份認知。橘色的圓形物體可能是另一種水果，例如橘子，但也可能是籃球，取決於其大小、觸感和氣味。腦海裡的「文字」和「認知範疇」能夠與日常生活建立連結。人類就是用這種方式討論眼前所見。

有時候，事件超越了人類的文字和認知範疇，所以無法用文字描述特定經驗，既然孩童的生命經驗較少，可以使用的認知標籤也更少，他們更難準確地「命名」事件和情緒經驗。在這種時刻，孩童需要其他人的協助，才能釐清現實，否則他們將會陷入某種程度的「情緒失讀」，無法用文字言語描述情感和經驗。人類在嬰兒時期都是情緒失讀者──嬰兒（infant）的字根 infans 就是「無法言說」之意──隨著成長，我們接受他人的協助，逐漸能夠替內心世界和外在世界貼上認知的標籤。某個人說：「那是一輛汽車！」「你很累了！」或「很痛！」，我們說：「對！」並且學習這種認知。但是，成人世界的複雜問題超越了孩童的詞語範圍──因為從來沒有人說過：「那個人是酒鬼！」──於是孩童沉默地理解「這個問題非常嚴重可怕」，卻無法明確地言說。孩童就這麼長大了。

漫畫家艾莉森．貝克德爾在視覺回憶錄《樂趣之家》裡仔細描述了十歲時的一場週末露營旅行，這是她的起源故事。當時，她的母親留在家裡，貝克德爾與兄弟、父親以及一位年輕人出遊──這個年輕人是她父親的祕密同志情人之一。在這場旅行裡，貝克德爾意外撞見成人色情影片，這是她第一次的經驗，她也第一次接觸槍枝，甚至在河床上看見一條大蛇。數年之後，她發現自己在日記上寫了「看見大蛇，吃了午餐。」其他記憶卻被隱藏了十幾年。「當時，我拙劣的言語能力無法承受如此沉重的負荷。」她相當精準地描述十歲的自我。

喬奇拉小鎮的孩童坐在黑色廂型車上，完全無法理解眼前事件，愛蜜莉也同樣不能明白為什麼一個陌生男人會如此憤怒地在她家廚房尋找醃菜。沒有人向愛蜜莉解釋那個男人口裡喃喃自語的詞是「酒」，也沒有人知道愛蜜莉因此萬分沮喪。愛蜜莉是超凡之子，能夠一如往常地生活，彷彿不曾察覺任何異狀——看起來就像「沒問題」。然而，如果我們看見或聽見前所未有的事件，超乎既有的認知，無法產生連結，或者超過了文字的範疇，就會完全無法思考——「心理創傷嘲笑人類的語言，」女性主義學家雷伊・吉爾摩認為：「暴露了語言的不足。」

無法產生認知連結的事件就是無法思考的事件，我們只能說：「我不知道該怎麼辦，文字和語言都無法形容，我不曉得如何思考。」這樣的事件會進入心智裡的某個疏離區域。我們的心智在此儲存無法具體消化的訊息，直到某一天，這個訊息會變成祕密。

★ ★ ★

愛蜜莉一家人用非常平凡的方式度過週末時光。週日早上，她和兩名兄弟躺在地毯上看卡通，只要不被罵，他們就會盡情地吃喜瑞爾穀片。母親外出辦事，父親打開一罐啤酒，邊喝邊走向院子。幾個小時之後，他喝了好幾瓶啤酒，走回屋內，從一瓶巨大的玻璃瓶裡倒出咖啡色的飲料。他用手指攪拌飲料，再吸吮手指，彷彿不想失去一點一滴。

玻璃瓶出現之後，父親在客廳播放音樂，四處尋找跳舞的伙伴。身為家裡最年幼的孩子，又是女孩，愛蜜莉總是能夠雀屏中選。父親找她跳舞，讓她旋轉，也令她覺得自己特別，直到他過度用力握住愛蜜莉的手腕，或者差點讓她撞上家具。中午時分，父親把窗簾拉起，關上燈光，兩位雙胞胎兄弟坐立難安，因為這些動作代表他們會被父親找麻煩，幸運的時候，他們只是被吼罵，最糟糕的情況是被打一頓。愛蜜莉的方法不同，她會迅速跑到鋼琴前，彈奏父親最愛的歌曲：〈道路之王〉。她不懂另外兩個男孩為什麼就是不知道如何討父親歡心。

玻璃瓶空了之後，父親開車載愛蜜莉外出，一路播放〈道路之王〉，前往紅色圈圈招牌的商店。她討厭這裡，因為父親總是讓她獨自待在車內。

「爸爸！不要把我留在車上！」她在停車場懇求正要下車的父親。「我好怕！」

但她只聽見車門被用力地關上。

愛蜜莉只好讓自己忙碌。她低身觸摸汽車的塑膠地板，尋找散落在座椅底下的銅板或吃了一半的薄荷條。她偶爾抬頭看著窗外的商店門口。看見父親向汽車走來，手上提著一個灰色的紙袋，清楚看見裡面的玻璃瓶，她就像等到主人現身的小狗一樣輕鬆且興奮。

有時候，母親與愛蜜莉獨處，想知道父親是否跑去紅色圈圈招牌的商店。愛蜜莉明白自己應該告訴母親真相，但也知道要替父親保守祕密。紅色圈圈招牌的商店變成祕密，因為沒有人討論，也沒有人解釋為什麼她會被獨自留在車上。

父親帶了一瓶新的咖啡色飲料回家，愛蜜莉和兩位雙胞胎兄弟立刻陷入兩難。如果他們待在家裡，可能會做錯事，惹父親生氣，而且父親可以立刻抓到他們；如果他們出去，也可能會做錯事，惹父親生氣，而且父親找不到他們。那一次，他們跟父親說要去外面的巷子和其他孩子一起玩，他們可能忘了時間，也忘了爸爸。他們和其他孩子正在玩一場橫跨好幾戶後院的捉迷藏，突然掀起一陣騷動，幾名住在同一個社區、較為年長的孩子神色驚慌地騎著腳踏車前來，向愛蜜莉和兩位雙胞胎兄弟大喊：

「你們的爸爸正在找你們！」

「他很生氣！」

「你們最好快點回家！」

「他手上拿著腰帶！」

一開始，愛蜜莉繼續躲在黃楊木下，希望這只是一場糟糕的惡作劇，或者企圖讓她暴露躲藏位置的小把戲。她悄悄地走出樹叢，看見其他小孩眼裡的恐懼，她和兄弟立刻跳上腳踏車，急急忙忙地回家。愛蜜莉使力地騎單車爬坡，聽見其中一名小孩大吼：「你們的爸爸是酒鬼！」

酒鬼，又是同一個詞。

他們回到家之後，立刻跳下車，腳踏車的輪子尚未停止轉動，他們已經跑向房子前門。他們不應該隨意停放單車，但他們越晚回家，事情可能會更糟糕。他們跑到父親面前，他出手推擠三個孩子，將他們趕到樓上的主臥室。愛蜜莉三人躺在床上，每當父親的腰帶惡狠狠地抽打，他們就會應聲尖叫。愛蜜莉已經被打了很多次，非常善於躲避，但就算她再怎麼謹慎，仍然會被打中。然而，愛蜜莉沒有做錯事，錯的是父親。她早就報備要外出玩耍，但他不記得，而這才是最糟的。納粹大屠殺的倖存者、心理學家維克托．法蘭克認為：「在這種時刻，最糟的並非身體的痛楚，而是不公平和不理性的對待造成的心理痛楚，這個道理也適用於懲罰孩童的成年人。」

當天下午，愛蜜莉和兄弟一起待在男孩的房間，因為背部的疼痛和父親不講理的體罰而抑鬱寡歡。外面的孩子玩得起勁，傳來歡愉的尖叫聲，他們很想到外面一起玩，卻害怕再度激怒父親，更不想被發現臉上的淚痕。

「爸爸是酒鬼嗎？」愛蜜莉問。

「酒鬼是很糟糕的字眼。」其中一位兄弟說：「妳不可以這麼說。」

直到二十年後，愛蜜莉進行心理諮商時才拼湊出記憶的真相。沒錯，她的父親始終是一名酒鬼。但她一直不明白為什麼自己的家庭是如此模樣，也不懂看見男人取下腰帶時的緊張害怕從何而來。成年以後，腰帶的金屬碰撞聲或皮製品的聲音依然讓她顫抖，也害怕液體從玻璃瓶流出的聲音，**啵、啵、啵**。

★
★
★

四分之一的孩童與酗酒者共同生活。家長酗酒是孩童最常目睹的逆境，但他們多半無法理解，部分的原因是無法理解「疾病的症狀」。根據第五版的《精神疾病診斷與統計手冊》，也就是讀者熟知的DSM-5——「酒精使用疾患」（酗酒症狀的醫療名稱）必須符合以下清單中的兩項標準：喝酒的次數遠遠超過酗酒者的意願、無法減少酒精飲品攝取量或戒酒、花費大量的時間取得和飲用酒精飲品，或者花費大量時間從酒醉狀態裡清醒、強烈的飲酒欲、因為飲酒而無法履行工作或家庭責任、由於飲酒導致人際關係問題、為了飲酒而放棄其他活動、在危險的情況下使用酒精飲品，例如駕駛、儘管飲酒已經造成健康和職場或社交問題，仍然繼續飲酒、放縱飲酒習性，或者渴望飲用更多酒類、戒酒或長期不喝酒會造成身體不適。符合至少兩項至三項特徵者就是「輕度」的酒精使用疾患，符合三項至五項特徵者為「中度」酒精使用疾患，符合六項以上則是「重度」酒精使用疾患。

飲酒和相關問題過於常見，一般人無法聯想到嚴重的後果。但是，如果考慮經年累月的健康問題、生活失能甚至早逝，酗酒乃是已發展國家第二嚴重的心理疾病，僅次於憂鬱。酗酒者有極高風險承受一連串的健康問題，失去工作或人際關係失衡，甚至英年早逝。我必須請讀者謹慎地注意一個事實：酗酒問題最大的受害者不是酗酒者本人，而是他們的孩子。酗酒確實危害成年人的生命，也會徹底影響孩童的發展。

酗酒家庭孩童的生命發展與其他孩童截然不同，前者更容易面對多重逆境。母親、父親或兩者都可能是酗酒者，但酗酒者的男性比例是女性的兩倍，因此，酗酒家庭孩童最常見的壓力是家庭暴力，特別是父親暴力對待母親。至少一位家長酗酒時，大約六〇％的孩童受到暴力威脅；至少一位家長受到酒精影響時，三〇％的孩童直接遭受暴力毆打。即使小孩並未直接遭受暴力攻擊，但酗酒仍然可能造成無數種的「內心創傷」。相較於同儕，酗酒家庭的孩童面對言語暴力、性侵犯、情緒遭到忽略、身體疾病遭到忽略、家庭心理不適、父母分居或離婚、經濟條件惡劣、家庭成員坐牢等逆境的風險高達兩倍。在完整或離異家庭中，母親多半是主要照養者，因此，研究者認為如果酗酒者是母親，孩童面對的逆境更為險峻。母親酗酒時，甚至難以得到符合基礎需求的照顧。父親酗酒時，母親可能會嘗試居中保護孩童免於直接承受險境，或者避免讓孩童直接暴露在酗酒問題中。

諷刺的是，多數家庭保護孩童免於暴露在酗酒問題的方法是「閉口不談」。生活受到極度威脅時，家長和孩童一樣，傾向於保持沉默。他們想要繼續維持往常的行為，不願讓朋友和親人知道自己的問題，甚至欺騙自我。演員艾倫．康明在回憶錄《我不是父親的兒子》❹裡曾提及家人回應父親酗酒問題的方法是：「我們從來沒有仔細談談真正的問題，我們和一位暴君共同生活，我現在已經明白他當時罹患了精神疾病。我們越沉默，就越否認問題。」康明一家人的狀況非常普遍。根據海瑟敦基金會專為孩童編寫的教育素材指出，家長酗酒就像「客廳裡出現了一頭大象」。「我們一天要進出客廳非常多次，卻只能小心翼翼地走過**大象**旁邊。沒有人會說客廳有一頭**大象**。大家只會躲開四處搖曳的象鼻子。既然家裡沒人提到**大象**，你知道自己不應該主動提起，於是你閉口不談。」

不只酗酒家庭的孩童，每一位孩童的生活都要面對許多不同的大象：肢體暴力、心理疾病、忽視、貧窮、性侵、遺棄、離婚、家庭暴力。無論「大象」的真面目是什麼，多數的孩童過於恐懼與混淆，根本無法開口說話——除此之外，他們也會發現家人情願他們保持沉默。於是，年輕的心靈被迫獨自面對成人世界的複雜問題，他們的內心開始理解了真實世界。

❹《我不是父親的兒子》的書名起因是艾倫．康明的父親曾說，艾倫不是他的親生兒子，因為他懷疑艾倫的母親與另外一位男子私通。艾倫進行DNA檢驗之後，證明自己確實是父親的親生兒子。

★★★

傍晚，「大象」下班回家，坐在客廳，喝下一杯又一杯的深咖啡色飲料。愛蜜莉喜歡坐在客廳最邊緣的位置，就像一隻小老鼠一樣，躲在幕簾後面偷看電視。父親喝得越多，兩位雙胞胎兄弟就越喜歡在電視節目的廣告時間扭打摔角。「不要吵了！」父親大罵：「回去睡覺！」電視上的家庭節目已經播映完畢。「我們很餓！」雙胞胎兄弟嚷嚷著：「現在是暑假！明天不用上課！」他們想要拖延上床睡覺的時間。「大象」非常不悅，從椅子上起身，衝向雙胞胎兄弟，愛蜜莉知道自己應該上床睡覺了。

愛蜜莉在臥室聽見怒吼聲從四面八方傳來。她的兄弟猛烈地反抗父親的命令，母親懇求父親將小孩交給她管，有時甚至請他不要喝酒，快點回房間休息。很多時候，母親的方法奏效，但偶爾也會毫無作用。在這個夜晚，愛蜜莉聽見了父母的爭執轉變為肢體暴力。悲鳴和掌摑。兩個小男孩哭了，母親也開始驚聲尖叫。雖然愛蜜莉也覺得心煩意亂且萬分害怕，仍然下床走向噪音的起源，決定上演一場好戲。走到客廳入口，愛蜜莉看見其中一個兄弟站在椅子上，母親擋在他和父親之間，想要阻止丈夫對兒子拳打腳踢。父親走向母親和兄弟，揚起手肘，準備用力毆打。另一個兄弟沉重地懸掛在父親的手上，使力地握住。愛蜜莉看到他在父親的手上抓出紅色的指痕，指痕甚至隨著拉扯而越來越長。

父母失控時，有些孩童想要介入扮演英雄。年紀稍大的孩童，可能會與父母理性溝通，而年幼的孩童藉由愚笨或惡劣的行為移轉注意力，這就是雙胞胎兄弟的策略，而愛蜜莉用貌似純真的誤導行為解決逆境。她假裝半夢半醒，非常困惑，開口說自己想喝果汁，終於阻止了父親。他放下其中一個兄弟，往後退，怒氣沖沖地走上樓，大力甩上房門。愛蜜莉的母親將兄弟送回臥室。愛蜜莉聽到母親關上電視之後，走回房間繼續睡覺。「喝果汁」是她解決家庭衝突的老方法。

隔天早上，雙胞胎兄弟的手上出現了瘀青和毆打的傷痕，愛蜜莉只能獨自參加游泳隊的練習。她踩著腳踏車前往隔壁社區的游泳池，思忖如何向教練解釋兄弟的缺席，甚至好奇他是否已經知道兄弟今天不克前往，也許早就得知前一天晚上的家庭衝突。愛蜜莉不喜歡別人對她的家庭竊竊私語，但她也能想像其他大人更常討論她的家庭狀況——甚至暗自懷抱希望。就像汽車共乘、游泳池使用時間、鄰里派對時，大人事先安排細節，愛蜜莉盼望他們也能夠針對自己的家庭情況安排組織良好的社區會議，讓大人聚在一起，坐在成排的椅子上，仔細地討論孩童的處境。如果無法如願，她希望大人至少使用電話討論。

在那個夏天的日子，愛蜜莉的夢想徹底破碎了。她一如往常地來回游了好幾次，其他隊員的速度肯定非常緩慢，因為教練正在大聲訓斥。她靠在泳池另一頭的水泥牆旁，趾根觸摸著平滑的泳池磁磚，聽見教練對其他隊員怒吼：「不要胡思亂想！不要再想你們的哥哥了！把頭伸進水裡，好好游泳！」精神分析學家溫尼寇特認為，小孩想要理解世界時，「巧合」可能會產生誤解，造成「混亂的思緒」。當天早上，教練說的話是不幸的巧合，讓愛蜜莉產生了錯誤的世界觀。愛蜜莉認為，教練的話是針對她，宛如密碼一樣，其真實意義是：「我們都知道妳家怎麼一回事，但沒人會討論，沒人會做任何事，閉嘴，好好游泳」，教練還說：「這是妳的宿命。」

★★★

愛蜜莉乖乖聽話了，她閉口不提，靜靜地游泳。往後幾年，她持續在週末參加游泳比賽，終於離開紐澤西，就讀外地的大學。填寫大學申請書時，其中一題要她描述自己「曾經克服的艱難挑戰」，十七歲的愛蜜莉腦袋一片空白，想不出任何答案。最後，她回答「曾在身體不適時，贏得美國國家游泳比賽的藍絲帶殊榮。」她從來沒有想過父親的酗酒逆境，也許還不知道如何描述父親的問題，更不知道她在成長時期面對了名副其實的逆境。長大以後的愛蜜莉，雖然已經理解父親的問題，也不認為自己回到過去就會填寫這個答案。她認為，酗酒只是家庭問題，並非大學想要知道的「挑戰」。家庭問題不是振奮人心的藍絲帶殊榮，但藍絲帶殊榮才是正確答案。

精神分析學家卡爾．榮格在自傳裡書寫了他的人生祕密。他的母親罹患憂鬱症，他的童年也因此抑鬱寡歡。榮格曾說：「我從來沒有想過公開討論自己的人生經驗。」愛蜜莉亦如是。她不曾向學校的朋友談到父親的酗酒問題，也不讓交往過的男孩知道。二十多歲時，她和男友同居超過兩年，對於父親的狀況仍然隻字未提。她並非刻意隱瞞，更像是本能反應，因為愛蜜莉不曾思考父親的酗酒問題。然而，早年的成長經驗確實潛藏在她的腦海深處，產生了巨大的影響。例如，愛蜜莉曾與一位男人約會，他的味道像她的父親——更準確地說，就是威士忌的味道。她很快就不再與他約會了。假日期間，愛蜜莉喜歡去朋友家，而不是回到自己的家。她曾攜伴見家長，卻本能性地找到理由，讓她與情人留宿在另一位朋友的家中，在早餐時間才回家見父親。愛蜜莉根本不記得自己刻意迴避父親，或者有意識地安排在早餐時間見面，因為他可能會在下午開始喝酒。她已經在生活和腦海裡謹慎躲開「大象」太久了，以致於在成年之後的每一個決定和生活細節的安排，都是如此自然而無須言喻。愛蜜莉說：「我從來沒有想像自己會探討父親的酗酒問題」。

這就是祕密——以及保守祕密之人經常受到誤會之處。祕密就像難言之隱、藏在地毯下的灰塵和悄悄埋葬屍體的地點。我們以為自己完美地隱藏了難言之隱、灰塵和屍體，但有時候，或者說，大多數的時候，祕密必然頑固地影響我們。恐懼令我們啞口無言，缺乏語言和認知範疇讓我們失去文字的能力。我們周圍的人暗示或明確地堅持：某些事情最好不要提起。超凡之子從未有心欺瞞，但回首過去，他們通常會發現自己隱瞞了許多祕密，甚至欺騙自我。杜斯妥也夫斯基清楚地描述了這個道理：「每個人都有回憶，不想讓所有人知道，只願意告訴朋友。他在腦海裡藏了其他事情，不願意向朋友坦承，只有他自己明白，這就是祕密。然而，還有一些事情，他甚至害怕讓自己知道。即便是光明磊落的人，內心也藏了這樣的事情。」問題是，如果我們的內心有如此多的祕密，這樣的感受一點也不光明磊落，反而篤定地相信自己不只是隱藏祕密，而是活在謊言之中。

記者查爾斯．布洛在回憶錄表達了自己活在謊言之中的感受。遭到親人性侵之後，他在家裡努力保持著一如以往的行為。「我必須仰賴所有受創孩童都學會的教訓，最有用也最危險的教訓——欺騙自己……在小小的房子裡，我根本無處可躲，只能在內心找到安全區域，沒有人看見我，也沒有人知道我在哪裡……這就是我的故鄉和家人面對祕密的方法。無論你的祕密是什麼，你必須絕口不提。大聲討論可怕的行為，並不會帶來好結果。」布洛的家庭不安全。為了生存，他躲進內心世界，找到了安全地點，不需要思考自己究竟受到什麼傷害。布洛說他「學會了自我欺騙」，但實際上，他替家裡的大人和孩童精細地梳理了一場混亂的悲劇，所有的祕密、謊言和無知，都藏在裡面。

★★★

回到一九七六年的加州秋天，校車綁架案的受害者回到校園。大多數孩童的課業表現並未受到絲毫影響。但是，外人難以發現，他們的內心正在幻想自己成為英雄，或者，更準確地說，他們要在下次事件發生時扮演更好的英雄。他們開始想像再度遭遇綁匪時，可以順利復仇或逃脫。某些孩童甚至暗自準備，包括體能訓練和武器，就是為了取得未來的關鍵勝利——彌補夏天時無法立刻「戰鬥或逃跑」的缺憾。他們的內心知道綁架事件是自己的生命起源故事，但外在的表現卻是不願多談，也不希望其他人知道此事。當年稍晚，其中一位男孩在迪士尼樂園被認出，好奇的遊客問他是不是校車綁架事件的倖存者，他說：

「不，我不住在喬奇拉。」

第　四　章

戰鬥

凡是殺不死我們的，都能讓我們變得更強

我喜歡凝視水泥細縫中長出的花朵或小草，充滿了無比的英雄氣概。

——喬治．卡林

一九五五年，心理學家艾米．韋納和羅斯．史密斯在夏威夷的「花園島嶼」考艾島開啟了一項研究計畫，意外地突破了復原力研究十餘年來的瓶頸。韋納和史密斯的研究對象是六百九十八名嬰兒——即一九五五年在考艾島出生的嬰兒數量，這些嬰兒來自於亞洲、高加索和玻里尼西亞等族群，其中許多家庭面臨諸多逆境，包括長期貧困、教育水準低落、失業、酗酒和其他精神疾患。韋納和史密斯假設，孩童面臨的逆境越多，他們成長之後就會面臨更多問題。兩位研究者的想法非常常見，然而，在一九五〇年代，他們的假設尚未得到大規模的經驗研究佐證，更沒有從嬰兒時期開始進行跨越十餘年的追蹤調查。因此，韋納的研究團隊包括心理學家、小兒科醫生、公共衛生專家以及社會工作者，他們開始追蹤將近七百位的考艾島嬰兒，從出生至成年中期。

不幸的是，韋納和史密斯的假設是正確的。他們認為研究對象是「高風險嬰兒」——面臨四種以上的逆境——其中三分之二在十歲時就開始面對行為或學習問題。十八歲時，他們發生青少年犯罪或心理疾患，許多青少女甚至懷孕了。但是，三分之一的研究對象在惡劣的環境裡，成長為「充滿競爭力、自信且關心他人」的成人，超乎韋納和史密斯的預期。他們成功取得學位，擁有比家長更好的職業。他們避開了在成長環境裡遭遇的不當管教、離婚或家庭暴力，找到支持自己的伴侶，建立了可愛的家庭。用韋納和史密斯的話語來說，他們「脆弱，但不屈不撓」。

這項驚人的發現徹底扭轉了韋納和史密斯的研究成果。他們原本的研究目標是考察兒童早年逆境的負面影響，卻意外開創了另一條路：超越逆境的可能性。如果韋納和史密斯的說法為真，脆弱的孩子究竟如何變得不屈不撓？我們當然找不出其中的祕密公式，數十年的深入研究——包含考艾島和其他調查報告——認為「適應力」和其他條件可以讓孩童「超克逆境」。「超克逆境」也成為韋納和史密斯的書籍作品名稱。最值得一提的是，韋納和史密斯日後訪談了「脆弱但不屈不撓」的成年個案，想知道他們如何回首看待始料未及的成功人生，答案確實不出乎意料。多數的個案相信，堅定不搖的決心——戰鬥的精神，就是他們最重要的依靠。

★★★

保羅很像超級英雄。更精準地說，他的外表就像超級英雄。他美好的鄰家男孩長相藏在鏡框之後，年紀也落在超級英雄常見的二十五歲至三十五歲之間。他的上衣因為肌肉而略顯緊繃，不會壯得離譜，也不像服用類固醇的誇張肌肉，但足以讓人相信在休閒外衣的裡面，藏著精實強壯的身材。他的外表乾淨整齊，臉上表情非常友善，但看得出防備與警戒。他似乎可以從容面對任何緊急狀態，甚至足以承擔全世界，從某個角度來說，他確實如此。

保羅是一位核子工程師，也是美國海軍的年輕官員。他讀了我的書，主題是人生二十年華的重要性和成年時期勇敢冒險的價值。他認同我的想法，相信二十歲時的辛苦付出必得甜美回報，但他的內心仍有疑問。有時候，他想知道同年紀的人——特別是並未生活在軍營或潛水艇裡的人們，能不能更自由地享受生活。保羅猜想，其他人可以為了追求快樂而旅行，陪伴在愛人身邊，他卻必須拋下家鄉的伴侶——一位年輕的女藝術家，她的父親酗酒。保羅究竟該怎麼做，才能同時照顧自己深愛的女人和國家？也許，就像其他服役的軍人，保羅時常環顧四周，捫心自問：「我為什麼要這麼做？」

沒錯，保羅究竟為什麼選了這條路？

不只保羅本人，其他人也會問他一樣的問題。他們誤以為入伍從軍只是別無選擇，但保羅是一名優秀的學生，過著中產階級的生活。許多人無法理解保羅為何要成為海軍工程師，猜想背後肯定藏了一個故事。我原封不動地提出同樣的問題：「你為什麼要這麼做？」保羅早已有了答案。簡短清晰的回答也許符合軍事訓練，但更展現出顯著的自我認知。「小時候，我在學校裡很辛苦，只好用各種方式潛伏在自己的堡壘。加入海軍，我可以探出頭，努力爭取成就。」

★★★

保羅太快迎接小學五年級了。他是跳級生，老師在第一天說：「各位同學，這位是保羅。他從三年級直升到五年級。各位同學要好好歡迎他。」也許就是因為老師的說法，才讓保羅成為同學攻擊的目標。

保羅當然很容易遭受攻擊。在同班同學裡，他最聰明，也是最新加入的成員，身材最瘦小而且最脆弱。五年級的第一天，他加入了同學的「紅色流浪者」❶遊戲。保羅用盡

---

❶紅色流浪者（Red Rover）是美國常見的兒童遊戲。兒童分成兩隊，隊員牽著彼此的手，組成單一陣線之後，對方呼喚其中一位隊員，該名隊員要往對方陣營衝刺，如果成功衝破對方陣線，就能指定一名對手加入自己陣營；若失敗，就必須加入對手陣營。

全力衝向興高采烈的對手陣營，卻被果決地彈出，宛如彈弓發射的石頭。從這個角度來說，保羅的學生生涯就像這場遊戲一樣，總是遭到拒絕。他苦思生命的出口，卻發現其他學生握緊彼此的手，毫無放手之意，寧願手臂斷掉，也不要被其他人視為遭到保羅突破的弱點。午餐時，所有同學都不願與保羅交談。他們刻意踩過保羅的鞋子。保羅說話時，他們竊竊私語嘲笑他。他們在保羅的位置上吐口水，在他的桌子留下惡劣的紙條。

後來，另外一位新同學來了，保羅因此短暫地交到一位朋友。他們一起梳理清楚班上的社會階級制度。「上層」的男孩身材高大，運動能力最強，其他男孩只能仰慕他們，渴望變成他們。「中間」男孩擁有某些優點，但無法讓其他人敬佩，於是他們焦慮地攀附社會階級更高的男孩。保羅和其他幾位同學當然就是「下層」男孩，他們甚至遠離彼此，只怕學校生活變得更悲慘。認識新朋友之後，保羅稍微可以忍受「下層生活」。好景不常，不久以後，保羅在桌上看見一張惡劣的紙條，上面寫著：「對不起，我不能繼續跟你當朋友了。我想要往上爬。」

★★★

有些孩子在家庭承受情緒或肢體暴力，另外一些孩子在學校面對相同的逆境，校園裡的情緒或肢體暴力稱之為「霸凌」。三分之一的十八歲青少年受到霸凌，通常是在校園中，但霸凌的形式相當多變。四分之一的受霸凌學生遭到言語暴力攻擊，他們被取笑、汙辱、被迫接受難聽的綽號或者承擔不實謠言的騷擾。一〇%左右的學生受到肢體暴力霸凌，例如推擠、刻意絆倒或吐口水等惡行。五%左右的學生遭到忽略，無法加入同儕活動，另外五%受到肢體暴力威脅。根據皮尤研究中心在二〇一一年提出的研究報告，一〇%至十五%的青少年在網路上被騷擾。大多數被霸凌的孩童和保羅一樣，他們受到不只一項的惡意攻擊行為。

想要了解霸凌與其影響，必須先明白「權力」。霸凌者的權力較大，被霸凌的目標擁有較小權力。常見的說法認為，霸凌者通常是內心不安的邊緣人，但實際上他們擁有受到同儕尊重的特質。他們可能身材高大、善於跑步、擁有傑出運動能力、備受歡迎或者嫻熟社交手腕。霸凌者濫用權力，維持自己在人際關係圈裡的主宰地位。被霸凌的目標在社會關係裡較為脆弱，常見原因是他們與眾不同，但也有可能是遭到刻意針對，例如保羅，因為他們更年幼、嬌小或者是班級新成員。有時候，被霸凌的對象缺乏吸引力或者不善於體育活動。肢體殘障、經濟弱勢、出身少數族群或被視為LGBTQ族群❷也可能遭到霸凌。

小學生可能會面臨霸凌，但密集地發生在中學，霸凌行為的高峰是轉換年級、學校或者社交團體受到影響時。在這段期間，男孩女孩都會用盡全力結交新朋友，希望可以進入核心人際關係圈，甚至藉由各式各樣的攻擊行為，建立新的人際關係圈，重建原本的關係圈或者保持混亂的現況。

保羅和其他同學一起升上中學，並未改變他的低層地位。班上的男同學比以前更努力爭奪社交圈的上層地位，至少盡可能地遠離低層。他們在校園裡用剛學會的惡劣字眼攻擊保羅——同性戀、愚笨、娘、臭同性戀、失敗者、混蛋、臭頭和小雞雞。下課之後，保羅等待校車，其他同學用石頭丟他。俗語曾說：「棍棒和石頭可以攻擊我的身體，但言語無法傷害我。」真相並非如此，因為言語傷人甚深。事實上，近期的研究發現，人際關係造成的痛苦在大腦裡傳遞的路徑，與肢體攻擊造成的痛苦一模一樣。

權力的不平等，不只製造霸凌，讓霸凌變得棘手而難以處理，同時也讓霸凌造成巨大的傷害。孩童之間的對抗和競爭，確實是非常普遍且自然的行為。相較於權力相等的對抗，由於另外一位孩童擁有較大的權力，受到反覆攻擊的孩童更容易覺得自己被威脅、失控且憂鬱。他們認為自己孤立無援，難以改變現況，遭到霸凌的目標孩童也許長期活在害怕與畏懼之中，正如霸凌的形式千變萬化，霸凌造成的傷害也有千百種模樣。許多霸凌受害者的自我感覺惡劣，認為自己非常孤獨。因為霸凌通常——但並非必然——發生在校園裡，被霸凌者的學業表現可能會備受影響，對教育和老師產生負面想法。除此之外，他們或許因此承受實際的身體不適，例如頭痛、胃痛、睡眠問題，也有孩童回報自己因此產生了心理痛苦，例如憂鬱、焦慮以及輕生的念頭。如果年輕的學童在一個星期之內遭到不只一次的霸凌，問題會更嚴重。霸凌造成的問題將延續到成年以後，無力感與受害感會影響被霸凌者的自我認識，就算霸凌已經消失，被霸凌者的憂鬱和焦慮也可能繼續維持數年，甚至數十年。

保羅或許符合以上的情況，但那顆石頭改變了一切。他回到家，眼睛被石頭丟中，傷口血流如注，必須縫針處理。保羅的母親認為他應該立刻逃走，甚至想要搬家，讓保羅轉學。「我覺得自己被那些孩子霸凌了！」當天晚上，保羅聽見母親在房門後對父親泣訴。母親的話語和哭聲，讓保羅覺得一切是如此錯誤不公。父母不應為此哭泣，被霸凌的家庭不該搬走，做壞事的人更不能毫無責任地脫身。就在這個時候，保羅決定自己一定要留下來。他想要反擊。

❷LGBTQ是Lesbian, Gay, Bisexual, Transgender和Queer的縮寫，分別代表女同性戀、男同性戀、雙性戀、跨性別，Q則有Queer和Questioning，即非異性戀和正在思慮性向者，常見的縮寫是LGBT，LGBTQ的用法則更為全面地包容所有非傳統異性戀的族群。

★★★

面對危險的時候，我們最深層的直覺就是戰鬥或逃跑。一九一五年，心理學家懷特·坎農提出「戰鬥或逃跑」。他觀察動物受到威脅時的行為，認為動物的身體會進行防衛或逃跑反應。在坎農的理論模型裡，所有生物的目標都是維持「體內動態平衡」，這是他創造的另一個知名用語——為了保持體內動態平衡，大腦會與生理系統合作，藉此確保「內在環境」的穩定度。「內在環境」一詞來自於法國實驗學家克洛德·貝爾納，他提出的時間早於坎農。

多年來，坎農的思想不停地精煉，一個世紀之後，我們才明白他的想法有多麼正確。環境發生騷亂，人類的大腦和身體會一起嘗試做出正確反應。杏仁核受到刺激，釋放壓力賀爾蒙，人類的心跳速度提高、凝聚注意力、消化速度變慢，血液集中流向肌肉，藉此獲得額外的能量。所有的反應都是為了讓人準備面對壓力、採取行動——迎接戰鬥或者後退逃跑。

我們可能會認為「戰鬥或逃跑」的「戰鬥」是傷害他人的身體。在最原始的演化論思維裡，戰鬥就是毆打推擠我們的人，或者看見一頭熊衝上前來，立刻丟石頭反擊。但是，對現代世界的超凡之子而言，「戰鬥」的形式千變萬化。「攻擊」（aggression）來自於拉丁文的 aggredere，意思是「攻擊」或「襲擊」，但也有「著手處理」「嘗試」和「把握機會」之意。超凡之子的「戰鬥」經常是「攻擊問題」，而不是對於某個特定人物發洩怒氣。他們更希望迎戰「不利的處境」——貧窮、歧視、不當對待、霸凌、不公或遺棄，取決於每位超凡之子的個案情況。

受到不公對待的刺激，超凡之子足以承受長時間的努力付出，不需要即刻的回報，甚至完全不害怕挫折。他們不願被打倒，為了生存與更美好的生活而戰鬥。他們的內心產生了一種道德責任，為了自己與正義挺身而出。事實上，他們往往覺得別無選擇。他們不能接受失敗，更無法同意生命的現況。

在我的心理諮商室裡，超凡之子經常如此描述自己：

我是一名戰士。

我很堅定。

我的信心堅決。

我是驍勇善戰的拳擊手。

我很強悍。

我很強壯。

我絕不放棄。
我永不停歇。
我完成必要之事。
我受到鼓舞。
我是反抗者。
我永遠有方法。
我重振旗鼓，東山再起。
我下定決心，堅持到底。
我走投無路，絕地重生。

大多數的超凡之子當然沒有選擇「戰士」作為現實生活的職業，保羅是海軍工程師，他負責解決問題。然而，無論職業身分或外表長相如何，超凡之子的內心永遠認為自己是一名戰士。他們從超級英雄的故事裡得到力量，各式各樣的戰士故事也能鼓舞他們的心靈。現實生活的英雄讓他們看見一條康莊大道。超凡之子就像書籍、電影和音樂故事裡的英雄角色，充滿無窮無盡的力量。小說裡的刺客擁有殺手本能，知道如何鎖定目標，從比喻的角度而言，他們是獵人、追蹤者、處刑者、士兵。無論面對哪一種情況或者受到何種啟發，超凡之子的每一天都像為了生存而戰，他們是驍勇善戰的拳擊手，他們用盡所有力量，使用各式各樣的武器，他們必須全面勝利——知識、運動、家庭、天賦、工作表現、完美人格甚至各國語言。

參議員華倫在回憶錄《戰鬥的機會》裡描述自己是一位身處美國中西部的青少女，過於年輕，無法融入社交圈，像保羅一樣，她必須用盡全力應對眼前的世界。「我當時只有十六歲，我跳級，所以已經是高中二年級了。我覺得自己不漂亮，我也不是班上成績最好的學生，我不擅長體育，不會唱歌，也不會彈奏任何樂器，但我有一項天賦，我可以戰鬥——我不使用拳頭，而是文字，我是辯論隊的王牌。」

林．曼努爾．米蘭達的創新百老匯音樂劇《漢彌爾頓》成功吸引了百萬名粉絲。他的音樂劇講述亞歷山大．漢彌爾頓「靠著書寫而逃出加勒比海的貧困生活」，一舉成為美國的開國元勛。但是，許多觀眾或許不知道，米蘭達的人生故事和漢彌爾頓非常相似，同樣靠著寫作迎戰生命的難關。米蘭達出身於紐約的華盛頓高地，因為喜好閱讀而遭到霸凌。「我第一次被打，就是因為其他小孩發現我在讀書。」他在《漢彌爾頓錄音帶》專輯裡以饒舌歌詞唱出自己的人生。他用詞曲創作迎戰逆境，在三十六歲時贏得了一座普立茲獎、一座麥克阿瑟天才獎、兩座葛萊美獎以及三座東尼獎殊榮。他的歌詞寫道：「我可以恣意用筆切出鮮血，割開動脈。」也許，正如俗諺所說，筆的力量勝於利劍。

★★★

面對危險的時候，我們最深層的直覺就是戰鬥或逃跑。保羅回到學校，他的眼睛貼上繃帶，內心開始了一場「贏得自尊的戰爭」。就像參加足球比賽之前，有些小孩會穿上帶來幸運的襪子，保羅每一天都從衣櫃找出印著超級英雄圖案的上衣。在平常的外套和衣物裡，保羅穿上了超級英雄的衣服。他說，這些衣服就像盔甲，讓他不再覺得自己孤獨且毫無防備。在學校的時間很漫長，於是他倒數——「再過六個小時、五個小時、四個小時就放學了。」保羅開始學習如何變得強壯，至少培養強健的內心。他努力背誦元素週期表、解開字謎、練習魔術方塊，甚至著重寫字，改善了過於向右傾斜的凌亂字跡。「心靈能夠戰勝物質」，無論這句話真正的意思是什麼，保羅已經下定決心要追求這個境界。自從眼睛的傷口縫針處理好之後，其他小孩不再用石頭丟他，但卻有各式各樣惡毒的言語湧向保羅，他毫不畏懼：「我拒絕接受他們的流言蜚語。他們所描述的我，並不是真正的我。」

保羅的行為也許很像精神勝利法，或者只是一廂情願，但研究者認為內心世界的反擊和外在世界的戰鬥一樣重要。一份研究報告探討八十一名遭到東德囚禁的成年政治犯。

他們被東德囚禁期間，遭受心理和生理的虐待，包括毆打、威脅以及被關在暗不見光的監牢。三分之二的人在獲釋後的數十年間仍然因為創傷壓力症候群而掙扎，甚至尚未走出陰霾，另外三分之一則沒有問題。為了理解造成適應差距的原因，研究者開始關注他們在被囚禁期間受到的待遇，以及當時的應對策略。研究者發現，相較於虐待的可怕程度或者擔心失去生命的恐懼，囚犯內心是否放棄抵抗才是影響往後生活的關鍵。心智徹底遭到擊潰的囚犯——認為自己毫無價值或不在乎未來，更容易在重獲自由之後，繼續承受長達數年甚至數十年的折磨。在內心深處祕密抵抗東德政府的囚犯，適應程度較好，雖然他們的外顯行為與放棄者並無差距，也會順從警衛的要求，甚至答應簽下捏造的認罪自白。但是，他們在心裡全面抵抗，沒有任何人發現。他們拒絕被擊潰，甚至想像自己遲早會取得勝利。在他們的心裡，外在世界發生的一切不重要，他們絕不放棄。

內心的強壯也許足以面對挑戰，但保羅就像喬奇拉校車綁架事件裡的某些孩童一樣，想要讓自己的身體變得更強壯。「我會不會變成他們口中的模樣？任憑他們動手推我？」回憶當年，保羅說：「或者，我想變得不一樣？」父親替他報名柔道課程，保羅終於在道場重獲新生了。「我是道場裡最積極攻擊的學生。」他驕傲地訴說如何在道場釋放內心的自我，甚至清楚地解釋柔道不單純是「拳打腳踢」的運動，而是壓制或化解對手攻擊的武術。每天放學之後，保羅在道場戰無不勝，也不需要傷害任何對手。

日復一日的內心勝利感以及身體訓練活動，確實避免保羅陷入霸凌與其他逆境帶來的憂鬱和焦慮，但還有更多因素。除了日常規律的訓練之外，為了突破自己的極限，保羅也增強了內心和身體的磨練。週末時，他穿著超級英雄上衣慢跑，從兩英里跑到四英里，最後增加為六英里。他的跑步聲、呼吸聲和耳機裡充滿勝利氣息的激昂音樂，三者合為一體。有時候，保羅假裝自己為了迎戰世界末日而努力準備；有時候，他認為自己戰無不勝。

成年以後的保羅看起來確實戰無不勝，我告訴他，就算他正在描述過往承受的痛苦，他的神情仍然非常堅定，毫無動搖。他說：「我現在可以談了。」言下之意是他在某一段時間「沒有辦法談論過去」。我暗自思忖，回到過去，他還不是堅強的海軍將領，沒有辦法談論過去，應該如何面對日常生活？他要如何走在學校的走廊，面對班上的同學？他又是如何在故鄉的街道上奔跑數英里？那些年，他究竟如何戰鬥？於是我開口問他。

一開始，他的答案毫不出人意表。保羅強調，父親一直非常支持他。他說的沒錯，撫平生活痛楚的重要人物確實可以創造極大的差異。但是，保羅隨即提出其他答案。他談到一種情緒，在他的人生故事裡經常出現的情緒。他感染了這種情緒，而許多超凡之子愧於承認。「憤怒。」保羅坦率地說，彷彿只是提起一個明確的事實。「我認為那些孩子對我的家人和我本人的所作所為是錯的，所以我很生氣。憤怒就像一把火，燃起了我的動力。」

★★★

憤怒是一種惡名昭彰的情緒。科學家和社會大眾都傾向於區分「正面情緒」和「負面情緒」，認為常見的六種情緒分別是快樂、悲傷、恐懼、憤怒、厭惡和驚訝，只有快樂是顯而易見的正面情緒，其他五種似乎都是負面情緒。正如預期，正面情緒受到喜愛，負面情緒則否。正面情緒讓我們向上提升，負面情緒讓我們向下沉淪。從這個角度而言，我們應該陶冶快樂，並且消除恐懼、悲傷和憤怒。如果無法完全消除，至少也要控制負面情緒。在歷史上，憤怒向來被視為一種特殊的有害情緒，許多古老的諺語足以證明，例如，年輕的賽內卡曾說：「憤怒就像一種酸性液體，無論倒在何處，都比不上它對儲存容器的傷害。」一般相信，釋迦牟尼也曾說過：「你不會因為憤怒而遭受懲罰，但憤怒本身將會懲罰你。」

近年來的科學家認為，與其區分「好情緒」和「壞情緒」，六種常見情緒都有獨特的地位。快樂的情緒確實可以讓我們在一帆風順時更享受人生，但其他情緒也能協助我們對抗逆境，險中求生。研究者也因而開始理解憤怒的價值，他們相信憤怒創造了浩瀚的調適能力。憤怒的原因很多，絕大多數都是「遭受錯誤的對待」。我們被阻擾、受到挑釁或者陷入悲痛，強烈的不悅引發憤怒，我們珍惜的人事物被奪走，無法取得我們想要的，或者完成心中的目標，也可能會產生憤怒。憤怒通常是因為不義，或者他人的惡行而引發的不公——但並非總是如此。憤怒是一種訊號，代表某件事情錯了，我們因此受到傷害，認為「世事」不該如此。

我和保羅討論了「憤怒」在他對抗霸凌時的地位。不久以後，在另一個下午，我與一位年約四十中旬的個案會面，她的內心仍然糾結於幼年時期被霸凌的經驗。我問她成長以後是否對於自己蒙受的惡行而感到憤怒（雖然時代已經改變，但在歷史上，女孩與成年女人特別無法表達或展現憤怒）。「沒有。」她說：「但如果我可以表達憤怒，也許一切會更好。」正如東尼．莫理森在《最藍的眼睛》所說：「憤怒自有其道理，關於現實和存在，一種對於價值的認知。」

★★★

賽內卡和釋迦牟尼所言不虛，「感受憤怒」沒有實質好處。事實上，長期的憤怒對生理和心理都會造成不良影響。憤怒的用途不在於「感受」，而是憤怒所激勵的行動。憤怒引發了「戰鬥」反應，也可以提供能量並且組織行動，讓我們縮小「目標」「現況」「事態的現況」和「事態的理想狀況」之間的差距。憤怒驅使我們拒絕接受現況，更不會放棄或妥協。憤怒是一種強大的情緒，能夠創造巨大的動力，激勵我們追求目標，甚至克服眼前的阻礙。亞里斯多德對於憤怒的看法更為樂觀，他曾寫道：「憤怒的男人眼裡只有目標。」這種積極甚至永不放棄的努力心態是超級英雄和超凡之子的獨特標誌，長久以來被視為造就成功的關鍵內在因素。

一八〇〇年代，法蘭西斯．高爾頓爵士蒐集了將近一千名享譽盛名的政治家、作家、科學家、詩人、音樂家、畫家、軍事將領和其他傑出人才的傳記資訊，主張這些人的優秀才能是「能力、熱忱和願意辛苦工作的潛能三者共同創造的結果」。能力之所以位居三者之首，絕非平白無故。高爾頓是達爾文的表親，他曾經在聲名大噪的作品《世代遺傳的天才》裡指出智力和天賦主要來自於偉大的家族遺傳。

一九〇〇年代，研究者開始懷疑天生能力的卓越性，例如智力。他們越來越重視高爾頓提到的另外兩個因素：熱忱和努力工作的能力。路易斯．特曼開創了「天賦研究」。他觀察學術能力表現極為早熟的孩童至成年時期的發展，發現「堅持」比智商更能影響孩童在學術領域的發展。心理學家凱瑟琳．考克斯是特曼的學生，她分析了三〇一位天才的生活之後提出類似的結論，既然天才的智商相近，可歸納為「控制組」，影響其成就發展的關鍵因素是「堅持不懈的動機和努力」。

到了二十一世紀，許多人都知道頑固是一種「毅力」——研究者安傑拉．達克沃斯將「毅力」定義為「熱情與堅持不懈」。多項研究報告相信，毅力可以讓人類在許多領域取得成功，例如學業平均成績、教育成就、教學效率、全美拼字比賽、長期保持婚姻關係穩定，以保羅的例子而言，毅力使他在軍隊裡持續付出。

雖然毅力的重要性早已聲名遠播，我們也理解「堅持不懈」的意義，卻鮮少人注意「熱情」。熱情——高爾頓以「熱忱」稱呼，考克斯則說「動力」——是驅動人類行動的情感因素。每個人都需要付出奮戰的理由，才能持續努力，目標艱困時更是如此。美國海軍曾經錄製一段宣傳影片，主題是士官升任少尉預備學校的艱困挑戰，三位成功畢業的學生在影片裡指出，唯有根深蒂固的情感才能創造不可取代的力量。「如果沒有熱情，」其中一位學生說：「你不可能成功。」憤怒不是鼓勵我們努力付出的唯一情緒，但確實是其中一種方法。多項研究證明，從七個月大的嬰兒到所有年齡的成年人，面對充滿挫折的挑戰——例如，玩具被成年人取走、使用錯誤的鑰匙打開上鎖的箱子、面對可以解決或者無法解決的問題，只有憤怒的人才能堅持不懈。

腦部科學研究也相信，只要憤怒能夠與「追求目標」和「努力前進」等行為結合，就能帶來創造性的好結果。事實上，如果憤怒能夠引導至積極和健康的努力，它的效果將會與「恐懼」恰恰相反。憤怒的情緒來自於杏仁核受到刺激的反應，如果我們可以將純粹的情緒感受，轉換為有目標的行動，大腦的主要活動區域就會集中在前額葉皮質，也就是負責計畫和執行行動的區域。右前額葉皮質主要管理人類的悲觀反應，我們感受憤怒、無力、坐立難安和焦躁時，右前額葉皮質就會開始活躍。然而，如果我們感受憤怒而充滿力量，內心的想法從「我到底發生什麼事情？」轉變為「我應該要做什麼？」人腦的活動也會因而改變。

威廉．亞瑟．沃德曾說：「不要對人憤怒，將怒火指向問題，這才是聰明之舉；把能量集中在解決問題，而不是尋找藉口。」為了善用憤怒帶來的優點，我們應該從「受害者」轉變為「行動者」，至少我們的行為必須如此。「走出無力挫折的心情，轉變為積極行動」一向被視為治療創傷與悲痛的方法。研究全球集體暴力倖存者的專家學者理察．摩利卡曾說：「努力、努力、再努力，這是全球創傷者唯一的重要目標。」——這種行動策略可以壓制憤怒的情緒失控和魯莽。

當我們開始認知自己可以或應該克服眼前的阻礙，憤怒就會啟動左前額葉皮質，這個區域負責管理充滿能量的行動回應。左前額葉皮質驅使我們努力、解決問題、規畫並且追求目標。按照這個方式，憤怒並且採取行動可以帶來好結果，因為人腦活動將集中在創造自信、方向與「一切都在掌握之中」感受的區域。左前額葉皮質能夠讓憤怒協助我們闊步追求目標、態度更為堅定，並且積極正面地看待未來。

長久以來，雖然憤怒一直被視為負面情緒，在人類行動和腦部活動裡，憤怒和快樂其實相當類似，都是善用人類左腦的情緒。心理學家珍妮佛・雷納和達契・克爾特納在一系列的研究中分別比較了感受恐懼、憤怒和快樂的成年人。相較於恐懼的受訪者，憤怒或快樂的受訪者對於未來懷抱著相似的樂觀看法，就算是他們可能無法完全掌握的事件，例如面對心臟病、找工作、決定職業生涯或者創造美好的婚姻。更進一步的研究認為，雖然快樂和憤怒的人都是樂觀傾向，兩者的樂觀卻不盡相同。快樂的人相信美好的事物會自然發生，憤怒的人認為他們能夠自行創造美好的事物。憤怒者的樂觀主義可能更趨近於「自信」而非「相信世界」，或者，就像雷納和拉瑞莎・泰登斯所說：「憤怒創造了一種傾向，讓我們認為自己充滿力量和才能。」

其他研究證據也顯示，憤怒讓我們覺得自己可以更妥善地處理問題，有效地減緩壓力。雷納和研究同仁針對九十二位成年人進行研究，觀察他們在已知的壓力下會產生何種反應，這些壓力包括在七秒內將九〇九五倒著唸完[3]，在十三秒內將六二三三倒著唸完，以及處理魏氏智力測驗中的艱困數學題目。為了提高受試者的不悅，他們犯錯時將會接到提示，研究人員甚至催促他們必須努力盡快完成測驗，或者警告他們的進度可能會落後。研究結果發現，因為實驗設計而感到焦慮或恐懼的受試者，其心跳、血壓和皮質醇都會提高，而憤怒受試者的壓力指數較低。憤慨的情緒可能建立初步的自信。有時候，憤怒的人覺得自己更強壯，也更有自信。他們認為自己更有能力往前邁進，改變世界上的惡行。

★★★

逃出童年時期的無情階級制度之後，軍隊似乎不可能是保羅的下一站。事實上，保羅深深受到明確的人際關係結構吸引。生活在軍隊的世界裡，他認為人際關係井然有序而且非常公平，絲毫沒有「不可預期」和蠻橫，唯一的標準就是他的能力。回首過去，保羅一度猶豫是否加入海軍，就是因為懷疑自己的能力——「保持身體的活力和心智的敏銳非常重要，我很擔心自己會故態復萌，回到過去的模樣。」保羅如此回憶道。他並沒有成為

❸將「九〇九五」或「六二三三」倒著唸完並非「五九〇九」或「三三二六」而是將「九千〇九十五」唸為「五千九百〇九」、「六千二百三十三」唸為「三千三百二十六」，此類型的題目考驗作答者對數字以及單位的敏銳度。

軍隊同儕的霸凌對象，相反的，他成為領袖了。慢跑、課業學習和無窮無盡的體能訓練，多年來，保羅從來不曾偏離軌道，也熟悉如何面對壓力。身為海軍官員，保羅說：「我承受的訓練，讓我比周圍的多數人更為強壯能幹。我認為自己是一名樂觀主義者，不是因為我相信世界上沒有壞事，或者壞事不會發生，但我可以克服一切。我獨立，有自信，我受到許多考驗，但我非常勇敢。」

詩人迪倫．湯馬斯說過：「只有一件事情比不幸的童年更不幸，那就是過於快樂的童年。」我不能確定湯馬斯所言是否正確，但我知道許多超凡之子和保羅不一樣，他們承受了太多苦難，覺得自己非常渺小。他們想像沒有壓力的童年，認為自己一定可以變成更好的人。他們用渴望的眼神凝視同儕，認為他們如此單純快樂，不但更受歡迎，也更值得美好的人生，更有吸引力，更正常，更能夠適應生活……一切都更好。但真相並非如此。

殘忍無情的沉重壓力對我們不利，「努力掙扎」並非完全不好。正如保羅所言，學會與壓力共處，可以讓我們藉由努力和練習，變得更為強壯。這正是兒童精神病學家麥可．路特所說的「鋼鑄效應」，或者說，暴露在一定程度的逆境裡，使我們變得更堅強，足以面對未來的衝擊。心理學家理察．丁斯拜爾用「堅韌模型」補充了路特的想法。丁斯拜爾認為，如果我們體驗過「壓力之下的生活」，比較不會害怕壓力引起的生理反應，更會相信自己能夠解決威脅和問題。

充分的研究結果顯示，面對逆境確實可以讓我們變得更堅強，對抗適度的壓力比毫無壓力更好。科學家以松鼠猴進行實驗，發現較早接觸短暫壓力的松鼠猴更為適應。相較於從來沒有壓力體驗的松鼠猴，經歷過適度壓力的猴子在新環境裡更自在，焦慮程度較低，皮質醇的分泌更少。

研究者曾經針對達斯矛斯大學的五百名學生進行調查，其中半數參與過越戰。相較於直接與敵軍戰鬥或者毫無戰鬥經驗者，在邊陲地區待命的士兵，往後的生活條件較為幸福。馬克．席瑞和研究同仁進行了一項橫跨全美十八歲至一〇一歲的成年人調查，總計調查人數超過兩千人，時間也長達數年。他們發現，相較於面臨極度險峻的逆境以及非常低風險的逆境，曾對抗適度逆境的人較為成功，也更滿足現有的生活。他們較為妥善地適應生活近來遭遇的問題。因此，席瑞和研究同仁提出一個結論，部分同意了尼采的名言：「在適度的情況下，凡是殺不死我們的，都能讓我們變得更強。❹」

★★★

❹尼采的原文是：「凡是殺不死我的，都能讓我變得更強。」

「我猜想，校園霸凌發生之後，我就開始了一場漫長的戰鬥。」保羅說：「我還在戰鬥，竭盡所能地想要讓自己成為最好，希望向自己和其他人證明，無論我想做什麼，我都可以，也將會成功。我成功取得學位。我在海軍裡拿到官階。我培養了興趣。我交到朋友。但這場戰鬥仍然如火如荼。我還有很多目標。」這是保羅來找我諮商的原因，他不覺得自己的生活有問題，但他下定決心要讓自己無時無刻都變得更好。

就像許多超凡之子，保羅的下一場戰鬥是找到生命的愛。他擔心自己在軍隊服役，無法陪伴女友，他想知道要怎麼樣才能成為更好的伴侶。從理智的角度而言，他當然還要面對其他挑戰。我提醒他，堅定的問題解決者不但可以在軍隊裡表現良好，也能夠妥善照顧感情關係。他想要成為一名戰士，所以遠離家園，也正是因為想要成為戰士的決心，才會讓他努力地尋找鞏固愛情關係的方法。

保羅思索女友是否可以理解他內心的戰士，是否願意愛他的真實模樣——也許她早就理解並且深愛保羅。在軍營房間的抽屜裡，保羅細心收藏一幅畫。他的女友以炭筆描繪保羅成為超級英雄的模樣，因為那就是她眼裡的他——充滿勇氣、強壯、戰無不勝，正在執行任務。

第　五　章

逃跑

對於許多超凡之子而言，「未來」是最寬闊的逃跑地點

非凡韌性

如果你很幸運，一場孤獨的幻想可以轉變為百萬種現實。

——馬雅．安傑羅

馬拉剛出生的時候，母親想把她摔在牆壁上。日復一日，夜復一夜，她推著馬拉的嬰兒床，眼神凝聚在房間另一面牆上的目標，想把女兒摔過去。一天夜晚，她再也無法抗拒內心的念頭，只好把燈關上，讓自己看不見牆上的目標。她把身體緊緊地塞入房間的小角落，用力擰著馬拉。父親聽見她和馬拉的哭聲。「不要開燈。」母親說。她在悲慘的哭泣聲裡坦承自己的想法。母親和女兒尖叫，父親蹲低身體，因為恐懼而無法動彈。在他決定採取任何行動之前，母親的尖叫聲逐漸增強，猶如撕裂人心的吼叫，馬拉卻突然沉默。父親和母親以為她死了，但她只是很快地睡著，彷彿身體裡的某個開關啟動了，將尖叫扭動的小嬰兒轉變為八磅重的柔軟小暖爐。那天晚上，父親將母親送到醫院，醫療團隊初步認定她只是陷入產後憂鬱症——但是，母親回家之後，馬拉逐漸從小嬰兒成長為顚頊學步的幼童，事態卻變得更為惡劣。

馬拉的母親曾經是一名事業有成的酒宴承包廚師，喜愛和家人朋友一起嘗試各式各樣的新菜色。但年復一年，她越來越易怒而不可理喻，馬拉和父親已經不知道母親烹飪的晚餐究竟會在桌上，還是會被砸到天花板上。不只一次，馬拉裝滿兒童背包，準備逃跑。

父母不准她走出院子。她只能在綠意盎然的庭院裡找到最遙遠的角落，坐在那裡凝視天空。天空如此空虛，似乎一無所有，只有鳥和飛機恣意前往它們的目的地。看著它們，馬拉度過了好幾個小時。

★★★

面對恐懼，人腦會本能地決定戰鬥或逃跑。然而，如果戰鬥並非合理的選項，也無法實際逃走，許多超凡孩童只能被迫留下，配合環境要求，找到另外一種「逃跑」方法。例如，情緒超過負荷之後，他們立刻沉睡，或者躲在庭院，但不會實際逃家。這是復原力孩童的關鍵生存策略之一：無論如何，他們總能置身之外。無論周圍的環境多險惡，他們拒絕被定義和吞沒。

心理學家蘇珊·佛克曼和理察·拉薩魯斯提出人類面對壓力的兩種方法：專注於問題，解決問題，或者，專注於情緒，管理情緒反應。專注問題和專注情緒，近似於現代理論版的「戰鬥或逃跑」，兩者沒有優劣之分，非常像是匿名戒酒會的平靜祈禱：「願上帝賜予我平靜，讓我接受自己無法改變的事物，賜予我勇氣，使我改變我能改變的事物，也給我智慧，令我可以辨明兩者。」——其重點在於「調適的藝術」，在正確的時間做出正確的選擇。許多復原力孩童可以找到方法，將艱困環境的衝擊降至最小。通常，他們會先選擇戰鬥，想要改變並且改善自己的命運。倘若無法如願，他們雖然不會接納一切，至少也能明白短期內無法改變，就會讓自己遠離周圍的混亂衝擊。

保持距離是一種專注於情緒的妥協方法，其基礎是我們知道自己無法改變眼前的壞事，但能夠改變我們對於壞事的注意力，並且控制它們的影響程度。在心理學中，最能廣義涵蓋「保持距離」的古老名詞是「解離」。解離代表許多心理應對方式，讓我們遠離周圍環境。最極端的解離形式與創傷後壓力症候群有關，在書籍和電影中，這種解離型態變成非常駭人聽聞的病理跡象。或許，馬拉就是因此開始思考，她在成年以後的長期解離傾向，究竟如何影響其心理健康。然而，最常見的解離不見得非常可怕或必定造成心理問題，反而經常是非常有創意的暫時妥協方法。馬雅．安傑羅曾以同樣的方法，將小時候住在密蘇里數月的痛苦回憶降低至最小程度。當時，她遭到母親男友長期性侵。「在我腦海裡，我只待在密蘇里的聖路易市幾個星期而已。」她的親兄弟貝利也用近似的方法面對童年的恐懼回憶。「他說，我們當時很幼小，壞事發生的時候，他的靈魂會慢慢地捲起身體，躲進心裡睡覺。他清醒以後，可怕的事情就已經消失了。」

如何讓我們的思緒遠離周圍環境，又應該在什麼時間遠離，聽起來似乎非常複雜。

但心理學家哈利·史塔克·蘇利文認為這種心理疏離是「人類心智維持穩定的最基礎能力」，即使非常年幼的嬰兒都會如此。另外一位心理學家愛德華·崔尼克設計的「面無表情研究方法」也許是最好的解釋。在崔尼克的研究方法裡，一位母親將剛出生數月的嬰兒放在汽車座椅，繫上安全帶。她和嬰兒進行短暫的正常互動之後，轉頭注意別處，再面無表情地望著嬰兒。嬰兒將因此驚慌失措，通常會藉由笑容，想要吸引母親注意。如果笑容策略失敗，母親繼續按照研究者的指示，保持面無表情，嬰兒會強化其行為，希望讓母親注意自己，例如扭動身體、揮舞手臂或者哀嚎大哭。微笑和哭泣都是嬰兒的「專注問題」策略——他正在對抗母親的面無表情，希望藉此迫使母親改變冷漠的行為。如果「專注問題」的策略失敗，嬰兒也會改變策略，轉而凝望其他地方，專注於自己，吸吮手指、手臂或腳趾頭。這就是嬰兒的「專注情緒」策略，沒有母親的協助，他只能盡量安撫自己。他放棄了，不再尋求外人的協助或解決外在問題，而是躲入內心世界，想要保護自己。

納粹大屠殺的生還者維克托·法蘭克認為，在集中營裡最關鍵的自保原則之一正是「不要引人注意」。倘若孩童認為家庭環境很危險，甚至影響生命安全，他們就會採行同樣的原則，他們可能會努力保持安靜，想像自己的身體融入壁紙或沉入地板，因此變得無敵，或者練習如雕像一般保持靜止不動，不會引起任何注意。數十年的孩童復原力研究顯示，面對長期的壓力，良好的調適者知道如何躲入安全區域，讓自己度過艱困的時光。人類在嬰兒階段和童年早期特別仰賴心智疏離策略。隨著年紀增長，心智疏離的程度就會減少，或許因為我們擁有其他選擇，例如實際地逃離險境。嬰兒只能移轉注意力和躲入內心世界，年紀稍大的孩童可以實際躲在房間或其他地點，睡覺、遊戲或閱讀，無須思考眼前發生的事件，他們通常會尋找更穩定的慰藉，例如填充動物玩偶或寵物，舒服地抱著它們。

馬拉決定是否採取「不要引人注意」策略的關鍵是母親有沒有吃藥。白色的小藥丸上面印著更細小的數字。如果母親迎接馬拉回家的校車，她就知道母親今天吃了藥，如果母親微笑揮手，馬拉就會在今天下午格外想要吸引她的注意。母親用好幾個小時烤蛋糕和餅乾，全是馬拉最愛的口味。她最快樂的時光是坐在流理檯上的食物調理機旁，舔著木製湯匙上的食物。在這些時光中，馬拉覺得自己擁有全世界最棒的母親。而在這些日子裡，她也確實擁有全世界最棒的母親。

有時候，黃色的大校車轉過街角，馬拉卻看不到母親。馬拉只能尷尬地向校車司機揮手說再見，暗自揣測司機是否知道她今天的命運。像這樣的日子，馬拉只能待在家裡，不要引起注意。她最喜歡的「逃生口」是臥室衣櫥，枕頭和毛毯整齊地排列在衣桿上面的空間，她踩在另一個小衣櫥，跳上大衣櫥的最上方，在那裡，她發現所謂的「魔術」。

她的視線集中在房門的鎖鏈或天花板的某一處，閉起一隻眼睛。她張開眼睛，再閉起另一隻眼睛，反覆地只用一隻眼睛看著同一個物品。她發現用不同的角度可以看見不同模樣，只要在同一個時間用雙眼凝視，就會像望遠鏡一樣看得更仔細。她開始訓練自己不要同時使用雙眼，只要讓左右眼看見的景象變得模糊，眼前的世界也會變成兩個，而且無法聚焦。藉著觀察兩個世界之間的空間，馬拉發現了一種方法，可以同時看著某個物品，卻又看不見那個物品。

馬拉越來越熟練，魔術也越來越簡單，就算母親的表情從快樂變得憂鬱，用力抓住馬拉的手，不肯放開，她也不需要背起小行囊或逃到衣櫥裡了。馬拉可以抽離視線，躲進右眼和左眼之間的世界，看見自己想要的任何事物。就算站在母親面前，而母親全力搖晃、推擠馬拉，她也不覺得有人能觸摸自己了。

★★★

在任何時間裡，五分之一的成人都在對抗心理疾病，二十分之一的成人必須面對嚴重心理疾病。雖然沒有任何一份清單可以精準地定義何謂「嚴重」的心理疾病，也沒有任何一種心理疾病會被視為「輕微」或「不重要」——大多數的心理學家認為思覺失調和躁鬱症是嚴重的心理疾病。此外，任何心理問題，包括常見的憂鬱症、進食障礙和強迫症，如果症狀嚴重到對日常生活產生直接的影響，例如無法保持正常的工作態度、賺取足夠的生活費用、維繫穩定的人際關係、經營家務或照顧自己，就應該視為嚴重的心理疾病。成年人的日常生活可能也包括照顧孩童，我們不會特別思考心理疾病病患如何照顧孩童，但對抗情緒問題的女性成為人母的機會，和心理健全的女性一模一樣，五〇％左右的女性面對嚴重的心理問題，也和小孩同住。研究資料忽略了罹患心理疾病的父親，但根據現有的資料，相較於心理健康的男性，對抗心理疾病的男性擁有小孩的機率較低，至少不與小孩同住。當然，許多罹患心理疾病的男性仍然擁有小孩，並且與小孩同住。

馬拉就讀小學之後，母親被診斷罹患躁鬱症，全美將近六百萬人受到躁鬱症的困擾，換言之，數百萬名美國孩童也承受了和馬拉一樣的痛苦。躁鬱症的症狀包括缺乏睡眠引起的情緒高漲、無限的精力、毫無節制的行為造成的混亂，病患在數天或數星期之內隨時會陷入沉睡或絕望地嚎啕大哭。雖然躁鬱症的症狀可能非常劇烈，但目睹心理疾病只是孩童與家人的一小部分壓力。隨著病人的症狀起伏，罹患嚴重心理疾病的家長難以保住工作、支付日常生活開銷，無法提供孩童最基礎的生活需求。這類型的家長更有可能是單親扶養，只能獨立生活，其行為或許過度不穩定，孩童因此缺乏最基礎的情感支持。

和馬拉的母親一樣，心理疾病症狀和情緒過於沉重，也許無法注意或照顧孩童的情緒需求。由於心理疾病帶來長期且片斷的影響，小孩很有可能承受不只一次的壓力，而是年復一年地反覆面對。

儘管面臨險峻的挑戰，罹患心理疾病的家長通常可以在「養育者」的身分裡發現更深層的意義，就像其他心理健康的家長一樣。他們對孩童的愛，以及想要成為好家長的願望，能夠提供強大的動力，驅使他們做得更好。生活在這類型家庭的孩童，經常認為家長很好，因為他們看待家長的態度，遠比家長看待自己的態度更正面。孩童可以超越家長的心理疾病，直接感受家長內在潛藏的父親與母親。孩童的心態可以造福所有家庭成員，就算養育者因為情緒問題而掙扎，孩童感受到自己與至親之間溫暖而充滿情感的聯繫，也能夠減少痛苦。罹患嚴重的心理疾病不一定會讓人變成惡劣的家長，同樣的，家長因為嚴重心理疾病而掙扎，也不必然毀滅子女的人生。這類型的孩童面對情緒和行為問題的風險極高，但研究發現，如果家長承受嚴重心理疾病折磨，大約三分之一至二分之一的孩童和成年人在學校、職場和感情關係裡的表現穩定良好，沒有任何精神問題。他們的外表和實際作為就像其他同儕。

他們如何辦到？

其中有些人，就像面臨逆境的孩子一樣：他們找到逃跑的方法。

★★★

在馬拉躲藏的衣櫥安全區裡，除了填充玩偶和可擦拭的兒童寫字練習本之外，她最珍惜的是一部黑色的手持電晶體收音機，她把收音機塞在衣櫥裡的枕頭旁。有時候，母親在下午開始嚎啕大哭，馬拉跑進衣櫥裡，把奶油色的單邊耳機塞入耳朵。「我用盡所有方法提高收音機的音量。」她回憶道：「我不在乎自己的聽力會不會受損。我其實希望自己聾了，就不會聽到任何聲音。」馬拉的手指撩撥塑膠的齒狀撥盤，看著小巧的紅色指針僵硬地穿梭在各個電臺。音樂和電流噪音彼此交疊。這些動作讓馬拉覺得自己正在調整注意力，讓一隻耳朵阻擋母親的哭聲，另一隻耳朵專注地聆聽音樂。

我們投入生活裡的某個領域，藉此逃避另外一個領域。我們全神貫注在一個活動裡，就能忘記大大小小的煩惱，例如仔細聆聽音樂、讓自己浸入書本或電影世界、彈奏樂器、幻想白日夢、看電視、培養嗜好或運動。參與其他活動，放鬆自己或者減少周圍生活帶來的壓力和眼淚，這是我們遠離日常生活壓力的方法。古典鋼琴家詹姆斯．羅德斯在回憶錄《譜寫樂章》裡提到，他藉由音樂逃避童年遭到性侵的痛苦。「學校裡有好幾間練習室，裡面擺放了老舊憔悴的直立鋼琴。它們就是我的救贖。課後的休息時間，我一定會去練習室。」美國芭蕾舞劇團第一位非裔美國籍的首席女芭蕾舞者米斯蒂·柯普蘭也在回憶錄《躍動人生：出乎意料的女芭蕾舞者》提到跳舞是她遺忘童年逆境的方法：「無論何時，只要跳舞和創作，我的思緒就會變得清晰。我再也不會想起自己回家要睡在地板，因為我們沒有床。我不用擔心母親的新男友會變成我的繼父，更不會煩惱家裡沒有足夠的錢買食物。」

任何令人全神貫注的活動，都需要參與者投入一定程度的注意力，或者刻意的「不注意」——藉此改變專注的焦點，協助我們縮小認知，不再感受微小的壓力，甚至無視帶來傷痛的惡行。這類型的活動聽起來很像逃避，但我們能夠在五〇%左右的清醒時間裡移轉注意力。因此，參與移轉注意力的活動可能是相當關鍵的人類求生本能。研究者確實發現，移轉人類注意力的活動與嗜好可以發揮非常正面的功能：減少壓力，保存內心的安全感與控制感，在壞事發生之後重拾平靜的心情，甚至創造「流動」的舒適感。

就算不在衣櫥裡，馬拉也是控制專注力的專家，使用各種方法忽視母親摔壞物品的情緒。警察曾經從後門闖入，想要逮捕母親——她因為輕躁症而開車加速撞毀電話亭。當時，馬拉在電視機前吃披薩，一隻耳朵專注聆聽電視節目上的遊戲聲音，另一隻耳朵聽警察說話，從未轉頭直視他們。「我的眼睛被固定在電視上了。」現在，馬拉回憶道：「我知道聽起來很詭異，但我真的沒有辦法轉頭看警察。」

就像馬拉的母親，瑞士哲學家和認知發展心理學之父尚．皮亞傑的母親也承受心理疾病之苦。面對母親陰晴不定的情緒，皮亞傑的應對和逃避之道就是讓自己浸淫在井然有序的科學世界。「母親悲慘的心理狀況創造了一種直接的結果。」皮亞傑寫道：「童年時期的我，很早就放棄玩樂，認真地學習；我想效法父親，他是刻苦耐勞且一絲不苟的學者，讓我學會系統化工作的價值。我成為了一名逃犯，藏匿在真實的科學祕密世界。」七歲的時候，皮亞傑開始學習自然科學。十歲，他在雜誌上刊登一篇探討稀有麻雀的文章，除此之外，他也開始深度研究並分類各種軟體動物。十五歲，學術期刊承認他是一名軟體動物學家，但編輯們完全不知道皮亞傑竟是如此年輕。

★★★

馬拉的祕密世界並不是科學。她的衣櫥是一座奇幻之地，她在此聆聽音樂，讓自己的思緒恣意漫遊。「心智漫遊」似乎暗示了「缺乏方向」，但社會學家提醒我們一件事：「並非所有漫遊的心靈都迷失了方向。」心智漫遊讓人類的自我從此處移動到另一處——但願他們找到了更好的地方。心智的移動力讓受困的孩子重獲自由，就像馬拉。聽著音樂，她想像自己待在遙遠寬闊的地方。她可以在這裡生活，或者到另一個地方生活。但是，離開衣櫥之後，如果她的心思被限制，無法恣意漫遊，一股畏懼就會油然而生。「我必須留在家裡。」馬拉回憶道：「我必須做自己。」

如果不能改變現實，為了配合現實，我們只能改變內心世界，全心全意地專注在白日夢和幻想，陷入幻想的時間可能長達數個月，直到我們找到另外一種逃跑方法。許多超凡之子成年以後都記得年幼時的豐富幻想。最常見的白日夢是變成動物或超級英雄，他們的想像力千變萬化，就像小孩的個性也有千百種。即使白日夢和幻想的內容不同，但孩童可以遠離恐懼、無助和絕望的世界。馬拉把自己傳送到另一個世界，她能夠幻想所有的可能，甚至是快樂的生活。愛蓮娜．羅斯福的母親死後，她被送到阿姨身邊，必須與父親分離。她說：「但願我能獨自生活在自己的幻想世界。我是那個世界的女英雄，父親就是英雄。我晚上睡覺和白天清醒時，都待在那座世界裡。只要我走路或者任何人讓我覺得無趣，我也會躲入那座世界。」

過度依賴幻想確實可能讓人陷入幻覺，失去實際生活的能力，但如果可以憑藉意志控制並且有彈性地使用幻覺，孩童和成人都能藉此抵抗逆境。一份研究報告觀察從以色列逃至美國的受虐兒童之後，認為幻想和其他適應方法，都是保存生活希望的重要關鍵，甚至影響他們往後十四年的生活品質。「我不知道自己能不能活到明天，但是，每到夜晚，我就會站在窗戶旁邊，想像自己看見紐約市的燈光。」其中一位受訪者回憶童年時曾說：「我站了好幾個小時，看見自己走入那座偉大的城市。」同樣的，維克托．法蘭克描述納粹大屠殺浩劫時，他與其他囚犯也仰賴躲入內心世界，才能對抗眼前的逆境。「在內心的世界裡，他們可以到任何地方，也能夠回家。「在心裡，我已經搭上巴士，打開家門，接起電話並且打開電燈。我們經常專注在內心的細節，回憶讓我們潸然落淚。」

孩童比成年人更容易產生幻想，但書本文字塑造的「幻想傳送門」是最容易全神貫注的方法之一，能夠讓我們遠離現實世界。我的心理諮商督導曾說：「作家比我們更擅長心理治療。」許多復原力孩童確實藉由閱讀治療自己。「我認為所有的小說人物，特別是冒險和英雄小說，都是我們對自己的夢想。」視覺小說家艾倫．摩爾❶說：「有時候，小說人物可以啟發心靈。」超凡之子也會認同「讓其他人變得更強壯」的鬥士以及擁有其他力量的角色。作家阿克希爾．夏馬在回憶錄《家庭生活》❷曾提到哥哥在泳池發生意外之後因腦部重傷而癱瘓。這個事件毀滅了他的家庭，他調適的方法是：「只要打開書本，無論是否專注地閱讀，或者想像自己化身為書中角色，我總是忘了自己。我喜歡書裡的英雄是一位年輕男人，最好低於二十五歲，隨著故事的發展取得神奇的力量。縱情在文字裡，我覺得很安穩。我以前一直相信自己可能會得到超自然的力量，例如飛行或預見未來。」

每個人的需求決定其閱讀行為，皮亞傑藉由書本，讓自己連結至真實的科學秩序世界。馬拉閱讀的原因，和她聽音樂的理由一樣：為了前往他方，成為另外一個人。《貨櫃車少年》❸是馬拉愛上的第一本書，她嫉妒他們身旁沒有家長，可以自由自在地旅行。馬拉假裝衣櫥就是自己的貨櫃車，珍惜待在幻想世界的所有時間，因為那個世界與現實世界恰恰相反。「貨櫃車少年擁有兄弟姊妹彼此扶持，沒有家長干擾，還能享受自己的空間。」她回憶道。馬拉飢餓時，也會墊著腳尖下樓，走進廚房找食物，就像貨櫃車少年溜進城市，跑到商店裡偷東西吃。馬拉安靜地從櫥櫃裡拿走幾盒果凍。回到房間衣櫥以後，她用手指沾著糖霜，反覆舔著吃，直到手指變得通紅，她的內心覺得溫暖。衣櫥裡的枕

❶艾倫．摩爾是英國漫畫家、小說家也是電影劇本作家，臺灣讀者較為熟悉的電影改編作品包括《V怪客》和《守護者》。

❷《家庭生活》副書名為「小說」，此書榮獲二〇一四年的《紐約時報》選書，夏馬接受媒體專訪時指出，他原先想要寫成回憶錄，但害怕對話無法完全忠於事實，因此將副書名改為「小說」。夏馬花了十餘年才完成這本作品，記載了家人因為哥哥意外而承受內在情緒和外在環境的共同折磨。

❸《貨櫃車少年》是美國經典兒童文學，作者為戈楚德．錢德勒．華納。故事裡的四名主人翁將森林裡的廢棄貨櫃車當成家，他們最後找到了慈祥的祖父，與他一起生活。

頭經常因此沾滿糖霜粉末，就像老舊的貨櫃車不會乾淨整齊，總是被沙塵淹沒。

★★★

中學成為馬拉另外一個逃跑出口。衣櫥已經無法承擔馬拉，她就像年紀相仿的其他超凡之子，找到了不回家的理由。在週間，馬拉忙著進行課後活動，週末時，她在朋友家過夜。到了夏天，只要父親允許，她就會參加各種營隊，例如足球營和青年露營。

馬拉的逃跑計畫有時比其他人更為縝密。一天下午，她走下校車，從後門回家，剛脫下鞋子，就看到攤開的食譜散落在廚房地板。馬拉的內心掀起一陣短暫的喜悅：母親已經很久沒有烘焙她喜歡的食物了。但是，馬拉立刻注意到食譜書頁上充滿不同顏色的記號。母親躺在地板上，用警告的口吻說：今天沒有蛋糕。為了理解食譜裡的文字訊息，母親已經疲倦不堪了。

馬拉走到浴室，爬出窗戶——她已經非常習慣了，根本不以為意——赤腳走了四個街角，抵達朋友家。朋友的母親打開門，好奇地看著不速之客赤腳站在門口。「外面很冷！」她上下打量馬拉，一邊說：「妳的鞋子呢？」馬拉微笑不語地走進屋內。她的沉默並非有意為之。她和朋友一起玩電玩，內心非常放鬆，不必擔心任何詭異或可怕的事情。過了足夠的時間之後，馬拉聞到朋友的母親正在烹飪晚餐，思忖自己的父親應該已經到家了。她向朋友借了一雙運動鞋，走回自己的家。

回到家，馬拉在夜晚重新擺放房間家具，想像自己住在很遙遠的高樓大廈。她假裝電燈開關是一座對講機，她可以和想像中的大門警衛交談。後來，馬拉搬到家中地下室，她的幻想越來越浩瀚。好幾年以後，馬拉才能搬到外面，但她的內心早已遠離家門。

★★★

到了高中，馬拉最喜歡的逃跑地點是公共圖書館。古代埃及人相信圖書館是「治癒靈魂之地」，馬拉也在此找回人生。圖書館的中央是一座採用天然光的中庭，一座巨大的地球儀佇立於此，直徑長達二十英尺左右，沿著傾斜的軸心緩慢轉動。圖書館是一座兩層樓建築，馬拉喜歡沿著樓梯走上二樓，俯瞰藍綠相間的地球儀慢慢地轉動。站在高處，聆聽圖書館裡的輕聲細語，感受均勻的光線，這裡就像一座世外桃源。馬拉覺得自己抵達了最遙遠的地方。

她很喜歡二樓的一張桌子。正如過去沉浸在廣播和書籍，現在的馬拉專心學習課業。或許，馬拉就像皮亞傑，決定逃入井然有序的世界，藉由專注在測驗、期中報告和計算成績，將母親排除在腦海之外。馬拉的課業學習成績名列前茅，毫不令人意外。

為了放鬆，馬拉也會從影音資料區借閱自我催眠的錄音帶——容易沉浸於幻想的人也擅長自我催眠，她把兩張舒適的坐墊扶手椅面對面併攏，就像一張簡易的嬰兒床，她捲起身體躺在裡面。馬拉曾訓練眼睛適應未對焦的分裂世界，現在則開始學習錄音帶的內容。一卷錄音帶要她清除內心思緒，就像擦掉黑板的粉筆字。馬拉躺在椅子上，闔上雙眼，盼望內心的板擦變得更為堅強，足以擦拭眼前這座黑暗世界浮出的文字。她最喜歡的錄音帶教導她看見自己未來的模樣。藉由冥想，馬拉終於遇見未來的自己。

對於許多超凡之子而言，「未來」是最寬闊的逃跑地點。如果孩童的生活「平均且可預期」，他們能夠無憂無慮且自由自在地活在當下，思考未來可能引起惶恐與不安。但是，超凡之子不畏懼改變，因為他們最害怕的是未來的生命與現在毫無不同。他們可以眺望未來，他們可以勇敢果決，因為他們已經沒有任何東西可以失去了。

從這個角度而言，擁有復原力的孩童和青少年，例如馬拉，他們對未來的幻想不只是為了抽離當下、淨化思緒，也是為了武裝自我，追求往後的生活。就是在這個時刻，「專注於情緒」的應對方式開始與「專注於問題」的應對方式越來越接近，「戰鬥或逃跑」的關鍵問題也會浮現。對於擁有復原力的孩童而言，「勇於想像未來成就」以及「進行人生規畫」非常重要。探討卓越人物或克服生命難關者的研究認為，他們的決心堅定、目標明確並且著眼未來。

馬拉坐在圖書館二樓的桌前，專注地閱讀參考書、大學介紹指南和遠方城市的地圖。她的目標是一間長春藤名校，但不是因為她認識任何該校校友，只是因為她聽過這間學校的名字，而且她知道地點離家很遠。圖書館館員替她列印大學申請資訊，她小心翼翼地把紙張放入背包，就像收藏一份精緻的祕密逃亡計畫。一位朋友送給她印有該校校徽的鑰匙圈。多年來，馬拉一直把鑰匙圈放在身上，彷彿護身符。「只有他知道我的夢想。他把鑰匙圈給我的時候，就像同意我認真追逐夢想。」馬拉回憶道：「在此之前，我以為一切都只是幻想。」

如果我們構思具體且可以付諸執行的幻想，就會創造更好的結果——超凡之子甚至會著重於實際的目標，例如特定的職業、遙遠的城市、安靜的家庭、安逸的感情關係、備有大門警衛的公寓、紅色的汽車、亮麗的學校。演員艾倫．康明曾說，他在鄉村博覽會上購買了一套盤子之後，開始想像有一天能夠徹底遠離父親。「它們是我逃走的車票。」他在回憶錄《我不是父親的兒子》裡如此描述珍貴的盤子：「總有一天，我要使用這些盤子享受食物，住在一座擁有公車和計程車的城市，再也不需要在潮濕寒冷的天氣裡，等待父親好幾個小時，不知道他是不是已經結束手上的聯繫工作，究竟會不會來接我。」

馬拉最重要的「逃走車票」是良好的課業成績，鑰匙圈和大學介紹指南也扮演了重要的角色。它們證明了他方仍然有希望，她可以一勞永逸地逃走。坐在圖書館二樓的桌前，望著一樓的地球儀世界轉動，她不知道自己長大以後可以抵達遙遠寬闊的世界，實現自己的計畫——就讀長春藤名校，在遙遠的城市過著夢想的生活。高中時的她，只要能夠坐在二樓高處，就像待在另一個世界，她開始思考隔天究竟要在內心逃到地球上的哪一個角落。這樣，就夠了。

第　六　章

警覺

他們學會保持警覺，提防所有逆境

我打開眼界，才知道眼睛的觀察力量如此令人驚訝。

——羅傑．華特斯❶，《無人之家》

潔希很小的時候，以為姊姊是魔鬼之子❷（Rosemary's baby）。當時是一九六八年，羅曼．波蘭斯基的恐怖電影剛上映，成年人熱絡地討論劇情，潔希被耳濡目染，只能用這個方式理解姊姊。她的姊姊叫做查莉。查莉喜歡偷摘鄰居種植的花，特別是看起來非常美麗或備受呵護的花朵。她也會惡作劇，將白脫牛奶❸倒入潔希的杯子裡，看著她喝下後的作嘔模樣。查莉甚至捏著妹妹的皮膚，用力擰轉，想知道會留下什麼樣的傷口。到了夜裡，兩姊妹躺在床上聊天，查莉悄悄地對妹妹說：妳是領養的。查莉的模樣很有說服力，潔希相信了，悄悄地在母親的桌子尋找領養的法律文件。潔希以為這就是母親不肯保護她的原因。

潔希的個性內向害羞，查莉偷摘鄰居的花讓她無地自容。潔希喜歡鄰居的狗，她總是鼓起勇氣，走到隔壁鄰居的家門前按下電鈴。她熱愛在鄰居的圍籬庭院裡奔跑，那是遠離家的另一個世界。小狗追逐她，她跌倒以後，還會熱情地舔她。冰涼的草地和柔軟的狗毛觸碰她的肌膚，她就像純真的孩子，再也沒有任何煩惱。待在姊姊身邊，她永遠沒有這種感覺。鄰居曾外出度假，將狗寄宿在潔希家，查莉洋洋得意地說服潔希相信：鄰居全死了。

查莉的行為或許只是孩童之間的惡作劇，潔希的母親經常如此相信。「只是小朋友吵架……」她的口氣飄忽不定，毫無母親的威嚴，聲音慢慢消逝，彷彿手足無措，甚至無法把話說完。查莉喜歡折磨妹妹，但潔希的感受更可怕。偶爾，潔希以為查莉真的是魔鬼之子。

★★★

❶羅傑·華特斯是英國音樂家，知名樂團平克·佛洛伊德的元老，擔任貝斯手與合音配唱。〈無人之家〉是該樂團的歌曲，由華特斯創作。

❷魔鬼之子的比喻來自一九六八年的美國驚悚恐怖同名電影《Rosemary's Child》，臺灣常見的譯名為《失嬰記》，導演是羅曼·波蘭斯基，而電影劇本改編自一九六七年的同名小說，主題是一名女子做了惡夢後懷孕，發現孩子可能是魔鬼之子。此作入選為百年百大驚悚電影的第九名。

❸白脫牛奶的英文是Buttermilk，原意是牛乳抽出脂肪製作成其他產品之後的剩餘黏稠牛乳，含脂量低，可經由調味或添加其他乳酸製成甜牛奶，常用於歐美烹飪或烘焙。

潔希從小學下課時，查莉早就已經在家了。中學的校車總是早一步穿梭在社區裡，等到潔希從學校走回家門，她覺得自己就像躡手躡腳地闖入別人的家。查莉的身高將近六英尺❹，掌握了電視、食物和電話。她坐在客廳正中央的沙發正中間，控制家中的一切。如果潔希膽敢挑戰查莉——「薯片怎麼不見了」或「我想要看別的電視節目」，查莉就會從沙發上起身，追著潔希——推她、打她、踢她或拉扯她的頭髮。大多數的日子裡，潔希只能躺在客廳地板，觀看查莉選的電視節目，吃著白麵包加上奶油。有時候，潔希假裝——或者真的認為，自己是一名囚犯。

當然，潔希和查莉偶爾是好姊妹，感情甚至非常融洽。她們一起吃飯，睡在同一間臥室，共度週末和假日。如果有人在溜冰場找潔希麻煩，查莉也會保護妹妹。在漫長的汽車旅行裡，兩姊妹坐在後座高唱孩子氣的歌曲。媽媽教導她們：無論白天發生了什麼事，晚上都要對彼此說：「我愛妳，晚安！」這是潔希最無法理解的事情。她學會了「人不可預期」的道理，就算她說她愛妳。潔希也明白了好人可能也是壞人，有時候，壞人就住在你的家裡。

一天下午，查莉說潔希再也不能和鄰居的狗一起玩耍了，潔希的內心困惑不已，她加快腳步，跑到廚房，想要打電話給正在上班的母親。掛在牆壁上的轉盤式電話相當浪費時間，她只能站著，焦急地等待七個號碼完成撥號——滴答、滴答、滴答、滴答、滴答、

滴答、滴答、滴答、滴答、滴答、滴答、滴答、滴答……

滴答聲尚未結束，查莉突然伸手爭搶，在話筒還沒掉落在地板上發出巨響之前，她立刻抓起話筒毆打潔希——砰！話筒並未掛回，因此沒有人可以打電話到家裡，潔希也不可能撥電話給母親了。

「我要告訴媽媽！」潔希哭著跑回臥室。只要她可以跑贏姊姊，就算只快了十秒鐘，也能立刻摔門上鎖，用椅子頂住門把下方。在此之前，她已有無數次經驗了。查莉用力拍打房門，憤怒地大吼：「如果妳不開門，我就殺了妳！我還會趕走鄰居的狗！」

潔希神經兮兮地在房間裡來回踱步，仔細聆聽查莉的下一步。她聽見姊姊怒氣沖沖地走入浴室再回到房門前。查莉用髮夾開鎖，「喀」一聲——門把被轉開了。查莉正在用相當可觀的體重推擠已略微敞開的房門，潔希的心跳加速。她看著椅背和門把稍微移動了，只好立刻將小梳妝檯推向門邊，心跳變得更為劇烈。查莉不得其門而入，只好悻悻然地離去。潔希沉坐在地板上，背靠在用來固定椅子的小梳妝檯上，內心稍微平靜了一些。她凝視房間裡的電源插座。它們看起來就像一張張小巧可愛的臉，因為過於驚恐而張大

❹約一百八十二公分。

眼睛和嘴巴。它們是潔希唯一的證人。

幾個小時以後，潔希聽見母親下班回家的高跟鞋聲。她拉開門把底下的小梳妝檯和椅子，淚眼盈眶地衝向廚房，將毆打、電話、椅子、梳妝檯和查莉恐嚇要傷害鄰居小狗的事情，全都告訴母親。母親仔細聆聽，但也許因為沒有足夠的金錢聘請保母，她無法承認潔希遭到姊姊的虐待。「親愛的，下課以後立刻回房間，把門鎖起來，乖乖等我回來。」母親說：「這樣就沒事了。」

★★★

家庭是美國最危險的地點，根據許多資料，藏匿在房屋四面牆壁裡的兄弟姊妹是最充滿暴力的親人關係。一般相信，手足之間的攻擊行為是最常見的家庭暴力型態，其普遍程度甚至超過配偶暴力和虐童暴力的加總。國家級統計難以具體收集手足暴力的資料，因為相關單位鮮少收到民眾通報手足暴力——民眾傾向於認為手足暴力只是家庭問題，但是，更進一步的延伸統計卻勾勒出令人不安的真相。

多份大型研究估計，大約三分之一的孩童曾經被兄弟姊妹毆打、踢擊或啃咬。孩童成年離家之後，二分之一至四分之三的青年至少遭受過一次兄弟姊妹的暴力行為。雖然許多手足暴力發生在擁擠的汽車後座或偶然踢擊玩具，但嚴重持續的暴力攻擊行為數據仍然無法忽視，甚至造成孩童身體的割傷、瘀青、骨頭斷裂或缺牙。肢體暴力引起發生頻率更高的情緒虐待，例如威脅、嘲笑、輕視，施暴者也會揚言傷害受害者的寵物或物品。三%至十四%的青年曾被兄弟姊妹持刀或槍枝恐嚇，部分的暴力手足甚至將怒氣移轉至家長。這些調查結果讓研究者認為：「孩童是美國家庭裡最暴力的成員。」

手足暴力或許非常普遍，諷刺的是，其無所不在的特質讓人誤以為「無傷大雅」。大眾文化的傳說故事強調，手足鬥爭雖然不幸，卻是無可避免。羅慕路斯和雷穆斯的神話告訴我們，兄弟因為土地紛爭而戰，羅慕路斯殺了雷穆斯之後才順利建造羅馬。亞伯拉罕諸教❺相信，身為亞當和夏娃之子的亞伯拉罕組成了「始祖家庭」。亞伯拉罕的兒子該隱因為嫉妒的怒火而殺了弟弟亞伯。這些民俗傳說故事固然充滿警世意味，卻也讓手足暴力看似正常，暗示手足間的競爭與攻擊行為猶如人類文明一樣古老，也似人類歷史般久遠。

❺亞伯拉罕諸教是指將舊約聖經人物亞伯拉罕視為崇高權威的各個宗教。這些宗教都起源於西亞沙漠，也都崇尚一神論，範圍包括基督宗教、伊斯蘭教和猶太教。

手足競爭和手足暴力之間的界線相當模糊，許多家長和潔希的母親一樣，傾向於「大事化小」，認為手足暴力只是正常童年的一環。「小孩就是如此。」其中一些家長甚至認為：「我的哥哥以前也會打我，我仍然順利地長大了。」年長的男性手足更容易成為暴力施加者，這個事實容易被掩飾為「男孩就是男孩，這只是他們的天性」。然而，女孩亦可能是長期且嚴重的虐待者，對於潔希而言，姊姊非常駭人可怕，大人卻無法發現其威脅。手足虐待和暴力行為的受害者也會刻意降低其受害經驗，將手足暴力和虐待視為手足衝突和競爭。

手足暴力常發生於青春期以前，但青春期以後的手足暴力則更容易出現極端的行為。年幼孩童間的攻擊行為非常普遍，在青少年期之前就會達到高峰，因為孩童長大之後較能夠面對沮喪，也會因為家庭之外的朋友和社交活動而變得忙碌。許多挑起衝突攻擊的哥哥或姊姊「長大之後不再欺負弟弟妹妹」，年幼的手足暴力可能不會留下永久的身體傷口，這兩種情況讓家長否認「手足暴力的重要性」。然而，年幼孩童間的攻擊行為非常普遍，進而造成長期的情緒影響。研究者相信，手足之間的暴力行為可能導致往後的校園霸凌、焦慮、憂鬱、感情暴力和家庭暴力。如果手足暴力持續至高中，更容易引起嚴重的肢體傷害，因為孩童長大以後更強壯，也可以找到更危險的武器。

世界各國曾經極為嚴肅地看待校園霸凌和暴力，卻因為不知名的原因，認為手足之間的暴力攻擊行為不重要。相較於校園同儕的暴力，孩童遭到兄弟姊妹攻擊的機率更高——甚至不只一次，而是連續行為。校園同儕可能會因為年級改變或情緒轉換而停止暴力行為，但手足關係持續多年且無可逃避，潔希也因此認為自己就像一名囚犯。從出生到死亡，兄弟姊妹可能是最有影響力的親戚人物，卻也可以造成最可怕的傷害。父母是孩童學習感情關係的模版，但兄弟姊妹則是孩童理解社會關係的模範。比起父母，年幼的孩童更緊密地觀察哥哥和姊姊，如果他們淪為暴力人物，又該如何是好？

★★★

據信，享譽盛名的精神分析學家及行為分析學家亞伯特·艾利斯曾說：「推測未來行為的最佳指標就是過去的行為。」成長於壓力和暴力環境的孩童熟諳此理，他們也發展了所謂的「創傷者預期效應」，強烈地相信自己即將面對惡劣的事件。他們的每一刻都活在心理學家傑若米·凱肯提出的「焦慮預期」。他們經常，甚至永遠都被一股真實的恐懼感包圍，相信糟糕的事件即將發生。無論有意或無意，潔希這樣的孩子將成為觀察者，敏銳地注視周圍環境。他們小心翼翼地留意細節，注意其他人的心情和行為，因為他們認為沒人會照顧自己，只好學會謹慎行事、保護自己。他們變得戒心重重。

美國作家珍娜・沃爾斯在回憶錄《玻璃城堡》裡清晰地描述了她與酗酒父親以及粗心大意母親的童年生活細節。三歲時，她遭到爐火燒傷。幾年之後，她又必須逃出失火的廉價旅社。「我活在一個隨時可能起火燃燒的世界。」她的文字直率地表達。「因此，我必須時時刻刻保持警覺。」負責讓我們保持警覺的人腦結構就是杏仁核。杏仁核不但在人類面對「戰鬥或逃跑」時產生激烈反應，也包括「戰鬥或逃跑」之前的所有緊急需要。如果我們的眼前出現即刻且清晰的危機，杏仁核就會接受緊急刺激，不明確的潛在危險也會引發同樣的反應。杏仁核相當符合「煙霧感應原則」，不但過於敏感，而且也會過度反應；然而，過度積極的反應比過度消極的反應更好。如果我們是沃爾斯，就必須要求火災警報一定得響徹雲霄，而且不能在火舌已經吞噬整間房子之後，必須在煙霧剛出現的時候，立刻發出警報。

人類的大腦會適應生活，研究顯示，長期反覆的壓力會導致杏仁核產生持續的改變，包括「對於威脅的高度敏感」，從戰場回來的士兵最能看出腦部變化。在一項研究計畫中，學者使用功能性核磁造影掃描，比較兩群士兵的杏仁核活動狀態。第一群士兵一共三十二位，受命即將前往阿富汗，任務包括戰鬥巡邏、移除地雷、穿越敵人領地，他們將會承受敵人的砲火攻擊，看見受重傷的士兵和平民。第二群士兵則是二十六位，不需前往海外戰場。在第一群士兵出發之前，功能性核磁造影掃描顯示，兩群士兵看見陌生人的憤怒表情照片（用來引發威脅）時，杏仁核的活躍程度相同。駐軍結束，返回美國之後，親臨戰場的士兵再度接受測試。看見同樣的照片，他們的杏仁核反應遠遠高過於並未親身參與戰爭的士兵。

讓人腦變得更敏感的因素不光是戰爭。日常生活潛藏各種不同的生活恐懼，暴力傾向的手足、酗酒的家長、危險的鄰居和校園霸凌都是孩童每天必須謹慎防備的地雷，而且只是冰山一角而已。參與戰爭的士兵和面對暴力的孩童，兩者產生相同的腦部活動變化，一點也不令人驚訝。一項研究調查了二十六位暴露在家庭暴力環境中的孩童以及二十三位沒有接觸家庭暴力的孩童。研究結果顯示，相較於沒有接觸家庭暴力的孩童，暴露在家庭暴力的孩童看見陌生人的憤怒表情照片之後，杏仁核產生極大的反應，就像參與戰爭的士兵。孩童目睹的暴力嚴重程度與杏仁核的活躍程度呈現正相關。讓杏仁核變得敏感的因素不只是暴力，舉例而言，離開母親、在孤兒院中長大或者母親罹患憂鬱症，都會讓孩童的杏仁核體積大過於同儕，因為他必須適應環境，注意危險。

如果最好的進攻就是最好的防守，光是迅速反應危機還不夠，這個世界充滿太多危險，必須趁早察覺。早點察覺危機能讓我們取得時間優勢，可以主動回應或者事先處置。因此，許多孩童和青少年的杏仁核不但知道如何回應危機，也能夠準確地預測危機。

★★★

「待在戰場夠久，」一位士兵曾經如此描述戰爭：「你就會開始明白『事情不太對勁』。舉例來說，走在家的附近，你熟悉左鄰右舍，所以能夠判斷一切如常。」復原力之子眼裡的「一切如常」又是如何？他們並未生活在「平均且可以預期的環境」，而是面對暴力或者無法預期的生活。因此，他們開始熟練地察覺警訊。就像戰場上的士兵，復原力之子特別能夠察覺周圍的細節，特別是可以證明「事情不對勁」的訊號。相對於同儕，復原力之子更容易注意環境的警訊。他們敏感的專注力甚至超越其他能力。超凡之子，例如潔希，也會對危機產生「過敏」反應，如同第六感般敏銳。事實上，關於「察覺危機」的研究也有相同的結論。

來自逆境家庭的學齡前兒童比同年紀的小孩更謹慎注意細節。一項研究觀察十四名就讀心理創傷復原學校的孩童，每一位都遭受不同的虐待，例如肢體暴力、性侵、家庭暴力或怠忽教養。十四名孩童都完成了魏氏幼兒智力量表測驗。他們的智力表現相當符合平均水準，換言之，受虐兒的智力與其他孩童相去無幾。但是，他們在「圖畫完成測驗」裡的表現相當傑出。圖畫完成測驗包括「畫出生活的常見物品」和「在看似正常的生活場景裡找出某個缺乏或消失的物件」，例如沒有門把的門或沒有桌腳的桌子。這項測驗顯示孩童的視覺警覺能力和關注細節的能力，特別是區分場景中「必須存在」和「多餘存在」物件的能力。三〇%的受虐兒在圖畫完成測驗裡的成績顯著優於平均，甚至超出平均分數一個標準差。只有一〇%的一般人能在圖畫完成測驗裡取得優於其他單項測驗的能力，幾乎所有的學齡前受虐幼兒都在這項測驗上取得最佳成績。

人類的主要掠食天敵就是人類，因此，最能夠看出「事情不對勁」或即將出錯的線索，就是表情。達爾文認為，所有人都能理解表情的意義，而人類的生存關鍵取決於理解、回應他人的表情。保羅．艾克曼和卡羅．艾薩德的進一步研究更主張，全世界的人都可以理解六種表情：憤怒、厭惡、恐懼、快樂、悲傷和驚訝，因為這六種表情的關鍵是特定的臉部肌肉運動。為了適應演化，人類必須敏銳地理解表情，有些孩童更是精通此道。多項研究結果顯示，受到不當對待的孩童非常善於察覺特定一種情緒：憤怒。倘若以上研究結果為真，正如《聖經》〈箴言〉第二十章第三節所言：「愚蠢人引起爭吵，能避免爭吵便是光榮。」復原力之子值得這項榮耀，也絕對不愚笨。或許，就是為了生存，他們才會如此敏銳地察覺憤怒。以下，我將討論三個臨床研究的結果。

第一個研究針對八歲到十歲的孩童，其中二十四名曾受肢體暴力虐待，另外二十三名則並未如此。受試孩童將在電腦螢幕上觀看憤怒、快樂、恐懼和悲傷四種彩色人臉表情照片。他們一次看一張照片，每張照片都被刻意失焦，變得模糊而難以辨識表情。每過三秒，人臉照片就會逐步變得清晰，也更容易理解表情。十四次的變化之後，照片會完全恢復對焦。研究者在照片變化之間確認孩童是否能區分表情。曾經受到虐待的孩童在基礎資訊較少的情況下，更迅速地辨識出「憤怒」。他們無法更快察覺快樂或恐懼，理解悲傷的速度則比一般孩童更慢。

同一群研究者針對九十五名九歲孩童進行第二份相關研究——其中半數受到肢體虐待，另外一半則是一般孩童。孩童觀看一系列的照片，照片中的模特兒從面無表情轉變為快樂、悲傷、憤怒、恐懼或驚訝。相較於一般孩童，受虐兒幾乎不需要太多線索，就能更快地發現模特兒即將變為憤怒表情。孩童在家受虐的情況越嚴重，越能迅速察覺憤怒。至於察覺其他表情，包括快樂、悲傷、恐懼和驚訝，受虐孩童和一般孩童的理解能力並無不同。

第三項研究的重點是檢驗「曾經遭受暴力對待的孩童是否可以更快察覺危機，並且保持更持久的警覺狀態」。為了觀察孩童的反應，研究者測量他們的心跳和皮膚電導反應，其中包括十一名受虐孩童以及二十二名一般孩童，年紀介於四歲至五歲左右。孩童將會聽到兩位陌生的成年人——研究團隊聘請的演員，在隔壁房間進行四個階段的爭執。首先，兩名成年人將進行正常的對話。其次，他們開始憤怒地爭執。第三，在爭執尚未平息的情況下，兩名成年人保持沉默。最後，他們向彼此道歉，完成和解。兩名成年人爆發激烈衝突之後，受虐孩童與一般孩童立刻產生情緒反應，但是，一般孩童理解他們的衝突與自己無關之後，情緒立刻恢復到平常的狀態，但受虐孩童繼續「保持警覺」，直到最後的道歉階段，仍然敏銳地觀察。

達爾文說過：「任何痛苦和折磨，如果持續過久，必然導致憂鬱並且降低行動力。然而，如果生物可以妥善調適，就能保持警覺，提防突如其來的壞事。」這正是許多超凡之子的腦部成長：他們學會保持警覺，提防所有逆境。為了面對生活中的衝突、未知或暴力——特別是其他人刻意不談或否認的暴力行為，他們必須理解「人類真實行為的重要性，遠遠超過其言論」。因此，復原力之子可能會成為周圍世界的敏銳觀察者。他隨時保持警覺狀態，不自覺地敏銳觀察其他人的臉部表情或肢體動作是否產生了細微的變化。他就像氣壓計，隨時隨地測量其他人的情緒，藉此預測他們的行為。正如潔希所說：「放學回家之後，我的姊姊應該要照顧我，但我卻要小心翼翼地觀察她。我必須觀察她，因為我的生命安全仰賴於此。」

★★★

念中學的時候，潔希覺得自己在家花費的腦力，遠比在學校還多。從星期一到星期五，她走下校車，打開家的前門，開始搜尋各種可以預測課後生活的線索。她望著查莉，立刻知道接下來的狀況。如果查莉也一派輕鬆地看著潔希，代表她心情很好，或者想從潔希身上得到好處，姊妹兩人可能會一起待在廚房，七手八腳地一起烤餅乾，或者湊錢買披薩。倘若查莉的眼神相當謹慎，鼻孔放大，代表她藏了祕密或說謊，潔希必須絞盡腦汁思考真相。然而，萎靡不振的眼神代表查莉今天相當易怒，潔希最好聽媽媽的話，把自己鎖在房間裡。

潔希在臥室度過了許多下午，寫作業以及閱讀從學校借來的書。就在這個時候，她接觸了希臘神話，特別是雅典娜。雅典娜是智慧和戰爭女神，經常協助希臘英雄。潔希非常喜歡雅典娜理解策略思維的重要，不使用武力，而是以智慧統治雅典。潔希知道自己永遠不可能比查莉更強壯，但她也許可以藉由智慧取勝。她非常喜歡圖片裡的雅典娜，一隻貓頭鷹在她手上棲息。「貓頭鷹很睿智。牠們能夠轉動頭部觀看任何方向，也不會被夜色阻礙視線。」潔希在我的辦公室說：「我需要變成貓頭鷹，我一定要變成貓頭鷹，因為我的夜晚比白天更可怕。」

潔希的母親錯了。母親下班回家，也無法解決潔希的問題。查莉長大之後，家庭紛爭從偷吃洋芋片、看電視變成偷錢、蹺課。遇到不喜歡的話題，查莉甚至會砸玻璃杯，但她的暴力傾向多半還是以巴掌和拳頭攻擊家人。如果母親拿著空無一物的皮包，質問查莉是否偷錢，她就會立刻開始打人，但不是打潔希，而是打母親。查莉把母親推回臥室，關上門，在房間裡連續毆打她。拳頭打在母親身上發出的沉悶聲音讓潔希覺得不適且充滿罪惡感。她非常害怕、無助，卻仍然承擔責任，站在房門外哭吼大叫：「**媽！妳還好嗎！查莉！不要打她！不要打媽媽！媽！妳快點開門！**」

母親警告要通報警察之後，查莉整個晚上把自己關在浴室，揚言自殺。潔希從來沒有站在門口，大聲央求姊姊出來。她坐在廚房餐桌前，專注地練習幾何證明或者背誦世界歷史課教導的國家和首都名稱，心忖：「快點自殺！求求妳！快點自殺！」為了保護自己，潔希偶爾想在查莉的牙刷下毒，但不知道要找哪一種毒藥。

到了夜晚，母親得把皮包藏在枕頭底下後才能睡覺。潔希和查莉回到臥室，如果姊姊的心情不錯，兩人可以有說有笑，就像感情融洽的姊妹。然而，潔希內心相當混淆，和查莉聊天就像保護自己，也像背叛自己。潔希不知道，所有堅強的囚犯都是如此。他們用各種方式放輕鬆，也同時尋找生存和逃亡的方法。查莉如果心情惡劣，就用馬克筆在床單的正中央畫一條線，警告潔希：「如果妳越過這條線，我會拿剪刀刺妳。」潔希學會如何睡在床邊，她永遠背對查莉，一隻腳朝著地板，懸吊在床邊。她用這種方式防止自己半夜翻身時滾向查莉。

潔希很害怕查莉在天亮之前會殺了她或母親，於是她開始訓練自己保持清醒，對抗床邊的數位時鐘。她希望自己是整間房子裡最後一位睡著的人，決定注意「數位時鐘的顯示數字從小排列到大」的畫面。一開始，她將目標設定為晚上的 10:11，第二個目標是晚上 11:12，第三個目標是晚上 12:34。她躺在床上，想著雅典娜和她的貓頭鷹。中學畢業之前，潔希已經可以堅持到凌晨 01:23，倘若堅定心意，甚至可以熬夜至凌晨 02:34。潔希的堅定就是重點。到了早晨，兩位小女孩起床了，查莉看起來就像昨天沒有發生不好的事情——或者說，從來沒有，潔希感覺自己完全沒有闔眼休息，雖然她確實入眠了。

★★★

潔希知道自己與眾不同。她很確定自己的家庭與其他人的家庭不一樣。她曾試探地把生活細節告訴朋友，很快就會聽見他們隨意地說：「我的哥哥也是混帳！」或「我姊姊會跟我搶化妝品！」聽到如此反應，潔希就知道不必多說了，內心越來越確定自己確實不正常。她相信自己比朋友更謹慎地處理生活世界的總總一切，事實可能也是如此。「我的生活就像下棋，必須無時無刻地學習，讓自己精通應對的方法。」潔希回憶道：「如果我做了這步，你會如何反應；倘若你決定行動，我又應該怎麼處理。」她越來越習慣查莉偷東西，自然而然地養成一個習慣：她在內心記住每個房間的模樣，回家時可以立刻發現某些東西消失了，或者被人挪動。

許多復原力之子不知道人腦的杏仁核，難以解釋自己擁有的超凡能力，也不清楚為什麼他們可以全天保持警覺，甚至徹夜防備。他們察覺「事情不對勁」的能力非比尋常，不但外人驚訝無比，就連他們也相當納悶。他們也在努力理解為什麼自己能率先察覺憤怒和危機，甚至因此產生了一股充滿力量也相當沉重的詭異感受——有時候，他們可以預見未來。

理解他們卓越能力的唯一方式，或許就是相信自己與具備相同天賦的人擁有某種連結。潔希仰慕雅典娜和她的貓頭鷹，別的超凡之子在諸如超人或蜘蛛人等英雄身上找到歸屬感，因為他們擁有紅外線視野或蜘蛛感應。其他超凡之子認為自己像夏洛克·福爾摩斯——就連蜘蛛人漫畫的原作者史坦·李也是福爾摩斯的仰慕者，因為他們善用觀察的力量，察覺線索，釐清旁人無法理解的謎題。「夏洛克·福爾摩斯是我年輕時的英雄。」

史坦·李說，「他是卓越非凡的人，我認為他就像超級英雄。」

童年逆境向來被認定是阻礙孩童發展的因素，許多研究也相信，長期的壓力，特別是幼年的早期壓力，有害於注意力、情緒、行為和健康。然而，壓力的影響不只如此。為了克服逆境，超凡之子針對其生活世界，發展出特殊的生存技能。「警覺」照顧潔希生命裡的許多環節，甚至影響了家庭之外的生活。在學校，潔希的行為看起來只是「認真負責」——擁有復原力的孩童與青少年經常展現這項特質。潔希是善解人意且勤奮努力的學生。她向來準時，也不會犯錯。她善於理解同學和老師的情緒，藉此調整自己的反應。

潔希因此受到老師和朋友的歡迎，她和值得信任的人往來。選擇安全的地點和人物，讓潔希得以紓解查莉造成的惡性衝擊。針對孩童、成年人和靈長類動物的研究認為，相較於權力較高的社會成員，權力較低者願意仔細觀察其他成員，也能做出更為正確的判斷。超凡之子亦是如此。「活在我的家庭，你必須善於理解他人，才能知道地獄何時降臨。」潔希說，「因此，我非常擅長仔細觀察別人，能夠預先察覺惡兆。不過，我也能察覺好事。我的意思是說，至少我可以知道某件事情沒有任何問題。」

在探索數百位傑出男女的經典之作裡，格澤爾夫婦認為，成功的條件通常不是「在正確的時間待在正確的位置」，而是「察覺」何謂正確的時間與正確的位置。敏銳的杏仁核不只讓我們察覺危機，更使我們認清機會，直到看見逃跑的出口，潔希與其他超凡之子能夠觀察環境，尋找安全的機會——甚至是創造幸福的機會。一般而言，超凡之子的逃跑出口通常是外地的學校、某個關鍵人物或者一份工作，讓她離開家庭。潔希確實遠赴他鄉。她到外地就讀大學，在商學院接受教育，成為一名商業顧問，在高張力的職場環境裡奮鬥。她嶄露頭角，善於應對難以預測的商業變化和各式危機，評估資產的能力更是強大到令人難以置信。三十歲的生日時，她決定在背部刺上貓頭鷹刺青。

★
★
★

生理刺激和表現成果之間的關係，就像上下顛倒的U。毫無警覺的舒適環境無法提升我們的表現，然而，倘若過度興奮，也會適得其反。絕大多數的人在適度刺激時才是最完美的狀態，他們知道自己必須專注認真，拿出最佳的能力，但不會因為壓力而不堪重負。潔希和其他的超凡之子活在上下顛倒的U的頂點，就像踩在永遠不會消退的浪潮之上，需要保持身體健康、專注力以及無時無刻的調適。日復一日的保持警覺和最佳狀態，讓他們充滿力量，也同時失去控制，雖然振奮人心，亦導致身心俱疲。

長期的壓力不但造成杏仁核持續活躍，也同時壓抑前額葉皮質和海馬體。這兩個腦部結構協助人體降低刺激。前額葉皮質負責降低恐懼情緒，向較為情緒化的杏仁核「溝通」和「理性分析」。因此，超凡孩童和成人持續保持過度刺激的狀態，根本無法停止。第一次接觸危機之後，超凡之子的警覺可能持續多年，甚至一輩子。

從演化論的角度而言，妥善應對危機非常重要，因為生物不應該在新環境裡過於天真。但是，過度反應也會造成問題，超凡之子可能隨時隨地陷入「創傷者預期效應」和「焦慮預期」。虐待行為潛藏著此種狡猾本質，許多受虐孩童，特別是遭到摯愛且信任的家人傷害者，都必須面對這個問題。壞事接連發生，大腦開始認為危機並非偶然，而是生活的常態。除此之外，倘若施加暴行者本來應該照顧受虐者，無論暴行的頻率如何，受虐者也非常容易產生過度反應。親生的姊姊攻擊她，母親也無法保護她，潔希又要如何期待朋友或陌生人呢？

警覺讓我們妥善面對外部生活的困難，然而，隨著時間經過，警覺狀態也會造成身心創傷，引發一連串的人體內部失調，包括胃部不適、腹瀉、暴飲暴食或厭食、免疫抑制症候群、失眠、性冷感、心臟病、焦慮、憂鬱——最嚴重的症狀則是身心俱疲。成年以後，潔希仍然長期保持警覺，她的心智似乎從來沒有休息。她過度努力工作，經常忘了進食，除了工作之外，沒有任何時間從事休閒活動。處在人群之中，她無法放鬆，甚至質疑友誼是否為真，或者其他人只是在利用她的才能。潔希刻意疏遠無憂無慮的人，甚至怨恨他們，因為他們從來不需要貓頭鷹刺青的保護。

鎮日漫長的工作之後，潔希看著時鐘，已經不像小時候刻意保持清醒，而是盼望自己能早點入睡。勞倫斯・岡薩雷斯在《劫後餘生的倖存者》❻裡寫道，一名參與越戰的老兵曾說：「二十年來，我不曾睡覺。」這本書的書名極具巧思。潔希也認為自己一直不能睡覺。事實上，她一定在夜裡睡著了，但她的感官認知確實相信自己並未入睡。歷經慢性長期壓力者不但容易罹患睡眠障礙，即使睡著，也無法熟睡，深眠慢波的階段時間較少。漫漫長夜裡，潔希心忖自己是否可以擁有正常的生活，甚至好好睡一覺，身邊的正常人似乎都能如此。

潔希善於理解，愛上了一位鮮少發怒或衝動行事的男人。兩人旅遊時，她終於得到解脫，放下了內心的警覺。她留意陽光照在肌膚上的溫度，品嘗食物的味道。快樂的感受讓她想起小時候躺在鄰居家的草地上與小狗玩耍的日子。她已經快要忘記和查莉一同成

❻原文書名為《Surviving Survivials》，起源於 survive 一字，即生存之意。Surviving 形容「努力求生」，Survivals 表示「倖存者」或「從過去某段時間留下的人事物」，此書之名極具巧思，以同樣的字進行時態和語意變化，強調主題人物如何承受浩劫之後，努力求生並且倖存。

長的歲月，除了看見電源插座的可怕表情，或者聽見其他人不經意地提起《失嬰記》那部電影。潔希和伴侶共築的新愛巢就像一棟度假小屋，她可以在此抛下過去必須扮演的堅強。隨著時間經過，她不覺得自己是囚犯、戰士或貓頭鷹了，也不會刻意記住房間原本的模樣。

潔希生了孩子，她必須確保孩子也有安全感，她希望孩子不要害怕彼此，也不必恐懼外在的世界，她的警覺也再度萌生。直到這幾年，她才終於相信自己再也不用小心謹慎，她的生命很安全，不需要如此緊張。時至今日，孩子的幼小生命只能仰賴她的謹慎照顧。潔希永遠都能察覺必須立刻處理的人事物，不加思索地滿足所有人的需求。日日夜夜地待在上下顛倒的U的頂端，她成為一名成功的商業顧問、努力付出的伴侶以及細心呵護孩童的母親。但是，喧囂不止的思緒讓她身心俱疲。想起數十年的壓力究竟帶來何種後果，潔希偶爾相信，童年時的自己早就被查莉殺了。

潔希終於可以在晚上睡覺了。雖然她還是睡在床邊，背部的貓頭鷹刺青繼續凝視著丈夫和房門。她的丈夫曾經提到，只要房子傳出輕微的聲響，潔希的眼睛就會立刻張開，口齒清晰地向丈夫詢問狀況，神智也非常清醒，彷彿她只是躺在床上休息，彷彿她不曾睡著。

第　七　章

超人

他們不能只是凡人，他們必須是超人

戰爭期間，我只是一個小男孩，被家人送到寄宿學校。當時，我覺得自己被囚禁了，非常無助。我渴望勇往直前的力量，希望如同超人一般，輕而易舉地前進。

——奧利佛．薩克斯，《勇往直前》

「沒人知道我在這裡。」伊莉莎白說。她口中的「人」，原來是指在鄰近一間醫療大學的住院醫生同僚。她正在努力攻讀醫學和法學雙博士學位，俗稱的MD、JD。「妳也明白，別人如果知道我來找心理醫生，會認為這是我的弱點。」從那天開始，持續三年，伊莉莎白每次來找我諮商，幾乎都會落下眼淚。她的淚水難以察覺，只是悄悄地溜出眼眶，珍惜停留在她下巴輪廓的每一分鐘，隨後就會被伊莉莎白以手背拭去。在我們相處的所有時光裡，伊莉莎白從來沒有伸手拿過面紙，彷彿想要盡可能地成為自給自足的人。「我來這兒，因為我覺得自己不是人類。我沒有感情。」開始諮商不久之後，伊莉莎白坦言。

我率直地指出，她的眼淚違背了她的想法。「我不知道自己為什麼會哭。」她看起來相當不好意思，因為無法止住淚水而倉皇失措。「我在其他地方從來不哭。」

經過多次心理諮商之後，她突然說：「昨天晚上，我在網路上讀到一篇文章，標題是：〈我是亞當．蘭薩的母親〉。亞當．蘭薩是珊迪．胡克小學槍擊案的凶手。這篇文章的作者並不是蘭薩真正的母親，但她覺得自己就像他的母親。因為她的兒子也非常失控，想要養育這樣的孩子十分艱困，妳根本不知道他下一步要做什麼，也不清楚如何控制他。」

伊莉莎白摒住鼻涕，用手擦拭眼淚。

「妳知道我讀文章的時候在想什麼嗎？」她直接了當地問我：「我是亞當．蘭薩的妹妹。我的意思是說，我的哥哥沒有槍殺任何人，但他就像文章裡面描述的小孩。為什麼沒有人寫文章表達我的感受？」

★★★

亨利是伊莉莎白的哥哥。他是一名有特殊教育需求的兒童，但沒人真的清楚他的特殊需求是什麼，更遑論滿足其需求。在伊莉莎白的記憶裡，父母總是開車載著哥哥前往各地拜訪專家和各大醫院，有些甚至遠在數百英里之外，只希望得到更好的診斷和治療。間歇性暴怒、自閉症、感覺處理失調、兒童躁鬱症和妥瑞症。每一次，伊莉莎白的家人聽見新的病名，內心就會浮現新的希望，期盼某種治療方法能夠馴服亨利，讓他不在公共場所大發雷霆，阻止他在家裡的暴力行為。有時候，他會打破碗盤，另外一些時候，他打斷了骨頭。

伊莉莎白的父母為了治療亨利而付出的努力，可謂勇敢至極。她的母親為此辭職，幾乎將所有清醒的時間用來照顧亨利——甚至犧牲了許多睡眠時間。週間的日子裡，母親在家教育亨利，陪伴他進行一連串的預約治療，包括語言訓練、社交技巧訓練、小兒職能治療、物理治療、家教、精神治療和遊戲治療。週末時，母親前往各地參加研討會，聆聽關於小兒發展失衡的最新研究成果。有時候，伊莉莎白的母親和父親因為如何照顧亨利而起爭執。父親不希望把一家人的精力和資源全數投注在亨利身上，但母親認為別無他法。母親通常會贏。

全家人因為亨利的特殊需求而遍體鱗傷，伊莉莎白卻不記得自己最基礎平凡的需求得到任何滿足。她是相當好照顧的孩子，儘管她也這麼認為，但她依然經歷了一些發展逆境。例如，她曾獨自坐在遊樂園的柵欄內，好幾個小時，不哭不鬧，甚至沒有開口呼喚任何人。直到父母迎接第三個孩子——小女兒，伊莉莎白的人生才有了活力。伊莉莎白和妹妹一起長大，共度歡樂的時光，討論大哥亨利的狀況。伊莉莎白稱讚妹妹是她童年最好的禮物，現在更是最好的朋友，這似乎也是父母期待的結果。

一位親戚曾經問伊莉莎白的父母，照顧亨利如此耗費心力，為什麼還想要第三個孩子？伊莉莎白意外偷聽到大人的低聲耳語：第三個孩子來到人世之後，等到伊莉莎白長大，倘若父母都離開人世了，也不必獨自照顧亨利。聽到此番說法，伊莉莎白覺得自己得到保護，但也遭到犧牲。她一直很想和妹妹討論當晚的故事，卻沒有勇氣說出驚人的消息：妹妹，其實是被生下來服務哥哥和姊姊的。

某一次，伊莉莎白和妹妹在外玩得太久，回家時感到心悸不適。「媽媽！」用盡力氣癱倒在浴室地板上之前，伊莉莎白呼喚母親。母親正在樓上照顧亨利，她也大喊：「我希望妳現在不要煩我！」俗話說，只要手足之間不爭奪家庭資源或者相同的地位，就能異中求同，找到彼此合適的位置。伊莉莎白當下的反應是脫光全身的衣服，只剩下貼身衣物，彷彿海星一般張開四肢，將腹部、軀幹和臉頰平貼在浴室磁磚地板，想要藉此降低體溫。如果亨利的家庭地位是「特殊需求」，伊莉莎白的戰略位置就是「沒有需求」。

★★★

特殊需求的孩童有千百種。所謂的「特殊需求」其實是一種簡化的說法，用來指稱所有需要特殊健康照顧的孩子。這個詞就像雨傘，涵蓋了各種慢性疾病、發展、行為或情緒特殊狀況，必須仰賴不同於一般孩童成長需要的醫療、心智健康或教育照顧。最普遍的狀況包括學習障礙、注意力不足過動症、憂鬱症和躁鬱症等情緒失調、焦慮症、自閉症、行為異常、發展障礙、關節炎或其他肢體關節問題、智能障礙、腦痲痺、言語問題、妥瑞症、氣喘、糖尿病、嚴重的過敏、癲癇、聽力或視力受損以及大腦傷害。以上清單雖然冗長，但並未完全包含所有的孩童特殊需求。任何需要特殊照顧服務的狀況，都能符合「特殊需求」的條件。許多特殊需求孩童符合至少一項標準——或者，就像伊莉莎白的哥哥，他們因為各種行為和症狀而受苦，卻找不到任何準確的診斷。

全國兒童保健需求普查蒐集了全美數萬戶家庭的統計資料，在年紀低於十八歲的男孩女孩裡，大約十三%至二〇%符合特殊需求條件，也就是將近一千萬至一千五百萬名孩童。相較於女孩，男孩比較容易承受孩童健康問題，而特殊需求孩童則是平均地分配在所有收入階級的家庭中。由於醫學進步，過去因為健康問題而死亡的孩童，或者必須住在醫療機構（或相關機構）者，現在能夠住在家裡，而為人父母者必須想盡辦法照顧孩童的需求。大多數特殊需求孩童至少與一位手足同住，甚至共享一間臥室。

筆者在此必須強調，三分之二的特殊需求孩童並未受到健康狀況的影響，他們的家人也是如此。他們的特殊需求其實很少。但其他三分之一孩童面對的特殊需求則大幅度影響了自己、家長和兄弟姊妹的日常生活。特殊需求的孩童通常無法成為平凡快樂的孩子。他們也許無法和年紀相仿的同儕一起奔跑、玩耍和學習。持續的照顧則會影響家庭的財務和婚姻狀況。為了滿足孩子的需求，父母必須減少工作時間，或者辭職。許多家庭可能因此無法享受快樂的共處時光，出門在外也必須面對外人的憐憫表情或同情的微笑。除此之外，他們的掙扎通常不是一時的：許多特殊需求孩童的症狀，將會深遂地影響成年後的人生。

★★★

雖然特殊需求兒童有千百種，但特殊需求兒童的手足在成長時的情況，卻是彼此相似，而且非常典型。某些人非常中肯地稱呼他們是「超級手足」。為了彌補摯愛手足的發育障礙，這些兄弟姊妹可能會早熟發展。年紀較小的超級手足，會表現得像年長的家人，而年紀較大的超級手足，則是挺身而出，扮演「小家長」，協助烹飪、家事和育兒。超級手足的成熟超越了其年齡，外人經常認為他們是「小大人」或「成熟的老靈魂」。家長甚至會說：「沒有你，我該怎麼辦呢？」特殊需求孩童是不可妥協的，然而，無論在開車外出或家庭生活環境裡，超級手足都會遷就其他家庭成員。

特殊需求孩童的人數日漸增加，父母面對的挑戰也日趨嚴峻，例如稍早提到的〈我是亞當．蘭薩的母親〉，但特殊需求孩童的手足，卻遭到忽略且並未得到應有的照顧。相較於具備特殊需求的孩童，超級手足不只在家庭場域受到忽視，甚至未受研究者的青睞，直到最近，臨床專家和全美家庭才開始明白特殊需求孩童的手足其實是相當特別的族群。

擁有一名特殊需求的兄弟姊妹，需要付出苦心，同時也裨益我們的生活。身旁的手足倘若罹患慢性疾病或其他疾患，我們將因此得到相當獨特的個人成長機會，許多超級手足因此非常負責，而且比同儕更有競爭力。和「與眾不同的手足」共同生活，可以孕育我們的寬容心、同理心、同情心和耐心。知道我們親愛的手足也許永遠不會康復——甚至可能因病辭世，會讓我們看清楚其他的童年問題。超級手足的童年經驗，足以創造出獨特的才能，許多人因而徹底發揮了天賦與力量，在學校成為傑出的畢業生致詞代表、班長，或者成長為醫生、社群領導者以及運動明星。年輕而偉大的高爾夫球選手喬登．史皮斯❶將自己的成熟和腳踏實地歸功於罹患神經系統疾病的妹妹。他說：「我妹妹是全家人最好的禮物。」

伊莉莎白的故事只是超級手足的其中一種，當然，她的故事更艱困而難以啟齒。伊莉莎白的人生說明了一件事，即使男孩女孩深愛自己的特殊需求手足，他們的人生依然苦澀煎熬。像是伊莉莎白這樣的超級手足，也許還會擔心自己有一天也會罹患兄弟姊妹的疾病，或者，她的孩子會不會遺傳到同樣的問題。他們可能會因為特殊需求手足的「與眾不同」而難為情，甚至在心裡覺得自己背叛了兄弟姊妹。他們或許對於家庭的不平等照顧而憤恨不已。特殊需求孩童如果做了一件日常生活小事，就能得到家長的稱讚，而超級手足負擔許多任務，卻被視為理所當然。但是，他們也會因為自己的嫉妒心而變得更沮喪。他們如果想起有朝一日，自己必須負責照顧特殊需求手足，也許會覺得沉重，反而羞愧地指責自己很自私。超級手足通常把感覺藏在心裡，不對外人訴說。大約半數的超級手足必須掙扎地面對自己的問題，例如憂鬱、焦慮、藥物濫用或進食障礙，朋友和家人可能毫不知情。

全球知名的神經學家奧利佛．薩克斯成長於英格蘭，他的哥哥麥可在年輕時就被診斷罹患了思覺失調。薩克斯在晚年時公開寫出他的童年矛盾：「我越來越恐懼他，也因為他的遭遇而非常害怕。麥可到底會怎麼樣？同樣的事情，會不會發生在我身上？」就像

❶史皮斯出生於一九九三年，在二〇一五年時，他追平老虎伍茲高懸多年的成績，以二十二歲之姿奪下美國名人賽冠軍，這是他的第一個大滿貫賽事冠軍，同時也是一九二三年以後最年輕的冠軍。史皮斯目前仍是世界高爾夫球王。

許多活在逆境中的孩子，薩克斯的適應方式就是遠離家中的問題。「我在家裡打造了自己的科學實驗室。我關上門，閉起眼睛，抗拒麥可的瘋狂。我並非不在乎麥可。我真的非常同情他，我感同身受。但我必須保持距離。我必須創造自己的科學世界，我才能抵抗，不被他的混亂和瘋狂所引誘。」

稍後，薩克斯承認自己搬遷至美國執業，部分原因就是「為了逃避無藥可救且無法處理的悲劇哥哥。」他坦言，成為神經學家是為了精通「人腦」知識，因為這個器官讓他的哥哥和家人傷心欲絕。然而，薩克斯找不到迅速簡單的治療方法。二十歲後期至三十歲初期，薩克斯染上毒癮長達四年，但無人知曉。幾十年後，他書寫了一份永遠不會消失的罪惡感。「我其實可以，也應該要成為有愛心、更支持麥可的弟弟……他需要我的時候，我不在身邊。身為失格的弟弟，這種罪惡感，即使在六十年後，依然炙熱地在我體內焚燒。」

全世界的人在薩克斯或伊莉莎白這些超級手足的身上，看見了一種明確且毫無瑕疵的適應力。然而，全世界的人都沒有看見，或者根本無法察覺，超級手足內心交織的愛、恨、保護、羞愧、罪惡、憤怒、悔恨、沮喪、恐懼和疲倦。就像特殊需求的孩子，超級手足最渴望的，也是平均且可預期的人生。他們也希望擁有完全屬於自己的人生，不要受到疾病的侵襲。他們渴望自己能夠與兄弟姊妹享受平凡的關係，允許彼此競爭對立，指名道姓的爭執吵架。他們只想要成為平凡人，甚至擁有缺點。然而，這些超級手足知道自己不能平凡，他們必須超凡。他們不能只是凡人，他們必須是超人。

★　★　★

一九六九年，歐普拉十五歲，特別來賓傑西．傑克森❷前來她就讀的高中演講。歐普拉形容傑克森演講的一個小時是「改變生命的特別時刻」。他教導學生如何面對種族歧視的挑戰。「卓越是反抗歧視的最佳道路。因此，我希望你們卓越傑出。」當天晚上，歐普拉回家之後，親手將這句話寫在海報上。直到大學期間，這張海報仍然張貼在她的梳妝鏡上。

然而，卓越是對抗各種「因差異而產生的歧視」的最好方法。伊莉莎白很清楚──彷彿發自本能地學會保護亨利、自己和家人不受路人異樣眼光和不平等待遇的最佳方式，

❷傑西．傑克森出生於一九四一年，他是美國著名的黑人平權運動運動領袖，在大學期間就開始活躍地參與民群運動。一九八四年進入民主黨初選，成為美國歷史上第一位參選總統的非裔美國人。

就是卓越超凡。犯錯是人之常情，但伊莉莎白極端謹慎，從來不犯任何錯誤。

家人不能把亨利獨自留在家裡，但沒有任何保母能夠照顧他。所以，無論伊莉莎白的母親去哪裡，亨利如影隨形。亨利討厭採買家用品，大賣場的蒼白燈光與酷寒的冷氣溫度讓他最為痛恨。他也無法控制自己的飲食習慣，他可以坐在車子裡面，吃下一整盒的小黛比牌或脆莓牌點心，但他媽媽根本不應該購買這些點心。有些小孩在賣場裡大叫哭鬧，要求母親購買加糖穀片或甜點心，但亨利的手段超乎了醫生的詞彙，只能用「盲目的憤怒」形容。亨利使力搖晃母親的購物車，或者踢她，賣場裡的其他客人假裝沒事，左顧右盼，但只要任何人敢看著亨利和他的母親，他就會朝著對方嘶聲作吼、口出惡言。有一次，賣場經理請他們離開。「求求您，我應該怎麼辦呢？我需要買食物給家人，我也不能棄他不顧。」伊莉莎白的母親苦苦哀求，但伊莉莎白本人卻羞恥地想鑽入地底。

伊莉莎白還小，亨利在賣場大吵大鬧時，她悄悄地溜到隔壁的商品走道，從衣服裡面拉出項鍊，用兩手高舉過頭，想像自己成為「女超人伊西絲」❸，控制了全世界，掃除所有的陰霾。伊莉莎白就讀中學之後，她開始善用自己唯一的能力杜絕陌生人的怒視與異樣眼光，而這個能力就是「非常、非常乖巧」。她替母親跑腿，從架上取走物品，所以一家人可以迅速且有效率地通過賣場。在外人眼中，伊莉莎白和母親的行為也許就像瘋狂的電視節目參賽者。然而，在她們心中，她們認為自己是為了生存而奔跑。為了避開結帳櫃檯旁的糖果，母親將亨利單獨支開，帶往停車場，伊莉莎白則井然有序地將商品放在結帳輸送帶——水果、冷凍食品、商品紙盒、日用品依序排列整齊——再將母親的信用卡放在櫃檯上結帳，她的妹妹將購物車推向停車場。伊莉莎白的母親或許必須面對一位相當棘手的孩子，但她同樣擁有另一位完美無瑕的模範小孩。

歐普拉想要在白人男性世界裡嶄露頭角，也許，伊莉莎白也認為自己必須卓越。她的內心持續湧出一股隱隱約約的感受：她必須證明自己。日復一日，她在學校裡看見了無數次的自我證明機會。在早晨，她迅速地走上學校大門的樓梯，謹慎地向校長打招呼：「早安，米勒女士。」她假裝自己並沒有留意到亨利——他已經是學校裡的風雲人物——像是一顆巨大的太妃糖般走出車子。母親想要保護他，他卻張牙舞爪地推開她的手。在教室，伊莉莎白享受完美的一百分成績帶來的舒適，然而，亨利從走廊傳來的吼叫有時卻刺穿了她的美夢。

在學校的才藝表演活動裡，伊莉莎白完美無瑕地演出巴哈的曲子。她滿臉漲紅，不是因為表演帶來的焦慮，而是憤怒。她走上舞臺時，聽見亨利在舞臺下的嘲笑聲。伊莉莎

❸《女超人伊西絲》是一九七五年至一九七六年間的美國影集。

白的父親必須在她表演時，將亨利帶出表演廳。她坐在鋼琴前，姿態優雅地舞動黑白琴鍵，內心卻想像自己從舞臺上對母親大吼——「他為什麼不能待在保母身邊，哪怕一次也好!?」當晚，伊莉莎白悶悶不樂，向母親抱怨亨利如何毀了一切，母親卻斥責她：「老天啊！伊莉莎白，亨利永遠無法感受妳今天晚上的快樂。他根本沒辦法控制自己，但妳可以，妳應該要覺得自己非常幸運！」

★★★

許多超凡之子似乎都擁有祕密武器。「沒錯，她從一開始就展露才華了。」小說家愛麗絲．華克❹小時候的老師曾說：「我看過許多孩子，但華克是最聰明的。」亞伯拉罕．林肯年輕時鮮少上學，而傳記作家卡爾．桑德堡❺則說：「比起其他人，小亞伯（林肯的暱稱）讓書本透露更多知識。」超凡之子的祕密武器不見得永遠都是理解字裡行間的意義，安迪．沃荷還記得自己很小就因為藝術才華而備受注目：「老師都很喜歡我。他們相信，我擁有一種自然，或者說，超乎自然的才華。」不是每一位超凡之子都會成為知名的小說家、藝術家或政治家，也不是每一位超凡之子都必定擁有驚人無比的才華。但是，許多超凡之子都擁有一項祕密武器，就是自然的，或者說，超乎自然的自制能力。

自制是引導個人思維、感受和行為的能力，通常也是人類能夠更適應世界的方法。「自制力」可以概括地描述我們如何抵抗誘惑、延遲享樂❻、管理情緒、追求目標、遵守規定、依照指示、感受情緒、與他人合作、持續保持運動習慣和飲食健康、實現承諾、存錢、準時工作和努力付出。正如佛洛伊德在將近一百年前所說，一個人如何控制自我的能力——讓理智勝過熱情、讓個人適應社會、讓自我能夠戰勝本我，長久以來，都是文明的重要指標。

現代人已經明白，自制並非起源於自我。自制力來自於大腦的前額葉皮質。人類大腦的發展與演化，已經將重點從大腦後方移動至前方，從大腦下方移轉至上方。大腦最原始的功能部位被深深埋葬於大腦底部與後方，這些區域現在變成自動化運作。例如，人類

❹華克是美國小說家，曾榮獲普立茲獎和美國國家圖書獎，作品也受知名導演史蒂芬·史匹柏的青睞，改編為電影。

❺桑德堡是詩人、作家、歷史學家，曾榮獲三次普立茲獎殊榮肯定。

❻延遲享樂是指一個人為了得到往後更大的益處，而拒絕當前的享樂。這個概念近年來也在臺灣相當盛行，後續篇章將有進一步說明。

大腦可以不經思索地維持心跳、呼吸與睡眠，杏仁核則是反射性地觸發戰鬥或逃跑反應。前額葉皮質則是名副其實地「位居大腦的最高與最前線的位置」。前額葉皮質就在額頭後方，負責運作人類最高等與精細的思維。這個部位對杏仁核發出由上而下的管束命令，用理性、有意識的行動，壓抑衝動、情緒化的反應。前額葉皮質負責處理人類行動決策，而自制力就是裡面的指揮官。

自制力最好的說明例子，就是知名的「棉花糖實驗」。心理學家瓦特・米歇爾在一九六〇年代設計了棉花糖實驗，藉由一系列的實驗研究，探索學齡前兒童是否能在二十分鐘之內抵抗吃下眼前棉花糖的誘惑，倘若他們做到了，就能得到另外一塊棉花糖獎勵。毫不意外地，其中一些小孩立刻狼吞虎嚥地吃下第一顆棉花糖，其他小孩想要等候二十分鐘，最後還是忍不住誘惑，但仍然有另外一些孩子成功地等到了獎勵。米歇爾最初的想法，是希望簡約地理解孩童延遲享樂的能力差距，棉花糖實驗最後卻變成了長期的個人發展研究。經年累月之後，棉花糖實驗已經證明了其驚人的預測能力。擁有足夠自制力，能夠等待棉花糖獎勵的學齡前兒童，學術能力測驗成績較為優秀、妥協能力更好、教育成就更傑出，自我價值認知更高，成年後也沒有藥物濫用的問題。

學齡前兒童在米歇爾設計的實驗裡對抗棉花糖誘惑數十年後，其他的科學家也紛紛證明了自制力能夠帶來極為正面的影響。二〇一二年，一份整合報告分析了一百份以上的研究報告，涵蓋範圍超過三萬名個案，認為自制力能夠帶來較好的學業成績、職場表現、感情關係和健康。從初期教育到高等教育，自制力代表出席率更好、學習時間更多、看電視的時間更少、在各項考試與標準化測驗裡的成績更佳。研究證明，將較於天生的智商，自制力更能預測學童的表現。

自制能力較佳的孩童在教室外的世界也享有優勢。他們的人際關係更好，更容易受到歡迎，至少部分是因為他們善於管理自己的私欲，更留心注意其他人的需求和願望。自制力還可以創造傑出的運動表現，因為運動員能夠更專注於常規練習、保持冷靜並且在壓力下拿出超凡表現。自制力不只讓我們願意在生活裡努力付出，更使我們向人生發展的阻礙說「不」。因此，自制力較佳的人比較不會因為衝動而陷入暴力、憤怒、青少年犯罪、暴飲暴食等問題。

自制力甚至讓我們明白為什麼有些經歷創傷的人會因此罹患創傷後壓力症候群，另外一些人則否。大腦成像研究推測，面對極大的情緒負擔經驗時，相較於並未罹患創傷後壓力症候群的人，罹患者的前額葉皮質活動情況較為平靜，與其他大腦部分的連動更少。這樣的推測相信，創傷後壓力症候群至少有部分因素是人腦杏仁核缺乏「由上而下」的控制管理，所以患者才會產生失序的戰鬥或逃跑反應。治療創傷後壓力症候群的方法之一，確實就是教導患者如何更妥當地控制自己的思想、感覺和行為。創傷後壓力症候群的關鍵症狀是「因為創傷事件的結果，感受無法面對的沉重負擔和無助」。雖然我們無法控制世事，但自制力可以讓我們掌握自我與人生。

自制力的預測能力如此高明，幾乎可以與智力和社會經濟地位相提並論，但仍然不盡相同，這一點非常重要。自制力代表一切的可能性，你不必是最聰明的孩子，也無須成為擁有最多資源的幸運兒，復原力之子仍然有機會超凡卓越。正如米歇爾實驗中的學齡前兒童所展示的，有些人從一開始就比別人更能夠控制自己，他們更有可能贏得較佳的生活（伊莉莎白的母親或許所言不虛：伊莉莎白很幸運，她的自制力更勝於弟弟）。然而，自制力並不是一種與生俱來的天賦，我們可以追求自制力，就算現在沒有，往後也可以取得。經由練習和挑戰，我們可以訓練自制力，在家庭和社區鄰里對抗逆境的人，無時無刻都在面對練習和挑戰。每一天，他們都有機會保持沉默，不要和面對難題的手足爭執。他們對抗霸凌，忍住眼淚。他們小心翼翼地在家行走，避免惹怒酗酒的家人。他們回家時必須繞過危險的街道。他們勤奮地實現逃出逆境的目標。超凡之子來到這個世界時，確實擁有一定程度的自制力天賦——但是，他們身處艱困的環境，必須持續地控制自己的想法、感受和行為，這份衝擊絕對不容小覷。

諸多超凡之子成年之後，將自己能夠生存以及嶄露頭角，歸功於控制日常生活，也因而得以掌握人生。確實，克服逆境者，經常部分仰賴於自我控制和自我導向。在考艾島長期研究中，這份研究報告探索一群出生於夏威夷的嬰兒，直到他們中年為止，能夠戰勝逆境的男男女女，都在青春期開始相信，自己的能力可以克服眼前所有的阻礙。另一份研究報告分析近三千名年紀在二十五歲到七十四歲的成年人之後認為，童年時期缺乏父母的支持，與成年後的慢性心理疾病和身體健康問題有關連，只有可以控制自己和生活的人才能一帆風順。

超凡之子為人所知的神奇能力，就是確實地努力付出，就像一名「小小執行長」，能夠控制並且引導生活方向。他們設定目標，甚至製作鼓舞海報，寫上「一定要超凡卓越！」等句子。他們知道，超凡卓越的條件不只是坐擁龐大的物質資源，同時也需要決心和能力，才能善用一切——或許，決心和能力更為重要。伊莉莎白雖然絕對不會和其他人承認，但她確實在心裡，祕密地相信「無所不能」。她認為，只要下定決心，謹慎決策，就能完成任何目標——當然，她也是常勝軍。「我不能理解何謂失敗。」她說：「如果一個人發自內心地想要完成一件事，他就會做到。」

★
★
★

由於伊莉莎白和她妹妹是母親口中的「幸運兒」，她們不被允許抱怨兄弟，也似乎不能擁有人類的正常情感。「俗話說，『如果說不出好話，不如不要說話。』我們家的標準更高。」伊莉莎白回憶家庭生活時曾說：「倘若你的感覺不舒服，就不要有任何感覺。」但她早已不知自己的感覺為何了。如果沒有人想談論某個問題，但你對這個問題懷有感觸或想法，這種情況極為困苦。如果沒有人「**能夠**」討論這個問題，因為他們根本不了解這到底是什麼問題，你心中卻有感觸或想法，情況會更為艱難。「沒有一位醫生針對亨利的病情提出任何明確的診斷，又怎麼能夠要求他替自己的行為負責。」伊莉莎白回憶道：「他的情況有時很好，但其他時刻，我們只能自求多福。無論亨利到底罹患哪種疾病，他根本無法抵抗，所以父母要求我不能有任何感覺。」

憤怒、悲傷和恐懼，這些情緒超乎了伊莉莎白的家庭規則。父母告訴兩位姊妹必須「做得更好」以及「超越情緒」。因此，她們待在家庭裡的許多時間，都用來練習超越常人的極限。晚餐時，亨利嘲笑伊莉莎白——「妳必須知道，我就讀的班級競爭更激烈。」這是典型的手足競爭，可能會引發雙方持續鬥嘴，最後逐漸摧毀家人的用餐情緒。但是，伊莉莎白隨意地開玩笑說道：「不，我的班級其實比較厲害。」亨利馬上把餐盤砸過去，當場毀了所有人的晚餐。伊莉莎白立刻躲在餐桌下，想要爬出餐廳，母親卻命令她：「回到座位上！不准去其他地方，乖乖坐下，向哥哥道歉。」

伊莉莎白和亨利成長為青少年之後，他拿著一把廚師刀，衝向伊莉莎白。父親連忙報警。警察把亨利壓進巡邏車後座，將他帶往警局。伊莉莎白和妹妹卻要在家裡收拾「尖銳的物品」——刀子、剪刀和螺絲起子，藏進鞋盒裡。稍晚，母親不發一語，嚴肅地開車載伊莉莎白前往警察局。她問伊莉莎白想怎麼做。「妳可以告亨利，如此一來，他就會有前科……或者，我們可以把亨利安置在醫院一陣子。」

「如果他去醫院，以後出社會，找得到工作嗎？」伊莉莎白問，滿心擔憂哥哥的未來，並且認為自己應該負起責任。

「可以，乖女兒。」伊莉莎白的母親回：「送到醫院，沒人會知道亨利今天做的事。」

「我想，就讓他到醫院吧。」伊莉莎白說。

幾年以後，伊莉莎白想起那次的車上對話，諷刺地冷笑說：「他拿刀殺我，我卻連殺他的念頭都不能有。」

★ ★ ★

前往外地就讀大學時，伊莉莎白已經學會了創傷分析專家貝賽爾・范德寇所說的「毫無感覺的面對」。她在一個學期裡修七門課，在宿舍擔任諮詢工作人員，甚至到餐廳端盤子打工，一週工作二十小時。她的大學新鮮人生活聽起來難以置信，甚至不太可能，部分是因為前額葉皮質發揮的效用，讓伊莉莎白永遠比同儕更努力。每個學期，她需要請求院長的特別同意，才能正式選修如此厚重的學業負擔。半年一次，她行禮如儀地和院長見面開會。伊莉莎白的耀眼特質，讓院長非常高興，計畫書也詳細地用彩色標籤整理得井然有序。然而，沒人知道，伊莉莎白也並未留意，她一天要喝多達十杯的咖啡，晚上只睡四到五個小時，甚至經常忽略自己早已饑腸轆轆。

大學畢業後，伊莉莎白同時攻讀法學和醫學雙博士學位。亨利長年服用的藥物讓伊莉莎白非常熟悉精神治療用藥，同時，她也展露出自己對於法律系統的熟悉。同學總是會問：「伊莉莎白，妳怎麼知道？」很顯然的，伊莉莎白的成就讓她與哥哥形成天壤之別。假如亨利是病人，必須被困在家裡，她就會成為醫生。倘若，亨利被壓在警車後座，伊莉莎白就會取得法律學位。除此之外，伊莉莎白曾目睹父母因為亨利的醫療費用帳單而爭執不已，現在也完全理解當年母親向阿姨坦承的擔憂：有一天，伊莉莎白和妹妹必須支持哥哥。伊莉莎白必須出人頭地，她的家庭經不起任何失敗。

然而，實現了超凡卓越，伊莉莎白也發自本能地明白必須低調傳達自己的榮耀——以最優等成績畢業、獲得研究所入學許可、獲選為學生會主席——或者，乾脆選擇不說。任何人在亨利面前提到她的傑出表現，會讓伊莉莎白相當恐懼。假如，在公共場合，某個善良的陌生人不經意地強調了手足之間的成就差距，「年輕人，你呢，你跟妹妹一樣讀研究所嗎？」全家人都會靜默地倒抽一口氣。伊莉莎白的內心有一股沉重的自我譴責，她的一切成就，對哥哥都是一種傷害。父母親傳來的訊息不停改變，一開始是「哥哥聽到妳的好成績，覺得很難過」，後來變成「妳的存在讓哥哥很難過」，於是伊莉莎白越來越少回家。

伊莉莎白這樣的超凡之子承受著雙重的痛苦枷鎖：家人需要他們過得好而且出人頭地，但是，他們又因為自己的健康和成就而倍感痛楚。他們必須低聲慶祝，或者假裝沒有任何值得慶祝的事情，而他們的成就可能造就手足的痛苦、憤怒和悲傷，但他們非常努力地保護手足。許多超凡之子認為自己不能感受人類最原始的情感，卻身陷更糾結複雜的情感之中：罪惡感。罪惡感是一種社會道德情緒，源自於人際關係的脈絡。如果，我們發現自己的行為傷害他人，或者目睹不公之事，罪惡感就會油然而生，家庭人際關係更是容易引發罪惡感。罪惡感來自前額葉皮質，相當靠近自制力的起源位置，伊莉莎白曾在諮商時悲嘆地說：「我根本就是活在可惡的前額葉皮質裡！」從演化論的角度來看，人類之所以會有罪惡感，是為了提倡平等。罪惡感促使我們努力改善不公。

多數超凡之子的生命並不公平，甚至永遠不可能公平。許多超凡之子的兄弟姊妹、母親或父親都有艱困的問題。超凡之子本身沒有，也不能解決這些問題。伊莉莎白雖然認為，她必須替哥哥的不幸負責，但是，除了腦神經的發展比較良好之外，她何錯之有？她越是努力變得更好，協助家人克服難關且「改善不公」，追求超凡卓越，甚至變成超人，就越是凌駕於哥哥之上，讓他非常沮喪。除了自毀前程，伊莉莎白別無他法，不能讓她與哥哥之間達成平等。但是，自毀前程只會加重父母的負擔。

罪惡感無法讓人適應環境，也不能創造修復行為。一份整合研究分析了超過一百份的研究報告，探討兩萬名以上的個案，認為「一個人必須為了自己無法控制的事件負責，這份感覺與憂鬱有關」，而伊莉莎白在心理諮商的私人時間裡，就是努力對抗這個問題。「我不能憂鬱或崩潰，因為我是家裡的幸運兒。」她說：「但我也不能快樂。」

伊莉莎白即將取得法學醫學雙博士學位之際，她不要禮物，只希望父母可以做到一件事情：畢業典禮當天的主角必須是伊莉莎白。雖然心裡有些罪惡感，伊莉莎白仍然要求母親和妹妹兩人前來，把亨利留給父親照顧，所以她可以享受自己的成就。母親和妹妹在最後一刻抵達伊莉莎白的公寓，三人必須立刻趕往畢業典禮會場。母親不情願地承認，當天稍早，亨利的約診耽誤了行程。伊莉莎白罕見地展露憤怒，尖聲怒吼道：「這是我的畢業典禮，我只要求一件事情！一件事情而已！我只希望今天的主角是我！難道妳一定要天天把亨利當成最重要的人？一天都不行!?他為什麼一定要在今天約診!?」

「亨利還在醫院。」母親冷漠如霜地說。

伊莉莎白再次被罪惡感擊倒。

「伊莉莎白，振作起來，我們今天會很開心。」母親繼續說：「妳永遠都能夠振作。妳一直都非常善於振作。」

伊莉莎白的父母無法承認女兒的痛苦，因為他們已經不能承受另一個孩子也有特殊需求——財務、思維和情緒，三方面皆是如此。伊莉莎白同樣難以理解父母的負擔，非比尋常地繼續追問：「在妳心中，為什麼亨利永遠比我重要？」她再度尖銳大吼。

母親先是否認了幾次，最後提出了一個解釋。她或許根本不是這個意思，也可能是藏不住內心的情感。「伊莉莎白，妳很喜歡小動物。」母親深呼吸之後，繼續說：「假如妳養了兩條小狗。第一條很可愛，討人喜歡，每個人都會衝過去哄牠，陪牠玩。第二條小狗總是咆哮嘶吼，根本沒人想靠近。如果妳必須丟掉其中一隻，絕對是可愛的小狗，因為妳知道一定有人照顧牠。」

第　八　章

孤兒

他們知道，自己必須比「正常孩子」更討人喜歡能夠隨心所欲地擺放家具，肯定是上天賜予的福氣。

——伊迪絲．華頓，《歡樂之家》

娜迪亞似乎比真實年齡更成熟，但又更年輕。她臉上總是掛著微笑，坐在椅子上，腳趾還會不經意地擺動，才會讓人覺得她比實際年齡還要年輕。但是，年僅二十六歲的她，已經達成許多同儕未能企及的里程碑，所以似乎比實際年齡更成熟。她是藝術史博士候選人，已經結婚超過一年了。她的穿著相當隨興，但充滿時尚氛圍，綠色的緊身軍裝褲加上露肩上衣，看起來就像輕輕鬆鬆擁有一切的人物。望著娜迪亞，沒有任何人猜得到，周圍朋友都擁有某個事物，但她沒有。至少，她也不可能再度擁有。她沒有雙親。

兩歲時，娜迪亞來到美國。關於兩歲之前的事情，她沒有太多記憶。兩歲之後，她的成長背景符合「平均且可預期」。她在洛杉磯的一個快樂家庭長大——更準確地說，她成長的地點是一間快樂的公寓，位於雙親擁有的酒品店樓上。大學的第一個學期，她所熟知的生活遭逢巨大的改變。一九九七年，她回到宿舍房間，聆聽電話答錄機裡的留言。

「娜迪亞，那件事情是真的嗎？」家鄉的好朋友問。

「娜迪亞，妳還好嗎？」另一位家鄉的好朋友也問了。

「我的天啊，娜迪亞，打電話給我……」多年來的摯友懇求她。

但她的雙親並未留言，於是娜迪亞致電給她最好的朋友。

「娜迪亞，天啊，我很遺憾！」好友聽見娜迪亞的聲音，不忍尖叫。

「為什麼？」

「天啊，娜迪亞，天啊、天啊、天啊……妳還不知道？」

「知道什麼？」

「有人搶了妳爸媽的商店，然後……」

「他們還好嗎？」

「不好！他們……他們死了。」

「誰死了？」娜迪亞語帶疑惑地說：「搶匪嗎？」

她的朋友泣不成聲，勉強說出：「妳媽媽和爸爸。」

在宿舍接到噩耗的八年之後，娜迪亞來到我的辦公室。她以為，過了八年之後，失去雙親的痛苦會變得輕鬆一些。她以為，時間應該能夠沖淡痛苦——「妳明白的，其他人期待我已經走出傷痛。」但是，孤獨的感受總是不停遞嬗。即使娜迪亞已經長大成人，仍然沒有辦法做好準備。她渴望爸爸和媽媽安然活著。「其他人對我很好，但不一樣。我無法向任何人坦承這份心情，但沒有人和爸爸媽媽一樣。」她哭著說：「失去父母的痛苦，從來不曾停止。」

★★★

大多數的人認為，失去一位家長是孩童時期最震撼的悲劇之一，只有少數人明白這是相當普遍的情況。九分之一的孩子在二十歲前失去一位家長，這個統計數字的意義是在任何一年裡，只要一位孩童確診罹患癌症，另外三十五位孩童就會失去其中一位家長。

失去家長是難以保密的逆境，也不會造成孩童必須帶著羞愧而活，因此，我們能夠在許多偉大的歷史人物傳記中，讀到他們失去家長的故事。一九七八年，心理學家馬文·愛森史塔德發表了一份為人廣泛引用的研究報告。愛森史達德在一九六三年版的大英百科全書以及一九六四年版的全美百科全書裡尋找「成就斐然，被記載在至少一篇百科全書條目」的優秀人士，最後，他找到五百七十三人——從希臘史詩作家荷馬到美國總統約翰·甘迺迪，將近半數都在二十歲以前失去雙親中的其中一位，這個比例甚至高於現代的統計資料。雖然，愛森史達德的資料從二十世紀中葉之後再也沒有更新，年輕時就承受失去雙親痛楚的公共人物數目仍然不停增長，筆者在此僅舉數例：最高法院法官索妮雅·索托麥爾、歌手芭芭拉·史翠珊、歌手保羅·麥卡尼、歌手波諾、歌手瑪丹娜、演員朱利亞・羅伯茲、紐約市長比爾・白思豪、參議院院長保羅・萊恩和美國前總統比爾・柯林頓。

和其他童年逆境相同，家長之死可以創造個人成長的機會。失去母親或父親的孩童中，八成認為他們比其他人更具復原力，六成相信原因就是父母或其中之一的死亡，部分孩童更認為，他們必須堅強。最高法院法官索尼亞・索托麥爾仍然記得當初如何被告知父親之死：「索尼亞，妳的母親很難過，妳必須長大，成為一位堅強的女孩，不能哭，要替母親堅強。」前總統柯林頓在自傳裡也提到了父親之死——他的父親死於柯林頓生日前的一場車禍——是他生命的起源故事。「父親之死在我心裡留下了一種感覺，我必須替兩個人而活，我的人生已經不是我的，是我和他的。如果我成功了，就能彌補他離開人世的空缺。」

英雄的故事總是將逆境扭轉為機會。但我們絕對不能忘記，承擔極大痛苦的某些人，甚至大多數的受難者，雖然能夠成就超凡，不代表失去雙親是正面的經驗，而他們承受的哀傷也絕對不會因為日後的成就而減少。童年時期失去家長的孩童裡，四分之三希望家長並未死亡，並且相信如果家長健在，自己的生活肯定會「更好」。青少年時期失去家長者，超過半數願意用自己的一年生命，換取家長多活一天。他們從來都不想要失去父母的生活，卻必須學習接受，甚至心懷感激。「我最不希望的就是失去父母，但我愛這個事實。」史蒂芬．柯伯❶十歲時，父親和兩名兄弟在飛機失事中罹難。他們也許調適得宜，但他們的心仍然支離破碎。

一個人遭遇壞事之後，扭轉逆境，創造好結果，但他矛盾且痛徹心扉的感受，拉比（猶太牧師）哈洛德．庫許納的經典作品《當好人遇上壞事》，或許是最誠實的描述。庫許納失去的不是雙親，而是他的孩子。「因為亞倫的死，我成為更有感情的人，更有效率的牧師，也是更有同情心的諮詢者。但如果有機會，我不會多做考慮，我願意捨棄一切，只為了換回我的兒子。倘若我還有選擇，我願意拋棄因為亞倫之死給我的精神成長，回到十五年前那個平凡的猶太牧師，不在意他人的諮詢者，只能幫助一些人，對其他人束手無策，擁有一位開朗的兒子。但是我別無選擇。」

★★★

一九七六年，《兒童精神分析》期刊刊登了一篇論文〈彩色天竺鼠〉，探討兒童如何掙扎地理解「失去」。該文討論的「失去」是指幼兒園裡的寵物之死，一隻名為金尼的天竺鼠。幼兒園的老師平淡地描述寵物之死——「金尼死了，已經被埋葬在公園。」但小孩無法完全理解其中的意義。過了一段時間，老師帶了一隻不同顏色的寵物天竺鼠。「誰替金尼換了顏色？」幼兒園的孩子問。他們無法理解新的天竺鼠不是金尼，更不明白金尼已經永遠離開，再也不會回來了。

娜迪亞雖然不是幼兒園的孩子，面對突如其來的巨大損失時，她仍然非常年輕，根本無法一次承受所有的衝擊。她不是小朋友，她知道父母已經走了，永遠不會回來，但是，她將持續地在人生往後的各種機緣裡，感受到新的痛苦，理解這個事實的意義。填寫各式文件表格，必須在父母的欄位寫上「死亡」。大學選課時，想要撥電話給母親，聆聽她的建議。回到家鄉，開車經過已經轉賣給他人的故居。失去家長也是一種累積壓力，雖然不幸的事件發生在一瞬間，卻還是蠶食人心。不幸的事件不只讓人肝腸寸斷，也會隨著時間，改變受難者的一生。

探討彩色天竺鼠的文章認為：「孩童在滑板上哀悼。」意思是年輕人在活動裡慰藉悲傷。摯愛的親人離開之後，他們的生命並未因此停止。相反的，他們還能找朋友，從事

❶史蒂芬·柯伯是美國電視節目主持人和喜劇家，曾榮獲艾美獎殊榮的肯定。二〇〇六年，柯伯在白宮媒體晚宴上當面調侃時任總統的布希，此舉引發熱烈討論。二〇一五年，柯伯接替大衛·萊曼，成為黃金時段的談話性節目主持人。

其他活動，他們將會在往後的旅程體驗悲傷。娜迪亞也在滑板上哀悼。她在大學校園裡奔馳，她從來沒有離開校園，甚至沒有因為家中變故而休息一個學期。父母必定也希望她繼續念書，除此之外，她還能去哪？又可以做什麼？

對於任何失去雙親的孩子來說，保持連貫的生活是重要的因素。或許，沒有任何地方比大學校園更能如此——無論家鄉發生什麼，餐廳供應食物、老師繼續講課、測驗如期舉行，足球比賽仍然聲勢浩大。絕大多數的時間，娜迪亞的身旁全是年輕人，他們的父母不在身邊，娜迪亞可以遺忘自己的新世界。但是，如果她離學校太遠，書店、咖啡廳、刺青店和披薩餐館的蹤影逐漸消失，映入眼簾的是兩層樓的木瓦屋頂房子，明亮的燈光和家庭。就在這個時候，娜迪亞終於被家庭瓦解的感受痛擊，她明白自己無家可歸，甚至沒有人想念遠方的她。她在人行道踩著滑板，滑板壓過路面，在虛無的孤獨裡喀喀作響，無比孤寂。

她也會在其他機緣下，意外地體驗痛苦。

五月，娜迪亞即將從大學畢業。她走入最喜歡的咖啡廳，每張桌子都坐滿了女性顧客。她們有老有少，其中一些穿著青春洋溢的衣物，另外一些手持花朵。娜迪亞才想起當時是母親節。在此之前，娜迪亞幾乎沒有為了紀念母親而做任何特別的行為。她靜待咖啡上桌，一邊觀察成雙成對的母女，彷彿一位人類學家，一個局外人，思索與母親同坐一桌的感覺如何。或許，相較於孤獨的自己應該如何度過母親節，早已遺忘母親節的存在，才是真正的悲傷。

她還要面對畢業典禮。三位最要好的朋友和其家人陪伴在娜迪亞身邊。「每個人都對我很好。我很快樂。我們很開心自己畢業了。但是，妳明白嗎，有一些小事情讓我悲傷。無論我和誰在一起，我都不是她們的家人，所以我都會負責拍攝家庭合照。我經由鏡頭凝視她們。她們就像待在一個盒子裡，她們是一家人，遇到任何事情，一定會替對方挺身而出。有時候，朋友留意到了，所以她們會邀請我一起拍照。她們真的很好。」娜迪亞回憶道：「但我知道她們只是想讓我好過一些，這不是她們原本的生活方式。」

二〇〇一年，娜迪亞走入二十歲以後的青年世代，卻開始感覺自己不正常。她離開大學校園，行事曆已經失去所有的意義和韻律，永遠都會感受到新的孤獨。她覺得自己漫無目的地漂流且孤單，沒有任何真正的理由追求人生的目標與旅途的方向，也缺乏行動的原因。失去父母，對娜迪亞而言，就像失去了宗教信仰。

二〇〇一年，娜迪亞與四位女孩子一起租賃位於舊金山的一間公寓。九月十一號清晨，第一架飛機撞擊到世貿中心大樓時，其他人還在睡覺，當時還不到早上六點。第二架飛機攻擊不久以後，女孩的行動電話和公寓的室內電話接連響起。她們的父母打電話來提醒注意安全：「起床！打開電視！今天待在家裡，不要出門上班。沒有人知道接下來會怎麼樣！今天不要開車過橋進市中心！❷」就像其他的女孩室友，在九一一事件後的幾個星期裡，娜迪亞沉浸在悲傷和不可置信之中。當然，她也想到有些孩子可能因此失去了爸爸媽媽。直到過了一陣子以後，她才注意到沒有人在九一一事件當天早上打電話給她。整個世界正在分崩離析，但沒有人想起娜迪亞。父母離開人世的四年之後，娜迪亞終於明白了：我是孤兒。

★★★

成為孤兒的本質是失去保護。

普遍來說，我們認為孤兒就是像娜迪亞這樣的孩子，父母已經過世。全世界最有名的孤兒可能是小孤兒安妮❸，她的故事符合一般人的想法，許多經典小說的主角也在故事中努力地獨自生活，例如《簡．愛》《孤雛淚》《清秀佳人》《湯姆歷險記》和《歡樂之家》，還有眾多暢銷電影的要角，如《魔戒》《〇〇七》和《哈利波特》。世界上許多受歡迎的超級英雄也是孤兒。蝙蝠俠和娜迪亞一樣，都在搶案中失去了父母。

但是，成為孤兒的原因不只一種，失去家長的情況也無獨有偶。根據美國公民和移民管制局的認知，小孩基於任何原因失去父母，都會被視為孤兒。「家長的死亡、消失、遺棄、斷絕關係、分居，或者基於其他因素而失去家長，小孩都會被視為孤兒。」聯合國甚至更進一步地認為，失去其中一位家長的孩子也是孤兒。失去母親者是母系孤兒，失去父親者則是父系孤兒。有別於傳統觀念的認知，孤兒並不是必定居住在孤兒院，大多數失去其中一位家長或雙親的孤兒，會與僅存的另一位家長、祖父母或其他親戚同住。世界上的許多孤兒與小孤兒安妮其實相去甚遠。

倘若馬文．愛森史塔德——曾經在百科全書裡蒐羅卓越孤兒資料的心理學家，在當代重啟研究計畫，並且依照美國政府標準，拓寬失去父母親的定義，他的清單將會大幅增加，涵蓋更多的傑出人物，包括前美國總統傑拉德．福特❹、披頭四的主唱約翰．藍儂、美國職棒球星艾力克斯．羅德里奎茲、知名節目主持人喬恩．史都華、美國職籃球星勒

❷舊金山市東臨海灣，西側受太平洋環繞，周圍皆有重要的交通大橋，多數開車通勤的上班族必須開車進市中心工作。

❸《小孤兒安妮》是哈洛德．格雷的暢銷連環漫畫，在一九二四年八月五日於紐約日報初次問世。

❹傑拉德．福特是美國第四十任副總統，也是第三十八任總統。他在尼克森因水門案辭職後繼任美國總統。福特執政期間，美國從越南撤軍。他在一九七六年的總統大選中敗給民主黨的候選人卡特。

布朗・詹姆斯、美國體操競技選手西蒙・拜爾斯、美國職籃球星俠客・歐尼爾、知名演員瑪麗蓮・夢露、饒舌歌手Jay Z、美國重要文化人物威利・尼爾森和前美國總統歐巴馬，他們年幼時，都被其中一位家長或父母所拋棄。愛森史塔德曾寫道，他之所以選擇狹義地定義孤兒，是因為家長死亡的資訊較容易確認，「相較於其他形式的失去家長，家長死亡帶來的衝擊更大，更容易察覺。」但我不贊成後面這段敘述。

讀者還記得山姆嗎？他的父親離家，寄給他撕掉一半的十元美金鈔票和樂透。成年以後，山姆坦承內心曾對一位童年好友產生了複雜的情感。好友的父親死了，留下相當可觀的遺產。「說來相當羞愧，但我相當嫉妒他。人們知道他的故事，替他難過，我也替他難過！他的爸爸死了，真的令人傷心。他很不幸，也非常幸運，因為別人能夠理解他的故事，並且同情他。我呢？難道我要告訴別人，我爸爸遊手好閒、欠債不還？我朋友的爸爸根本不想離開家人，他離開世界之後，他留下的遺產保護了家人。我爸爸自願離開，從來不曾回頭，完全不在乎我是否安好。」

山姆繼續說道。

「我和妻子結婚之前，曾經向她談過部分的心情。也許，我想和她結婚，就是因為她當時的反應。她說：『其實你也失去了爸爸。』我從來沒有想過這件事。我確實失去了爸爸，但直到她說了以後，我才體認到這個事實。我的意思是說，當時沒有葬禮，什麼都沒有。我小時候，每個人都迴避『父親』這個話題。等到他真的死了，我早已成年，二十年沒有見過他。我根本不在乎，其他人不了解我為什麼如此冷漠。我真正的心情是，很久很久以前，我就失去了他，但那個時候根本沒人注意到我失去了爸爸。」

「被剝奪的悲傷」就是山姆描述的經驗，或者說，這樣的悲傷不被人所知道。他們可能不符合社會認知的「典型孤兒」，甚至也不會意識到自己其實是孤兒，但被家長遺棄，同樣讓他們認為自己失去至親。他們孤獨且停留在原地，無法前進，失去了母親或父親應該提供的照顧和保護，甚至不認為自己有資格訴說痛苦。饒舌歌手 Jay-Z 也是如此理解他的暢銷歌曲〈生命的沉重打擊（貧民區國歌）〉。在這首歌裡，Jay-Z 搭配百老匯音樂劇《安妮》❺的主旋律唱出其饒舌歌詞。他認為：「我發現《安妮》的故事和我的故事之間有一面鏡子。她的故事就是我的故事，我的故事也是她的故事。這首歌的副歌完美地捕捉了貧民區小孩的日常感受：『沒有甜美的親吻，只有狠毒的痛咬。』我們也許不是真的失去父母的孤兒，但是，我們這個世代的人，只能在街頭，想盡辦法養活自己。」安妮

❺《小孤兒安妮》在一九七二年時由湯瑪斯．米韓改編成音樂劇《安妮》。改編後的故事與原本的漫畫劇情截然不同，背景地點來到紐約，時間則是經歷經濟大恐慌的一九三三年。《安妮》是最受歡迎的百老匯音樂劇之一，曾經多次改編成電影。

的故事就是 Jay-Z 的故事，也是娜迪亞和山姆的人生。每個失去家長的孩子，無論原因是死亡、離婚、心理疾病、入獄服刑或者任何原因，都會覺得自己被拋棄在原地，只能孤獨地照顧自己。

★★★

社會學家和心理治療學家莉莉安・羅賓在五歲時失去了父親。成年以後，她憑藉著研究超越創傷的兒童而奠定其學術職業生涯。她發現，能夠克服逆境的人，或者說，得以對抗「生命的沉重打擊」者，部分是因為他們擁有一種特質，她稱之為「被領養的能力」❻，也就是可以接受他人照顧的本領。當家庭生活變得刻苦，或者父母已經消失，許多超凡孩童找到「代理父母」或替代的照顧者，藉此彌補艱辛的環境。有時候，他們會展現出運動、學業或藝術方面的天分，更常見的情況則是他們的人格特質發揮作用，吸引其他家庭成員、學校老師、鄰居或朋友的注意。這是相當重要的關鍵，因為孩童對抗逆境之後能否展現適應力的重點，正是得到外部支援。他們必須展現「被領養的能力」，才能吸引有能力者的注意。心理治療專家斯圖雅特・豪瑟認為，他們相當熟悉如何「召募新的人物，藉此重建關係」。

讓我們重新思索考艾島數十年研究計畫裡的「脆弱但不屈不撓」的孩子。長大以後，夏威夷花園島嶼的孩子曾說，他們之所以能夠對抗逆境，很大的原因是他們下定決心並且保持自制，但這只是內在因素。從外在的角度觀察，還有其他重要的原因。整體而言，成功的孩子全都符合羅賓所說的「適合領養」。研究者認為，他們的個性相當隨和，而且「容易滿足需求」，因此協助他們獲得親友的青睞，願意伸出援手。他們在嬰兒時期就展現出「積極活躍」「溫和親人」和「個性乖巧」的特質。這些特質不但受人喜愛，更容易誘發周圍親友的正面關心。乖巧和藹的嬰兒願意好好進食睡眠，在一歲時與母親建立了非常良好的互動，兩歲時則與其他照顧者形成了融洽的關係。童年期中段，他們在課業表現上或許不是頂尖聰穎，卻是非常好的溝通者，善於與他人相處。到了青春期，只要情況需要，他們可以變得相當大方外向。孩子願意親近的成人數量越高，他或她長大以後的成功機率就會越高。「脆弱但不屈不撓」的所有孩子，都能列出至少一位非常照顧自己的成年人，而且不屬於原生家庭。

❻「被領養的能力」原文是 adoptability，來自於領養（adoption）和能力（ability）。作者將在稍後說明此詞之意，請參見 P.204。

娜迪亞也擁有「被領養的能力」。她的故事發人省思，但最令人印象深刻的，莫過於雙親死後，她從未偏離正軌。她創造了成功的人生，成為周圍朋友的典範，所以人人喜歡娜迪亞待在身邊，因為她不曾崩潰。娜迪亞本能地知道研究者的結論：壞事發生時壓抑沮喪，才能獲得他人的喜好，也會被視為更具備復原力。走入成年初期，娜迪亞受到朋友的邀請，與他們的家人一起共度佳節，甚至外出度假。為了回報朋友的善意，她小心謹慎，不要增加其他人的麻煩。她會迅速地整理餐桌、擺上盤子和洗碗。娜迪亞形容自己是「最受歡迎的家庭訪客」。許多超凡之子也認為自己是人人心中最棒的家庭訪客。

美國詩人、小說家希薇亞·普拉斯是失去父親的孤兒。大學時，她必須在暑假工作，才能爭取更多的獎學金。校方提供工作機會，背後的金主則是富裕的善心人士。一九五二年夏天，普拉斯替瑪格麗特·康特工作，協助她處理家務。康特女士如此向校方的暑期打工辦公室回報普拉斯的工作成果：「希薇亞是前所未有的好女孩。她的行為舉止高雅美麗，陽光燦爛的性格以及鮮明的自我表達能力，簡直就是一位最有趣且受到歡迎的人物。」

將超凡之子的表現和我們對於一般孩童的期許，甚至是對自己小孩的期待相比較。「正常的孩子應該如何？他是不是安靜地吃飯，平安順利的長大，臉上總是掛著甜美的微笑呢？」精神分析學家溫尼寇特曾說：「當然不是，這絕對不是正常孩子的所作所為。一個正常的孩子，假如他信任父母親，就會隨著時間過去，用盡全身力氣打擾父母、摧毀他們的生活、恐嚇他們、耗盡他們的力量、浪費他們的時間、狡猾地逃跑並且偷走他們的一切。」普拉斯、娜迪亞和其他超凡之子已經沒有父母可以信任，也無法確定代理者是否會永遠照顧他們。他們知道，自己必須比「正常孩子」更討人喜歡。

★★★

坦白說，莉莉安·羅賓提出的「被領養的能力」並不準確。事實上，大多數的孤兒並未被人認養，超凡之子亦是如此。我們很容易想像娜迪亞和其他超凡之子擁有一位代理家長職位的照護人，或者說，這是比較方便的思考結果。祖母、阿姨或教練可能挺身而出，參與超凡之子的生活，完成父母無論何故而無法實現的照顧。有時，事實確實如此，例如四屆奧運金牌得主西蒙·拜爾斯，許多人相信她是最偉大的女子體操選手。她的生母吸毒酗酒，生父拋棄家庭。她的童年生活漂泊在許多寄養家庭。還在蹣頊學步的她，渴望與外公外婆同住。他們很快就領養了拜爾斯。拜爾斯清楚地表示，外公外婆才是真正的家長，也是她的「父親和母親」。

超凡之子受到許多人的共同養育，他們東拼西湊，完成本來屬於父母的養育責任——

這個週末由某位朋友照顧、下個星期睡在另外一位朋友家的沙發、某個老師表達鼓勵的話語、另一位心靈指導者提供了建議、鄰居提供了一次好機會等東拼西補的拼裝❼。超凡之子就像修補家，藉由其他人提供的些許素材，實現自己的人生。他們到了任何地點，都會小心翼翼，不會提出太多要求，也不會奢望過於舒適的生活。他們知道自己沒有資格要求。小說家寶拉．麥可連❽回憶錄《親若家人》的主題，正是居住於寄養家庭的經驗。她如此描述寄人籬下的經驗：「就像居住在旅館，沒有任何物品屬於妳，一切都是借來的，床鋪、牙刷和洗澡水皆是如此。」

美國詩人羅伯特．佛羅斯特曾說：「家，是你必須回去時，家人也必須迎接你的場所。」娜迪亞已經無家可歸，也沒有人迎接她。因此，她遨遊世界的方式與其他人截然不同。每一天的每一分鐘，她覺得自己就像闖入者，隨時隨地會被棄置。最讓娜迪亞傷心之事，莫過於某個人指責她太過於麻煩，造成他人的不便，為了保護自己，不讓此事發生，她變得隨和親人、溫柔順服而且討人喜歡。無論屋主或室友想要什麼，娜迪亞竭力配合，從來不介意他們想待在家裡休息、外出遊玩、訂購披薩或看電影。住在同一間公寓的其他女孩如果洗澡時間過長、在不恰當的時間使用浴室或者偷吃其他室友遺留的食物，娜迪亞就會開始思忖，漠不關心他人究竟是什麼感覺。

「孤兒永遠都是最好的特務人選。」茱蒂．丹契在《〇〇七空降危機》電影裡扮演的

M夫人曾如此說道。研究者相信復原力之子擁有「召募新的人物，重建關係」的天賦，而M夫人冷漠且世故的評論，精準地捕捉了研究者忽略的重點：我們永遠不清楚究竟是孤兒招募新的人物，或者是新的人物吸引了孤兒。「召募新的人物，重建關係」的能力，讓復原力之子聽起來就像一位小花衣魔笛手❾。他們揮舞長笛，施展魔法，用魔術的曲調，

❼拼裝的英文是bricolage，由社會人類學家李維史陀提出。他相信，修補和原始人類解決問題的方法相當類似。修補者使用現有的工具和素材，原始人類則是重新組織、修改現有的方法，適應新的狀況。拼裝的概念後來延伸至許多領域，藉此討論藝術家、教育者和其他領域的專業人士，如何修正現有的思維，因應新的局面。

❽美國作家。四歲時，寶拉的母親辭世，她的父親反覆進出監獄，姊姊、妹妹和她在往後的十四年裡，不停地更換寄養家庭。她將這段歲月故事寫入回憶錄，而她最著名的作品則是《巴黎妻子》。

❾花衣魔笛手是德國民間故事，最有名的版本是格林兄弟創作的《德意志傳說》，原文名為《哈梅爾的孩子》。故事的背景是西元一二八四年，德國村莊哈梅爾面臨嚴重鼠患。一位外地人自稱可以處理，於是村民承諾，倘若外地人真能一勞永逸地解決鼠患，就會重金回報。於是外地人吹起笛子，老鼠聞聲隨行。外地人將老鼠引入河中，鼠群全數溺斃。事後，村民違反承諾，外地人不滿離去。幾個星期之後，村民在教堂聚會，外地人回到村裡吹笛，將孩子引入山洞中，但故事的結局則有許多版本，其中一種版本是孩子全數困死，亦有一說是村民支付報酬後，外地人釋放小孩，也有一個版本相信一啞一瞎的孩子回來了，但其他小孩的下落不明。

召集一群追隨者。但是，身為孤兒，即便擁有被領養的能力，卻完全不像花衣魔笛手。倘若仔細思考，或許被領養的孤兒必須歡喜地追尋他人，而不是召募他人。

復原力之子倘若真是「脆弱但不屈不撓」，但其「不屈不撓」與「力量」只是外人所見，他們的內心卻是脆弱且無力。權力，意指可以協助或傷害他人（或自我）的力量。擁有權力者，能夠掌握資源——物質和非物質皆然，例如金錢、情感、生活照顧或決策。沒有權力的人必須謹慎地注意權力者。人際關係中的雙方，或者兩個家人，會因為權力的多寡，影響內心的經驗。對於無權力者而言，權力最致命的差距在於，有權者可以坦然地做自己。他們可以自由自在地感受一切，追求內心的渴望，隨心所欲地行動，做出決定並且無須恐懼。他們可以表裡如一，但沒有權力的人，最睿智的選擇是藏匿真實的感受和願望——特別是當無權力者不快樂，也不願意配合他人。

小孤兒安妮在音樂劇裡唱著：「如果沒有微笑，妳的打扮就不完整。」但人人的微笑意義不同，部分取決於他擁有多少權力。研究認為，擁有高等權力的人，其笑容反映出內在的愉悅或幸福，而權力地位低落者的笑容，則是為了讓其他人感覺舒適。笑容和一個人內心的真實感受並沒有關係。有權者的笑容是真心的，但無權者的笑容是策略和義務。坐擁高等權力者想笑就笑，權力低落者卻是「必須」保持笑容。

愛德娜·聖文森·米萊在一九二三年贏得普立茲殊榮前，與母親和兩位姊妹的生活猶如四位孤兒。米萊的父親拋棄家庭，母親只好帶著三位女兒四處搬遷，倘若沒有其他家族成員敞開大門救濟，她們幾乎淪為無家可歸的流浪者。「米萊和其他兩位女孩已經是母親身旁的『小女人』了。」米萊的傳記作家南希．米爾福德寫道：「母親一再告誡她們不可以造成其他人的困擾，要保持服裝儀容的整齊乾淨，並且負責任。女孩慎重地遵守母親的訓誡。她們謹慎對待親人，大多數是阿姨，從來不會洩漏內心的想法與渴望。」

權力的差距，在孤兒與全世界的其他人之間，造就了複雜的失衡關係。就算施恩者本身並未體認到此事實，他們與孤兒之間的關係亦是如此。有權力的人思考獎勵——「我想要什麼，又應該如何追求？」無權力的人擔憂懲罰——「我害怕什麼，又該如何避免？」孤兒最害怕救濟者將他趕走，為了保護自己，他們覺得自己有義務微笑，滿足其他人的需求。他們必須贏得救濟，他們為了溫飽而歌唱，他們為了與其他人交好而努力度日。這樣的結果，讓超凡之子不覺得自己是英雄，反而更像寵物、玩具小馬、女傭甚至是妓女，只要不造成任何麻煩，提供舒適、娛樂或者某種程度的服務，就能繼續接受救濟。

也許上述說法非常殘忍，但有權者和無權者之間的差異不必然是惡意的。一般而言，這些差異非常結構化、自動發揮效用，有時候甚至是無可避免的結果。無論如何，超凡之子仍然會痛苦無比。就算只想訴說差異，都會顯得不知感恩——這是不公平的說法，因為娜迪亞等超凡之子當然非常感謝接濟者，這就是重點。許多超凡之子感受到的「被剝奪的悲傷」，部分原因正是他們被奪走了全部的感受，無人知曉，甚至未曾被人發現。他們失去一種奢侈：就算只是短暫的瞬間，他們都無法「不欣賞、感謝他人的舉動」或者「難相處」。知名女演員瑪麗蓮·夢露出生於一九二六年，本名是諾瑪·珍·摩騰森。夢露從來不知道父親是誰，也只有短暫且間斷地受到母親養育。她的母親泰半時間都待在精神治療單位，偶爾才能出院生活——病因可能是思覺失調。因此，夢露大多住在洛杉磯兒童之家協會，有時會被送往寄養家庭。任何收養夢露的家庭，一個星期可以拿到五元美元的補助。「我居住過的家庭有一個共同特色：他們需要五元。」夢露在自傳裡回憶道：「我是他們家中的資產。我很堅強、健康，幾乎可以做和成年人一樣的工作。我也學會了不要和任何人講話或哭泣，以免打擾他們……我知道遠離麻煩的最好方法就是從不抱怨或提出要求。大多數的家庭都有自己的孩子，我曉得他們更重要……每個人都知道怎麼對付諾瑪·珍。如果她不聽話，就要送回孤兒院。」夢露從來無法擺脫脆弱的感覺，沒有任何人覺得她很重要。夢露曾經費盡一生的時間，希望自己不要只是「可以隨意丟棄的小裝飾品或是一隻流浪貓，人們把它或牠帶回家，就忘了其存在。」最後，夢露以自殺結束了短暫的人生。

★★★

娜迪亞是朋友裡最早結婚的。正如許多因為各種方式覺得自己宛如孤雛的超凡之子，她最渴望的是一個能令她挺身而出的人。她希望住進某個人的心裡，想要得到家庭，以及一棟屬於自己的房子才能創造的撫慰。我們會談時，娜迪亞很快地坦承，失去父母以後，許多仁慈慷慨的人照顧她、接納她，但只有在我的辦公室，她才能承認，那種感覺始終不同。

是否舉行婚禮成為艱困的選擇。一般而言，婚禮總是如此。婚禮、畢業典禮和闔家團聚的佳節是社會禮俗，容易受到社會規範的限制。然而，身為超凡之子的定義，正是他們的生活並不符合社會的凡常認知。這代表，一般人認知的社群活動，可能會讓超凡之子想起自己與其他人之間的差異。理應快樂的時光，或許令他們產生複雜的情感。

許多超凡之子結婚時必須費心處理難以取悅的家長或手足，婚禮安排通常受限於過去，而不是美好未來的鼓舞。娜迪亞似乎相信，擁有家庭的人才能舉行婚禮，她想不到誰可以牽著她的手，走過紅毯，誰又會在紅毯的另一頭，坐在最前排的椅子上，觀看自己與愛人結成連理。她的伴侶提醒，婚禮是給「想要結成家庭的人」，現在是二十一世紀，他們可以選擇任何一種方式結婚。他們曾經想要外出，在旅途中結婚。但娜迪亞的伴侶愛她，也了解她，他希望娜迪亞得到完美的婚禮。

但事情並非如此簡單。

娜迪亞最好的朋友擔任伴娘，她住在非常遙遠的地方，某個星期天下午，娜迪亞只能獨自上街挑選婚紗。她嘗試了一間又一間的婚紗店，試穿了好幾套，才逐漸明白自己根本不懂如何挑選，更不知道哪一件最好看。她環顧四周，發現其他年輕的女人身邊是她們的母親，協助她們將斗大的白色婚紗套在頭上。商店開始打烊了，娜迪亞回到家中，滿臉淚水，伴侶決定明天陪她挑選。「結婚之前，你不能看到我的婚紗！」娜迪亞抗議地說。這是另一個社會習俗。「太愚蠢了。」伴侶也表達不滿：「結婚的主角就是我和妳，我明天一定要陪妳去。」娜迪亞仍然可以鮮明地回憶兩人當時在試衣間有說有笑，最後決定挑選了其中一件婚紗。這是她最快樂的閃光燈回憶。

幾個月後，娜迪亞迎接了另一個快樂的婚禮回憶。她在結婚會館走廊盡頭的房間裡換衣服，聽見外面傳來數十人歡愉的吵鬧聲。她的童年玩伴、大學朋友和住在遠方的親戚都來了。已故雙親的友人也來到現場，看見娜迪亞的生活如此幸福，他們非常高興。一開始，娜迪亞以為自己聽見鄰近的另一場活動，可能是雞尾酒派對。隨後，她才明白，他們全是婚禮嘉賓。眾多朋友遠道前來，只為參加她的婚禮，讓娜迪亞的內心震驚不已。

★★★

結婚以後，娜迪亞對於父母的回憶雖然逐漸老舊，卻從未消失。她清楚地記得，努力寫功課和整理房間會讓父母產生何種反應，但難以想像父母會對現在的自己，或者丈夫有什麼想法。十八歲至二十歲初期，其他同齡女孩正在努力擺脫父母，探索寬闊的世界。娜迪亞沒有母親，一切似乎較為輕鬆。她曾經「在滑板上哀悼」，忙著享受青春的人生。蛻變為成熟的女人之後，娜迪亞還沒做好心理準備，不知道自己多麼需要母親。

娜迪亞發現自己開始留意年邁的女士，以及她們宛如小小奇蹟的行為舉止。婆婆將木頭湯杓放在滾沸的煮麵鍋上，避免熱水灑出鍋外。公司的老闆隨意地吩咐：「不要在雪地裡開車，娜迪亞，太危險了。」或者，她在機場看見一位老女士替一位年輕的媽媽安撫哭泣的孩子。她將吵鬧扭動的小嬰兒抱在肩膀上。「您真會哄小孩。」年輕的媽媽說。「我練習了很多次。」老女士慷慨地回答，小心翼翼地不要傷害年輕媽媽的信心。娜迪亞開始覺得自己正在偷竊身為人母的各種記憶，就像麵包屑一樣，作為精神的食糧——或者，她正在儲備糧食，等到自己身為人母時，才知道如何是好。

娜迪亞猜想，她之所以尋求心理諮商，是希望在四十五分鐘的會談時間裡找到母親。她需要年長女性照顧自己，成為她學習的榜樣。雖然她認為諮商有用，卻也同樣痛苦萬分。心理治療的其中一個限制，正是會談時間有其開始與結束，以及郵寄到府的帳單。也許，心理治療和作客其他家庭之間，存在著一股無可避免的相似性。娜迪亞希望自己可以住在一個溫暖的家庭，而她也終於能夠向我坦承其中最大的差異：「我想要一個媽媽，而且不需要向她預約時間。」她哽咽地說。某些下午，諮商結束之後，娜迪亞回到自己的車上，哭得更傷心，我也想哭。我並沒有讓娜迪亞講出內心真正的情感。她確實找到了伴侶、諮商師、朋友以及家庭成員。所有人都在乎娜迪亞，但沒有任何人可以填補父母雙亡遺留的空虛。無論時間走過多少年，她依然有權悲傷。

不久以後，娜迪亞的想法從她是否可以擁有母親，變成她是否能夠成為母親。悲傷的是，失去了父母之後，她難以想像自己擁有孩子。然而，娜迪亞的雙親熱愛為人父母，她相信回憶且紀念雙親的其中一種方法，就是學習他們多年以來的慈祥榜樣。我們花了一些時間，討論娜迪亞童年時期的快樂回憶：母親在假日時親自製作巧克力糖，父親和她共同完成的科學研究，母親在娜迪亞床邊朗讀的書本，母親在娜迪亞生病時調理的薑汁汽水。娜迪亞的母親已經不在人世，無法在旁協助她成為一位好母親。但是，母親早已身體力行，讓娜迪亞知道，如何成為一位好母親。

婚禮結束之後，娜迪亞和伴侶開始討論用彼此喜歡的方式創造家庭。有時候，娜迪亞想領養孩子，因為她渴望家庭的感受。她上網研究領養流程，開始瀏覽領養單位的網頁。網頁標示了「重點兒童」，還附上照片與簡短的說明。每個孩子都穿著最棒的假日服飾，他們全都喜歡笑話、學校、冰淇淋或騎單車。他們陽光燦爛的笑容，讓娜迪亞不忍直視。

第　九　章

面具

許多超凡之子的人生就像一場表演，
目的是取悅舞臺前的觀眾

人格是一種面具。產生人格的第一個原因，是為了在其他人心中留下關鍵的印象，第二個原因則是掩飾一個人的真實本性。

——榮格，《論分析心理學的兩篇論文》

強尼．卡森成長於美國中西部，其母厭惡男孩，甚至公開地說自己不喜歡兒子。卡森發現魔術是娛樂、取悅他人的方法，甚至讓他一舉進入演藝圈，成為表演和誘導的大師。他擔任《今日秀》❶的主持人長達三十年，榮登全美最受愛戴的其中一位男性。雖然，卡森得到前所未有的喜愛，甚至博得「夜間脫口秀之王」的美譽，但他也是當代歷史中最神祕的人物之一。楚門．卡波提❷說：「沒人真正地理解強尼。」

當代評論家肯尼斯．泰南論及自己和卡森交談的經驗時，或許準確地捕捉到重點：「你會以為自己正在面對一部設計精良的安全防衛系統。」卡森的舞臺人格，一如其開創演藝生涯的精美魔術手法，移轉觀眾的注意力，讓他們忽略真正的關鍵，也無法窺見卡森的內心世界。愛德．麥可馬宏是卡森主持《今日秀》的助手。麥可馬宏認為，他的老闆「在兩千萬名電視機觀眾面前處之泰然，卻在二十名現場觀眾面前相當不自在。」在一個星期裡，卡森必須連續六個夜晚走上舞臺，面對兩千萬名觀眾，藉由電視媒體展露自我，但他可以自由地拿捏程度。無論獨白或節目臺詞，卡森完全掌握對話的內容，觀眾只能看見卡森希望他們看見的。

卡森從未書寫任何回憶錄，這點毫不令人意外。為了「撥開強尼．卡森周圍的神祕帷幕」的紀錄片導演彼得．瓊斯在卡森死後，終於可以一探卡森私人和職場的文件紀錄。他甚至獲得同意，能夠採訪與卡森相當親近的人。「我很驚訝。」瓊斯在全國公共廣播電臺的採訪裡提到：「我們對卡森的私人生活仍然一無所知。我猜想，全美觀眾看見的強尼．卡森是一個人，但他隱藏了另外一位約翰．威廉斯．卡森❸。強尼．卡森只是電視機裡的一個人物，不存在於世上其他地方。」

❶《今日秀》是美國的夜間脫口秀，由國家廣播公司製作，堪稱是全美最重要的夜間節目，該節目的主持人也會被廣泛地認為是當前最重要的脫口秀主持人，卡森於一九六二年至一九九二年期間擔任第二任主持人。

❷楚門．卡波提是美國作家，經典作品包括《第凡內早餐》以及一九六五年的《冷血》。他開創了書寫真實犯罪的類紀實文學，被視為大眾文化的重要里程碑。卡波提為了寫作《冷血》一書的過程也得到好萊塢青睞，改編為電影《冷血告白》，飾演卡波提的演員菲利普．霍夫曼也因而一舉拿下二〇〇五年奧斯卡金像獎的最佳男主角。

❸約翰．威廉斯．卡森是強尼．卡森的本名。

★★★

瑪莎稱呼她的母親是「媽媽狗仔隊」。因為，從瑪莎有記憶開始，母親總是拿著相機追著她跑。泡澡的瑪莎、坐在椅子上的瑪莎、走到汽車旁邊的瑪莎、穿著小內褲的瑪莎。即使瑪莎開口請求母親不要拍了，她似乎不願，甚至無法停止。母親拍攝的照片總是趁其不備。「挑一隻毛茸茸的可愛動物。」某一次，母女前往紐約布朗克斯區的動物園，瑪莎相當自豪地在一頭大象前挺直身體，母親卻厭惡地說：「沒人想看皮膚粗糙的動物。」

瑪莎的母親和三名前夫各自生下一位孩子，總計三個。瑪莎的父親是其中最有錢，而她也是唯一一位年紀尚輕，仍然住在家裡的孩子。她的照片很珍貴，因為母親持續地把照片寄給住在曼哈頓上西區的父親，他則提供生活所需的費用。父親雖然並未無時無刻在旁照顧，但豐厚的支票金額足以確保瑪莎能夠擁有極度舒適的生活（而她的母親也因此受惠）。但是，瑪莎的母親卻不安於現況。她相信自己值得擁有更好的生活。「他虧欠我。」有一天，瑪莎的母親驕傲地穿著長及觸地的貂皮大衣說：「想要賺錢，妳要先想辦法有錢。」

瑪莎年幼的時候，喜歡看著母親為了約會而梳妝打扮：珍珠首飾、高跟鞋和香水的氣味，一切如此特別而令人興奮。參與母親的打扮過程，讓瑪莎很興奮，也覺得自己特別。母親將男伴帶回家，兩人坐在碩大公寓的客廳裡，她努力地取悅他，而瑪莎穿著睡衣，坐在母親的腳邊。母親與男伴有說有笑，她的雙腳穿著高跟鞋，在空中不停地轉動，看起來如此高雅美麗。母親要瑪莎回房間睡覺，她立刻奔回房間，跳到床上，開始擺放布偶玩具。她猜想自己睡著之後，母親和男伴也許會悄悄地到房間偷看可愛的女兒。

瑪莎原本是一個咖啡色頭髮，皮膚有彈性的可愛小女孩，令人想起美國傳奇童星秀蘭·鄧波❹。青春期以後，瑪莎非常喜歡大笑，一頭凌亂的捲髮和纖細的四肢看起來非常淘氣。「我不再是可愛的小女孩，母親開始討厭我了。」瑪莎說：「因為我已經不是原本充滿吸引力的可愛小東西。每一次，她看著我，我都能從她的表情明白，她恨我，因為我不是她渴望的模樣。父親決定再婚，母親認為，因為我已經不可愛了，父親才會和

❹ 秀蘭·鄧波（一九二八年—二〇一四年）是美國知名童星，七歲時就獲得奧斯卡金像獎肯定，也是第一位獲得此殊榮的童星。從一九三四年至一九三九年，她年年名列最後歡迎的十大明星。鄧波掀起的風潮與人氣，拯救了當時瀕臨破產邊緣的二十世紀福斯影業公司。然而，隨著鄧波年紀增長，觀眾無法接受可愛的小童星已經長大的事實，鄧波逐漸失去明星光環。鄧波旋即投入政壇，且獲得不斐的成就，一九八九年獲任美國駐捷克斯洛伐克大使。

其他女人結婚。」

瑪莎的母親用惡劣的言語以及無情的比較，想要殘忍地控制女兒，藉此改善小女孩的外表。瑪莎穿上讓自己舒適的衣服，母親立刻讓她渾身不自在。「沒人喜歡妳不戴耳環的模樣。」母親尖叫責備。倘若瑪莎沒有整理一頭捲髮，母親就會更大聲地痛罵：「妳該死的就像卡在浴室排水孔的一團頭髮！」

心理分析學家溫尼寇特說過：「人生的第一面鏡子，就是母親的表情。」他的意思是，嬰兒和孩童認識自我，藉由鏡子理解自己的模樣之前，他們已經習慣從父母的表情反應裡看見自己。有些孩子觀察母親或父親的表情，看見愛、喜悅和接納。瑪莎母親的臉龐卻映照出不悅、失望和厭惡。

青少年時期，瑪莎看著鏡子，開始覺得她正在用母親相機的鏡頭凝視自己。瑪莎陷入了母親的視線，不停地掃描自己，尋找弱點和不完美之處。衣櫃的每一件衣服似乎都貼上了只有瑪莎看得見的標籤，標記了母親喜歡與否的評論，例如「妳應該穿這種亮色系的衣服」或「妳穿那件衣服，看起來就像女同志」。瑪莎也用同樣的眼光看待自己身體的每一個部位，以及母親可能評論的任何事物，彷彿所有人事物都要接受母親的審判。瑪莎似乎不能擁有自己的想法——事實上，瑪莎討論她的年輕故事時，母親的比例甚至高於她自己。

瑪莎不太記得成長時的想法或感受，只記得離開臥室時總是緊張焦慮，害怕忤逆母親的喜好。倘若瑪莎忘了梳直頭髮，母親有時會用梳子，替她猛力地梳理，不但疼痛無比，而且只會讓頭髮變得更加蓬鬆凌亂。「妳的頭髮看起來就像一隻該死的松鼠！」母親尖聲痛斥之後，將心情投射為攻擊：「沒人想和妳結婚！」好幾次，母親過於生氣，用梳子毆打瑪莎的頭部，不只留下腫包，甚至讓瑪莎失去意識。

父親打電話來，通知瑪莎和母親，他即將和妻子生下另一個孩子。瑪莎的母親開始用力踢廚房的垃圾桶。金屬垃圾桶的表面因此留下凹痕。隨後，母親崩潰地趴在地板上，自艾自憐地痛哭。「媽媽，沒事的，爸爸不會忘記我們。」瑪莎低身撫摸母親的背，試圖安撫她。「妳就是不肯梳頭髮！」母親厲聲叱罵，將瑪莎踢到一旁——但她的力道很微弱，非常可悲。母親抬起頭，滿臉淚痕，眼神充滿仇恨和控訴。

★★★

美國兒童保護局每年必須處理大約三百萬至五百萬名兒童遭受的「疑似虐待」。瑪莎並非其中之一。沒有人因為瑪莎遭受的對待而聯絡任何人，瑪莎也不認為自己被虐待。

她確實相信被梳子攻擊頭部很嚴重，但事件發生頻率不高，因此不像虐待。她經常遭受母親的言語批評攻擊，但似乎不太嚴重，並沒有造成任何傷害。「母親愛我。我住在很好的房子。我不像其他孩子被父親用皮帶鞭打，或者被關進衣櫥。」瑪莎在會談時，相當迅速地回應。

虐待兒童發生在封閉的家庭環境，其定義也不甚精確，因此大規模地遭到忽略。根據估計，大約八十五%的虐待兒童事件並未得到通報。肢體暴力虐待是兒童承受的「非意外傷害」，通常來自於施暴者以巴掌、拳頭毆打、腳部踢擊、刻意燙傷兒童、捏、咬或者以物品施加攻擊。由於「管教」和「虐待」容易相互混淆，「造成傷痕」的暴力比較容易被視為嚴重的行為，甚至構成虐待。然而，如果施暴者掌摑孩童，儘管是虐待行為，卻沒有留下傷口，注意孩童外觀的家長也更清楚如何避免留下顯而易見的痕跡。學校裡，沒人注意到瑪莎頭部的腫塊，但是，她坐在教室裡，仍然感受到疼痛。

瑪莎不曾想像，自己居然符合肢體虐待的條件。她其實不曉得，肢體虐待的定義一直非常模糊。兒童不當對待發生在所有族群和階級，女孩和男孩一樣可能遭到虐待。最常使用的虐待武器不是皮帶，而是巴掌和拳頭。父親通常是嚴重虐待，特別是致命行為的施虐者，但母親則是最常見的施虐者，因為她們更有可能擔任孩童的主要照顧者或單親家長。她們使用手邊的任何物品做為武器，例如木頭湯匙、食品抹刀或梳子。遭到梳子毆打的嚴重程度似乎比不上被皮帶鞭打，但無論施暴工具為何，遭到家長虐待的經驗並不因此改變，特別是施虐行為頻繁時。所有形式的肢體虐待都會造成孩童的身心壓力，徹底地提高罹患壓力相關疾病的風險。

倘若肢體虐待是攻擊孩童的身體，情緒虐待就是攻擊孩童的心智。再更極端的個案裡，情緒虐待可能涉及孤立孩童，或者將孩童關在受限的環境，例如家中或衣櫃，正如瑪莎所提到的情況。家長讓孩童暴露在非法或不適合的環境裡，因而導致其心智產生不健康的影響，也屬於情緒虐待。瑪莎則是更為常見的個案，家長藉由排斥、忽略、蔑視、羞辱、嘲笑或威脅，以言語造成孩童的心智傷害。正如瑪莎的經驗所示，情緒虐待可能相當難以察覺，例如母親並未將孩子視為獨立而有價值的人，而是以「女兒是否能夠滿足母親或父親」的需求作為標準，決定其內在價值。這種類型的情緒虐待，也被稱為「自戀型父母」。

肢體接觸並不是情緒虐待的構成條件，因此，人們很容易相信情緒虐待帶來的傷害低於其他形式的兒童不當對待。但是，心理學界最深刻的研究結果已經證明上述觀點絕非事實。心理分析學家勒內．史皮茲的研究結果震撼了全世界，並且拍攝成一部影片。史皮茲觀察孤兒院的孩子，他們的衣食無虞，醫療衛生條件也非常妥適，但院內的護理師和孤兒比例高達一比十。孤兒缺乏足夠的愛與關注，無精打采地躺在床上，因為壓力過大而非常挫折，失去了生活的動力。史皮茲因此留下了一個相當有名的結論：「把母親還給小孩。」他相信家長和孩子之間的聯繫具備最原始的重要性。

學者哈利．哈洛在心理學領域裡提出了幾份最知名的研究報告，一般認為他的研究成果嚴重地違反了現代學術倫理。他將剛出生的彌猴與母親分離。成為孤兒的彌猴被獨立關在籠子裡，哈洛用人體時裝模型製作了兩個「代理母親」，觀察彌猴的選擇。第一個模型身上穿著舒適的布料，第二個沒有布料，但負責提供食物。除了進食時間之外，小彌猴瘋狂絕望地待在柔軟舒適的「假母親」身旁，他們最渴望的就是舒適的撫慰。

家長的照顧是人生前二十年最核心的安全感，也是孩童最重要的資產之一，提供了巨大的保護能量。悉心照顧孩童的父母，不但保護我們免於逆境，也讓我們懂得處理未來無可避免的難關。孩童面對逆境時——無論是何種逆境，最重要的單一保護力量，來自於家長或照顧者提供的充滿關愛、緊密且溫暖的人際關係。因此，情緒虐待是一種雙重逆境，因為孩童不只必須面對家長（照顧者）造成的壓力，也失去了面對逆境的最大依賴。或許，正是因為如此，許多研究者才會相信，相較於其他形式的兒童虐待，心理虐待的傷害並非較為輕微，而是比其他逆境更容易引發孩童的身心問題，例如心臟病和憂鬱症。李奧納多．森古德甚至將這個想法拓展得更深遠，他認為心理虐待是一種「靈魂謀殺」。靈魂謀殺的受害者，在表面上也許能夠繼續生活，但他們的內在心靈已經死亡了。

★
★
★

「世界上並沒有嬰兒這個身分。」溫尼寇特認為：「如果你想要描述一個嬰兒，最後會發現自己正在描述嬰兒和某個人。」他的意思是，所有生物都活在一個特定的環境中，嬰兒的成長將取決於父母創造的脈絡：年輕、年邁、富有、貧窮、經驗老道、缺乏經驗、健康、不健康、溫暖、冷漠。就算母親或父親不在嬰兒身邊，其缺席也依然定義了嬰兒的身分：她是一位嬰兒，也是「孩童與成年人」關係裡的一分子，而成年人卻不見蹤影。

嬰兒出生於平均且可預期的環境裡，環境至少可以短暫地供養嬰兒的成長。「足夠好的母親，」溫尼寇特相信：「一開始會調整自己，完全配合嬰兒的需要。隨著時間過去，她將減少自己的妥協程度，逐漸地轉向完全不妥協。」嬰兒無法等待進食或睡眠，必須立刻滿足需求，他們也無法冷靜，母親或父親必須追逐奶瓶、尿布和奶嘴，直到嬰兒長大為小孩，慢慢地成長。嬰兒成為小孩之後，可以稍微等待一分鐘或一小時，配合父母和整個世界。在一般的孩童發展中，經過幾年或數十年後，父母配合小孩的程度會大幅度降低，直到小孩也成年了，雙方將會建立更公平的互惠關係。某一天，如果父母年邁生病，成年的孩子就必須開始適應父母的需求。

如果小孩生長於「不夠好」的環境裡，無論原因為何，孩子必須擔任「適應者」的角色。兒子或女兒必須努力適應父母，換取他們的養育。女兒小心翼翼地在家行走，因為父親正在酗酒。兒子必須獨自完成家庭作業，因為父母要照顧罹患慢性疾病的手足。母親成日昏睡，家中陰暗無光，姊姊負責餵食弟弟並且洗碗。父親失業以後，家中頓失生計，兒子沒有錢在學校吃中餐。或者，就像瑪莎，她想盡辦法調整自己，取悅並且撫慰母親。無論何種逆境，孩子都能明白，照顧者無法回應孩子需求，於是孩子產生了適應的能力，因為他們不應該擁有感覺或需求，不但危險，也徒勞無功。他們開始承擔、滿足其他人的感覺和需求。

對許多超凡之子而言，預測他人的需要並且滿足他們就像一種超能力。「十歲時，我已經知道自己可以在任何環境裡生存，甚至茁壯。」鋼琴家詹姆斯·羅德斯在回憶錄《譜寫樂章》裡提到：「因為我擁有超級英雄的操控能力。」眾多超凡之子將自己描繪成變色龍，能夠融入各種環境，或者是變形者，自動地評估、適應周圍世界。超凡之子「改變顏色和形體」的能力，符合研究者的結論，他們相信，能夠妥善應對逆境的孩子，其情緒和認知能力相當富有彈性。為了達成目標，超凡之子可以付出一切，無論其目標為何。

因此，瑪莎開始熟悉迅速變裝的藝術，她總是準備就緒，能夠隨時隨地換上面具、戲服，改變自己的行為模式，配合各種狀況。只要她看見任何人——街上遇到朋友、教室裡與老師相處、商店的店員、母親的其中一位男友，就會評估狀況，猜測他們希望瑪莎是什麼樣的個性，她就會立刻改變。但是，這樣的生活方式，也讓瑪莎心神不寧。她滿足其他人的期待，扮演他們想要的模樣。到了高中，她帶著這個才能，搭上火車，就讀表演藝術學校。

能夠根據環境進行調整，就是所謂的適應力。我們都很聰明，知道要配合正式或非正式的社會規範，取悅父母也有益於我們的生活。不同的場合有不同的社會規範。因此，我們在職場、學校會有特定的行為模式，和朋友外出遊玩的行為模式不同，與家人相處則是另一種行為。我們根據眼前的狀況調整自己。但是，如果復原力之子徹底放棄希望，不再相信任何人會配合他，一切就會失去平衡。他們的適應力不只是配合社會的行為，而是一種生活方式。正如瑪莎以母親照相機的鏡頭檢視自己，超凡之子也很有可能配合外人的標準。他們專注於外部眼光，被現實世界所驅動，生活的主軸也變成推測並且滿足他人的期待。這種抉擇看似聰明，能夠保護自己免於攻擊，因為超凡之子從來不會違逆他人的期許——除了她自己。

★★★

大滿貫賽事冠軍、知名網球選手阿格西，在催人熱淚的回憶錄裡，講述了他還是孩子時，如何牴觸自己的意志。七歲時，他每天待在球場，成千次地反覆練習擊球，他的對手不是活人，而是一部自動發球機。阿格西替它取名為「龍」。阿格西的父親蠻橫、粗暴地對待孩童。他擅自修改機器，讓它對著兒子的雙腿發出時速高達一百英里的球，在空氣中劃出尖銳的聲響。阿格西的父親相信，一個孩子每年練習接發球數百萬次，往後的某一年，他肯定會打入溫布頓賽事，並且戰無不勝。「我根本不想參加溫布頓，但我想要什麼，也不重要。」年輕的阿格西則認為：「我恨網球，我發自內心的厭惡網球，但我繼續打網球，每天早上練球，下午也練球，因為我別無選擇。無論多麼想要停止，我都做不到。我一直在求自己停止，但我繼續練球。我的內心需求和實際行為之間產生了衝突，形成一道鴻溝，但它就像我生活的核心本質。」

阿格西描述的衝突，就是一些超凡之子內心發展的分裂自我。為了生活，他們必須強迫自己適應，內心的思維與外部的言行產生衝突。隨著時間經過，感覺和行為漸行漸遠，直到內在思緒和外在舉止、真實的內心世界和外人眼中的形象，產生了無法彌平的鴻溝。

溫尼寇特相信，「忠於真實的自我」來自於「在其他人的圍繞之下，仍能自在地獨處」，永遠不需要考慮他人的反應，可以自由自在地行動。他認為，無論周圍的人是何種身分，能夠「繼續維持自身的存在」就是忠於真實的自我。但是，如果我們無法安全地保證「自由自在」的思維和言行，必須為了求生策略而交易，生活就會變成一場精密的算計。我們也無法發展「真我」——因為真我來自於內心的真實感受。

倘若我們陷入此種逆境，唯一能夠倖存的方法就是溫尼寇特所說的「假我」。假我是一種防禦手段，人類必須藉此保護內心需要的真我。所有人都擁有「假我」，無時無刻地存在於我們內心的光譜。在光譜的一端，「假我」只是人類符合社會禮俗、遵守法律、努力追求成就的一種模樣。在這個情況下，我們得以保持純真且有活力的「真我」，也可以配合他人的需求。但是，在光譜的另一邊，「假我」卻產生了自己的生命，努力追求他人的注意和讚美，而「真我」只剩下一半，甚至變成祕密。或許，談論網球生涯時，當初的阿格西應該陷入了這種逆境。「在粗心的觀察者眼中，我所成就的一切，看起來就像出自於絕望的努力，希望讓自己嶄露頭角。事實上，我卻放棄了自己，我的內在自我，我的真我，都因此失去蹤影。」雖然，正如阿格西所暗示的，人類用來偽裝的性格，很有可能產生扭曲。為了生存，人類使用了暫時妥協戰術，但時間越來越長，到最後，連生活的本身都令他們羞愧。「我相信，生活的種種一切都是偽裝，直到我們成功完成目標。」瑪莎說：「但是，我卻永遠無法停止偽裝。」

精神分析學家海倫．朵伊契將光譜最遠端的假我稱之為「彷彿人格」，因為他們可以根據需求，展現出大師般的偽裝藝術。朵伊契認為，他們的人生「就像訓練精良的演員做出的表演」，最有天賦的表演者非常善於此道。他們的表演唯妙唯肖，沒有人會相信舞臺上其實沒有真我。美國小說家托拜爾斯．沃爾夫在回憶錄裡描寫了自己遭受不當對待並且起身反抗的人生。沃爾夫提到自己小時候，曾有一位牧師，想要幫助他洗心革面。他們之間的對話反應了上述的感受。「牧師完全無法改變我，因為『我』已經消失不見了。真正的我躲起來了，留下的是一個空殼傀儡。他看起來很抱歉，承諾要改過向善。但真正的我根本不在那裡。」

許多超凡之子的人生就像一場表演，目的是取悅舞臺前的觀眾，或者撫慰他們。劇作家蕭伯納的父親酗酒，他曾說：「如果無法擺脫家族的陰影，何不讓他們跳舞。」蕭伯納的文字讓「表演」擁有更多的正面意義。事實上，許多站在世界舞臺的傑出人物，包括諧星、運動員、演員、政治人物、藝術家和其他領域的佼佼者，之所以能夠頭角崢嶸，確實是因為他們的一生都善於表演。許多超凡之子自始至終都在藏匿自我，不只在燈光鮮明的場所，就算在舞臺的聚光燈之下亦如是。

★★★

母親不鼓勵瑪莎讀大學。她提出的理由如下：「不需要。」「如果妳很有吸引力，就會有人照顧妳。」以及「等妳爸爸死了，妳可以拿到一大筆錢。」瑪莎猜測，真正的原因是母親害怕獨處，或者擔心瑪莎離家就讀大學之後，父親就不會支付豪華公寓的房租。無論如何，瑪莎暫緩了就學，開始參加紐約市的試鏡機會——大多數都失敗了，只有成功接到幾個角色，她的生活也逐漸圍繞著演出角色而轉動。瑪莎必須趕往各地，參加排練、演出和謝幕，也需要在舞臺上扮演各式各樣的角色。

但是，瑪莎最長期的演出角色是母親的愉快小伙伴。「我希望他們知道我單身。」母親帶著瑪莎參加雞尾酒派對或其他宴會時說：「也要他們看見我的迷人之處！」在這些場合，瑪莎拿著一杯酒，內心暗自地厭惡——甚至憎恨——看見她的「假我」面具所以傾身而來的賓客。他們的表情很快樂，綻放一股飢渴的笑容。瑪莎在戲院世界努力的故事，以及柔順光亮的直髮，讓他們非常入迷。這就是「瑪莎秀」。瑪莎不喜歡他人看不見她的「真我」，也同樣害怕被人一眼看穿。參加某些特殊場合時，瑪莎看見父親生下的其他兒女，他們也同樣假扮著「母親身邊熱情洋溢的小伙伴」。她的汗毛直立，覺得自己的真面目遭到揭穿。她開始想像，其他兄弟姊妹可能知道她的真實心情。

瑪莎祕密地申請了就讀大學的戲劇學系，這必然是她的真實性格所為。她的母親怒火中燒。父親為了讓瑪莎能夠安心，決定買下母女居住的公寓，但房屋的所有權歸於瑪莎。

父親說：「我不知道妳為什麼可以和那個女人一起生活。」彷彿在否認當初離開母親的責任。

瑪莎進入大學的第一個星期，就決定預約心理治療，也一定是她的真實性格發揮作用。她非常聰明，也是完美的談話對象，但自我意識和防衛心非常強烈，宛如她一直在等待犯錯，或者想要惹怒某個人。瑪莎與我見面之後，幾乎是立刻脫口而出：「請不要喜歡我。」她想要尋求心理治療是為了理解自己，如果我也被她的魅力所迷惑，只在乎精采的「瑪莎秀」，她會非常失望。瑪莎鼓起碩大的勇氣，終於坦承內心的想法。我們同意，「瑪莎秀」不是唯一應該停播的節目，她也不需要繼續扮演「好的諮商個案」，假裝我們有所進展，只因為這是好的個案應該有的行為。

演員艾倫·康明曾說：「成年以後，發現父親的暴力行為是我開始探索演戲的起點，讓我非常難過。」瑪莎善於演戲，但理解母親的肢體和情緒暴力居功厥偉，也同樣難受。溫尼寇特曾說：「演員分為幾種，第一種演員可以坦率地做自己，也能演戲，第二種演員只能演戲，離開舞臺之後，反而無所適從。」瑪莎似乎就是第二種。離開母親的憤怒和梳子以後，她決定尋找替自己表演的意義，她希望自己只是瑪莎。

★
★
★

雖然瑪莎很快地指出自己成長時並沒有被關在衣櫥，但她確實認為，一部分的自我——她的「真我」——從來沒有離開臥室。她已經把自己藏起來，避免受到批評與傷害，也不想被「看見」或者「展露本色」。正如卡波提對強尼．卡森的描述，或許，沒有任何人真正地理解瑪莎——曾經與她同床共枕者沒有，甚至她愛過的人也並非如此。

愛需要欲望，但超凡之子或許難以知道自己心之所欲。他們是變色龍和變形者，能夠在感情關係或床第之間配合任何人的欲望。渴望與被渴望容易混淆，複雜糾結的情緒不是任何知名的心理分析學家或理論家能夠簡要闡釋。瑪莎心儀的樂團「珍的耽溺」❺曾

❺「珍的耽溺」（Jane's Addiction）是一個美國搖滾樂團，在一九八五年成軍於洛杉磯，風格遊走於迷幻、龐克、金屬。一九八七年，樂團發表同名專輯，收錄曲目包括〈珍說〉。一九八八年受到華納唱片公司青睞，進入主流唱片公司之後，發表第二張專輯，其封面藝術備受注目。樂評多半認為珍的耽溺樂團的風格難以歸類，但普遍推崇其藝術價值。一九八八年，珍的耽溺獲得葛萊美獎最佳金屬樂團提名。〈珍說〉的主角是珍．巴恩特，她是主唱法瑞爾過去的室友，也是法瑞爾的靈感起源。法瑞爾將樂團命名為珍。

經唱過一首歌，〈珍說〉，其中一句歌詞或許最能表達超凡之子的心情：「珍說：『我不曾愛過，也不明白愛為何物。』她知道某個人想要他。『如果他們要我，我也想要他。我只知道他們要我。』」

自尊心低落似乎能夠輕鬆地解釋，為什麼他們關於愛與性的想法會是如此，但事實並非如此單純。許多超凡之子相當有自信，甚至因為擁有操控他人的卓越能力而自認為高人一等。他們的個人天賦和社交的敏銳度，使他們被追求者所圍繞。但是，一旦進入感情關係，他們不習慣提出要求，於是他們經常屈就於不好的對象。他們太習慣委屈求全，改變自己的生活，無論對象是誰，他們總能隨遇而安。

瑪莎還是一位小女孩時，只能透過母親的相機鏡頭看待自己。成為女人之後，瑪莎看著其他人注視自己的眼神，藉此理解自己。她精心地打扮，注意自己的行為，藉此契合其他人的目光。或許，正是因此，瑪莎與許多人擁有過一段感情——表面上看起來都很成功。但是，瑪莎並不像溫尼寇特所說的「維持自身的存在」，她可以配合周圍任何人的喜好，變成任何模樣。她的感情關係就像表演，而她的演技精湛，讓所有人感受不安，即便是她本人也不例外。

「他們不知道，但其實我大多時候並未親身參與一段感情關係。」瑪莎坦承地說：「因為一部分的我面對世界，取得成功，我擅長一切，包括成為一位好朋友或好的女朋友。

和他們相處，我在乎他們，有時甚至真的愛他們。但我幾乎可以確定，自己只是善於做到『在乎他人者』的應盡之責。或許，這就是為什麼我可以和某個人交往，感情進展也非常順利，但只要我們分手了，一切就隨之結束，就像從來不曾發生。或許，對我來說，這段感情確實不曾發生。我知道這句話聽起來很糟糕。我真的在乎曾經一起相處的人，只是他們不知道，我並沒有參與那段關係。我從來不曾參與。」

★★★

伊莉莎白．史馬特重獲自由之後，瑪莎內心的某個東西動搖了。史馬特遭到一位自稱獲得天啟福音的流浪漢綁架，被性虐待長達九個月之後，穿著綁匪提供的連身長袍，走在鹽湖城附近的街道。根據平面媒體的報導，警察上前關切時，史馬特起初否認自己就是遭到綁架的女孩，最後勉強地用綁匪一貫的經文口吻說：「若汝等堅持，吾亦不反對。」

瑪莎迅速地強調，她與史馬特的經歷截然不同，但提及相關的報導時，眼眶卻充滿淚水。「我很清楚她在說什麼。妳已經害怕了太久。妳穿著那些衣服太久。為了求生，妳必須偽裝、演戲。為了求生，妳必須說他們想聽的話。到最後，真正的妳已經被奪走了。

就算妳有機會重獲自由——就像現在的我——妳也不知道該怎麼做。妳已經無法替自己著想。妳無法替自己說話。妳已經失去了語言。」

瑪莎很害怕，她也覺得失去了替自己說話和思考的能力。她忽略內在的反應和感受太久，再也不知道它們是什麼了。她明白如何背誦角色臺詞、安撫母親或取悅情人，但面對平凡的生活問題，例如「妳今天想做什麼？」或「妳愛我嗎？」瑪莎的情緒不安，腦袋一片空白。如果再也沒有任何必須完成的使命，她根本不知道自己想做什麼。她只知道，無論何時何地，她可以立刻察覺某個人的需求，或者對方想要她成為什麼樣的人。

瑪莎曾經想要放棄演戲，最後卻決定開始練習即興演出，強迫自己不看腳本，自動自發地表演。這種經驗讓她害怕，內心的感受越來越強烈。第一次的即興演出課程，瑪莎驚訝而無法動彈；第二次的課程，她哭了。幸運的是，課堂的其他同學也是如此。第三次和第四次的課程，所有人都在鼓勵瑪莎（並且相互支持）。「上課的感覺就像參加團體治療。」她說：「我無法替自己思考，但我不是唯一一個承受如此逆境的人。也許，我還有希望。」

瑪莎也開始在舞臺下尋找一閃而過的真實感覺，把所有可能喜歡的事物或內心的感受寫在筆記本裡。她甚至嘗試捲髮造型，對瑪莎而言，這是相當可怕的經驗。「我無法找到真正的感受，以及真正重要的事物。」她說：「一切都好可怕。」過了一段時間，瑪莎開始在會談時提出一些關於自我的發現。她擔心其中一些想法很愚蠢或幼稚，雖然並非如此——「我好像小孩，開始尋找自己喜歡的顏色和食物。」但是，另外一些發現卻非常重要。某一天，瑪莎臉上的表情很緊張，笑淚交織地說：「我覺得自己是同性戀。或許，妳一直都知道。」

（我根本不知道。）

「我一直在想，我媽媽可能從一開始就知道了。」瑪莎繼續說：「所以才會害怕我做自己。因為我和她完全不一樣。」

第　十　章

異形

你很好，你很正常，
但這個世界上沒有所謂的正常

沒有人知道，有些人必須花費極大的力量讓自己看起來正常。

——卡謬，《筆記》

蜜雪兒很害怕。這個世界不太對勁，她經常認為自己不該身處其中。公共場所的人，有時候看起來像舞臺上的演員。在飛輪班裡，男男女女憤怒地踩著踏板，如此荒腔走板，彷彿是馬戲團裡騎單車的小丑。這個世界不真實，或者，她不是真的——蜜雪兒已經無法分辨何者為真，她已經不覺得自己是一個真正的人。她的存在似乎是個錯誤。即使與親密的朋友相處，她必須努力地表現開心，展露微笑，而她為此恐懼萬分。有時候，她的感觸麻木，就像殭屍或行屍走肉。

或許，這正是蜜雪兒喜歡墓地的原因。她總是在墓園小歇。下班後，她喜歡到一個墓園散步。世界上沒有任何地方，比得上井然有序的墓園，猶如每幾英尺就會鋪設假花的高爾夫球場。這座墓園的歷史能夠追溯至一八〇〇年代，年邁的樹木覆蓋穹蒼，脆弱低矮的圍牆上長滿苔蘚，與樹木連成一線，將墓園與全世界分開了。不同高度和外型的墓碑矗立在螃蟹草和紅花草上，有些墓碑的角度相當詭異。墓碑能說故事，美國內戰時死去的士兵或寡婦、出生幾個月就失去生命的嬰兒、死於傷寒的男人以及分娩時死去的女人。倘若有人在墓園裡遇見蜜雪兒，她或許會說自己之所以喜歡墓園，因為此處安靜且祥和，但世上還有其他安靜的場所。蜜雪兒躲藏於墓園的真實原因是她可以被擁有不同人生的死者圍繞，令她安心——或者說，他們曾經存在的證據。

與活生生的人相處，讓蜜雪兒倉皇失措。她曾經求助於醫生，表示自己無法融入周圍環境。醫生評估蜜雪兒的腦電波可能產生了不正常的釋放❶。經過一連串的檢驗，包括在黑暗的房間以閃光燈刺激蜜雪兒，觀察其腦電圖的變化，醫生最後的結論只有血壓過低。她的醫生可能並未發現，蜜雪兒描述的疏離感或許是腦電波不正常釋放的症狀，卻也是常見的創傷後遺症。一般人認為血壓低是健康指標，但對某些人來說，低血壓則是憂鬱和焦慮造成的結果。

醫生請她多加攝取鹽和水分，她穿著後開的病人服，躺在診療床上，雙腿懸吊在半空中。她很害怕，不敢大聲說出醫生看起來就像穿著白袍的怪物，一邊說話，一邊張牙舞爪。他會不會把她關在病房裡監禁？為了讓自己專注於現實，蜜雪兒用力地握住病床的

❶此處的腦電波不正常釋放，原文是 seizure disorder，常見的翻譯為癲癇。然而，癲癇在中文語境裡是指腦部產生不受控制的電流，以致於功能暫時改變，才會產生抽搐和思考紛亂的症狀，而這種症狀在英文裡經常以 Epilepsy 呈現。但腦電波的不正常釋放不見得會引起上述的「癲癇」。為了避免產生歧意，此處將 seizure disorder 翻譯成腦電波的不正常釋放。

柔軟側墊，開始在心裡用力地保持冷靜：我坐在醫院，醫生正在講話，我聽得見，沒有奇怪的事情，我也不會尖叫。我沒有瘋。雖然，蜜雪兒根本不相信最後一句話。

到了夜晚，失去理智的可能性宛如一個小偷，隨時都會溜進公寓的黑暗角落，或者趁機闖入她的心靈。於是，蜜雪兒經常打開所有的燈光和電視機，熬夜至清晨，直到眼睛不由自主地閉上。她覺得自己年老且疲倦，根本無法想像人生還能繼續，她害怕睡著以後就無法清醒，但她不怕在沉睡中死去。她害怕的是醒來以後再也無法保持理智。

★★★

馬克教練要蜜雪兒握住他的手時，她才十四歲。她緊鄰教練，坐在小貨車駕駛座旁。小貨車在碎石子路上搖搖晃晃，後面拖著馬術車。「我們這種人知道馬的意義。」他說：「我老婆總是抱怨我花太多時間待在馬房，但養育小馬需要很多時間，培養馬術選手要更多時間——特別是討人厭的女選手。」馬克教練喋喋不休，小貨車和馬術車同樣發出擾人的噪音。「妳的父母也不懂馬。」馬克教練試探地說。蜜雪兒沒有回應，於是他繼續說：「如果他們理解，就會花更多錢，讓妳有更多時間練習。」教練平淡的口吻宛如評論事實，讓蜜雪兒非常驚訝。她一直以為，父母親之所以反對她練習馬術，純粹是因為財務考量。父母的反對也無關緊要了，因為蜜雪兒和教練達成協議，只要她願意訓練馬、清理馬廄、磨亮馬具，就可以在任何時間練習騎馬。蜜雪兒覺得自己是全世界最幸運特別的女孩，能夠替馬克教練照顧農場。實際上，是馬克教練想要照顧她。

從有記憶開始，蜜雪兒一直渴望自己能夠與其他小孩一樣。她的家鄉位於維吉尼亞州的鄉村地區，那裡有白人孩子和黑人孩子，但幾乎沒有其他人種的孩子。有一天，在公車上，一位老女人說蜜雪兒是「蒙古人」。自此以後，蜜雪兒竭盡全力想要模仿白人女孩。她穿上相同的牛仔褲，在可以負擔的範圍之內，從事白人的運動。她央求父母，讓她參加馬術課程。因為她相信馬術是最能代表白人和維吉尼亞家鄉的運動。雖然，蜜雪兒當初參加馬術課程的目標是讓自己受到白人女孩的歡迎，但最喜歡她的卻是小馬。牠們每天歡迎她，讓她覺得一切都很值得。蜜雪兒很快地展露馬術選手的天分。

馬克教練非常吝嗇，只會偶爾表達對蜜雪兒的欣賞。她使盡渾身解數討好他。他提到大學獎學金，讓蜜雪兒無比嫉妒，也承諾帶蜜雪兒到其他城市參加馬術比賽。她可以因此開心好幾個星期。然而，如果蜜雪兒犯了錯，例如忘了關上馬房的門，他也會滔滔不絕地攻擊她，令她心碎。蜜雪兒怎麼能夠如此不知感恩，教練已經給她很多次機會了。他一邊關門，一邊說。在這種時刻，教練會提醒蜜雪兒，如果沒有他，蜜雪兒什麼都不是，倘若再不謹慎，她就會失去一切。

那天，教練在小貨車上問了一個簡單的問題，卻讓蜜雪兒的內心宛如一匹小馬，承受極為惡劣的雙重束縛：握住成年男子的手，或者，拒絕一位能夠使她美夢成真的男人。馬克教練的故鄉是阿根廷——他很喜歡提醒蜜雪兒，最好的馬術選手都來自於那裡——從來沒有人敢反對他，蜜雪兒也沒有。她直直地望著前方，不發一語——沒有同意，也沒有拒絕。於是，馬克教練握住她的手，拉到兩人中間。他的手粗糙且巨大，蜜雪兒的手卻是年幼且渺小，如此不適的觸感。馬克教練的大拇指使力揉著她的手腕，用力地壓著她的皮膚，蜜雪兒想要用力扭動逃離，卻如雕像般坐著，不知如何是好。車子抵達馬場之後，她連忙逃離，心情也隨之放鬆，卻不知道惡夢還沒結束。

十五歲的時候，蜜雪兒以為自己和教練「有染」，不是因為她想要，她甚至不知道「有染」的意思。她不清楚如何描述自己和馬克教練之間的關係。馬克教練的要求越來越多——抱我、親我、讓我躺在妳身上，而且他的步驟緩慢，就像馴服一隻小馬，一次又一次地綁緊馬繩。蜜雪兒希望馬克教練可以明白：「我愛你，你就像我的父親，我們之間不該如此。」馬克教練卻對她曉以大義：「我為妳付出許多，讓我看看妳的感激。」

蜜雪兒沒有把這些事情告訴認識的人，甚至決心欺騙自己。「教練來自南美洲。」她思忖：「也許在那裡，這是很正常的。」蜜雪兒從來沒有想過，馬克教練的所作所為就是性侵害。除此之外，她從來沒有和教練發生性行為。無論他們兩人發生了什麼，蜜雪兒不認為自己是受害者，反而更像內心矛盾的共犯。她已經十五歲了，不是五歲，教練也不曾強迫壓倒或暴力對待。她開始找藉口，沒有遠離馬場，而是花更多時間待在那兒。蜜雪兒不知道，任何具備權威地位的成年人若與她發生性關係，就算是兩情相悅，大多數的國家都視之為犯罪行為，包括美國在內。

蜜雪兒如願得到大學提供的馬術獎學金。離開家鄉就讀大學之前，馬克教練要求她交出第一次的性交經驗作為回報。他再度曉以大義地說，與其在念大學時，喝醉與兄弟會的男同學做愛，不如把第一次交給年邁、有經驗而且愛她的人。馬克教練言之鑿鑿，但蜜雪兒不肯屈服。她拒絕了很多次，看起來似乎非常堅決，於是馬克教練開始責備她不知感恩，將她永遠趕出馬場。蜜雪兒害怕失去大學獎學金，只好向父母坦承一切。無法具體指證教練和蜜雪兒有染，父母反而警告她不得向任何人提及此事，以免犯下誹謗罪。

★★★

兒童性侵是對最脆弱的公民進行性侵。美國執法單位獲報的所有性侵案件裡，三分之二的受害者年紀低於十八歲。在所有年齡中，最常遭受侵犯的年齡就是馬克教練第一次要求蜜雪兒牽手的年齡：十四歲。

由於遮掩手法眾多以及被害人不願通報，導致我們難以準確地理解兒童性侵的盛行程度，但精確的研究報告估計，十八歲以下的孩童裡，大約八％的男孩以及二十五％的女孩曾遭受不當的性對待。我們認為，性侵必須涉及肢體接觸，例如接吻、身體觸摸或身體侵犯，但最常見的兒童性侵是加害者將兒童視為性刺激的工具，包括成年人和孩童進行與性有關的對話、凝視孩童的裸體以取悅自己、讓孩童觀看成年人自慰、與孩童一起觀看或拍攝色情影片。這些行為可能發生在兩者實際的互動、電話或網路。

蜜雪兒從來不曾想像馬克教練的行為是性侵，因為她相信性侵只可能發生在親戚或者公園的陌生人。事實上，三十五％遭受性侵的孩童，加害者是家庭成員。雖然大人總是警告孩童必須「小心危險的陌生人」，但只有五％的受害者是被完全不認識的人侵犯。「小心危險的陌生人」根本不是一句完整的安全標語。遭受性侵的未成年人裡，絕大多數（高達六〇％）的加害者來自於他們的人際網路以及熟悉的非家庭成員，正如馬克教練和蜜雪兒的關係。孩童認識並且信賴加害者，他們的身分可能是老師、教練、保母、鄰居或教會人員。加害者的性別普遍是男性，但並非必然。

遭到人際網路的成員性侵，嚴重程度似乎不比遭到家庭成員性侵，但請讀者必須注意，即便是非家庭成員的性侵，其嚴重程度和遭到背叛的痛苦仍然真實無比。這種感覺就像「實質亂倫」，因為被害者通常敬愛、信任、珍惜加害者，視其如親人，在某些個案裡，加害者的重要地位更勝於此。「我認為這是亂倫。」一位年輕的運動員參加了相關調查，她遭到教練性侵。「因為我們花了很多時間相處、滿足彼此的需求、建立友誼以及這段關係提供的人生機會……加害者可以給妳特別的事物，而其他人無法。他們就像兄弟、舅舅、父親……孩童覺得自己很安全，願意做任何事。所以這種行為就是亂倫。」

由於兒童性侵的加害者通常是被害者熟悉的人，常見的兒童性侵形式也因此是逐步的侵犯，而不是單一的悲劇事件。為了誘使被害人，加害者會先建立彼此的親密程度和信賴，廣為人知的手法就是照顧被害人，這種方法經常被視為誘惑。例如蜜雪兒的經歷，加害者一開始只是花時間與被害者獨處，款待被害者，分享祕密和愉快的時光。孩童因此得到了父母和朋友未能給予的關注、關愛和讚美。加害者會用言語讓小孩覺得自己特別，例如「妳是我最喜歡的學生」「我從來沒有讓任何人知道」或「妳是唯一理解我的人」。有時候，加害者甚至提出天馬行空的承諾，小孩或青少年很容易相信——「你一定會成為大明星」或「我們有一天可以在一起」。

性侵行為經常是日積月累的增加，一開始只是看似無害地侵犯個人空間，例如與性有關的言論或者輕微的肢體接觸。加害者會提出新的要求，慢慢地增加其要求，以玩樂或言語說服作為掩飾，不會強迫被害者滿足其需求。為了把加害者留在自己的人生，孩童或青少年經常會自行解釋對方討人厭的殷勤。例如，蜜雪兒不相信馬克教練可能會侵犯自己，她認為，馬克教練來自於其他國家，在他的故鄉，也許人際關係就是應該如此。

蜜雪兒並未同意馬克教練的所有要求，但她已經退讓太多，到最後，只能將一切的責任攬在身上。蜜雪兒不知道，在三分之一的兒童性侵事件中，受害者都被稱為「順服的受害者」。孩童似乎自願地與加害者發生性行為。但是，低於法定「合意」年齡的行為人不可能進行「合意的性行為」。因為孩童與青少年易於受到操控，他們也被教導要遵守成人和權威人物的要求。在特定年齡之前，他們沒有能力進行「合意性行為」，就算未成年人相信自己可以，也不改變此一事實。然而，如果是兩個未成年人之間的性行為，或者十八歲的青少年和十六歲的青少年發生性行為時，以上論點可能會產生爭議。多數專家都同意，只要性行為的一方低於十八歲，而兩者之間的年紀差距超過五歲或者加害者的身分是權威人物，雙方的性關係幾乎都是犯罪。

蜜雪兒與教練之間的關係合乎性侵的所有條件。蜜雪兒認為自己在十四歲時與教練「有染」，而美國的法定性行為年齡是十八歲，馬克教練比她年長近四十歲，而且具備明確的權威地位。近年來，體育圈的陳年性侵案件一一爆發——游泳、自行車、足球和健身界，也彰顯了性侵案件的廣泛程度，以及教練擁有的獨特地位，因為他們可以直接碰觸運動員的身體、心智和夢想。「教練擁有近乎絕對的權力。」一位退役的男性足球員曾經遭到教練性侵，接受《紐約時報》專訪時表示：「教練是夢想的守門員。」

馬克教練就是蜜雪兒的夢想守門員，他的重要地位甚至不只如此。「我以為自己可以念大學，前往南美洲，與最好的馬術選手競爭。我在房間牆壁貼上海報。這是我的夢想。我替馬克教練做的一切，我以為是在幫助家人——我的父母無法負擔馬術的費用與大學學費，我知道他們不會同意我和馬克教練之間的關係。我也不想，如果我拒絕，就會失去我努力爭取的一切。我找不到任何好方法結束這段關係。」考慮到馬克教練對蜜雪兒的巨大權力，蜜雪兒可以說：「我的生命徹底仰賴他——他就像上帝一樣。十五歲到十九歲時，他基本上擁有我的一切。」

但她始終沒有這麼說。

★★★

馬克教練並未奪走蜜雪兒的童貞和對馬術的熱愛，卻奪走了她對「正常」的感知。「他最大的成就，」蜜雪兒說：「就是讓我再也無法分辨何謂正常或安全。」蜜雪兒拿到了獎學金，順利就讀大學，在馬術比賽場內外，仍然不停搜尋馬克教練的蹤影。比賽時，她仔細觀察停車場是否停著他的小貨車。走進教室，蜜雪兒有時候心想，馬克教練可能會打電話到大學，要求他們取消她的獎學金。

朋友聚集在公寓，交換彼此的感情故事，蜜雪兒只能避而不談，無法面對自己的性生活。「我能說什麼？我唯一的性經驗是想盡辦法不要讓一個五十歲的男人在我脖子上留下吻痕。」她說。為了阻絕朋友進一步追問，她向幾位親近的朋友提到，在家鄉時，她曾與一位男孩發生了不好的經驗——「我覺得自己必須告訴她們一些故事，讓她們理解，並且遮掩真實的過往。」但這個行為讓她覺得自己只是一個騙徒。「關於馬克教練的事情，我一直認為自己在說謊，就像我只是小題大作，根本沒有憤怒的權力，我搞砸了。現在，我坐在這裡，成為無數個向妳坦承自己如何隱瞞遭到性侵的個案之一。」蜜雪兒不知道，所有復原的孩子與青少年都會創造「表面故事」，似乎只是單純地想讓人更容易理解他們的創傷。

由於蜜雪兒的感情關係和性經驗與一般人不同，她開始覺得自己也格格不入。就算坐在同儕身旁，或者說，特別是比鄰而坐時，她更加相信彼此活在兩個不同的星球。她不明白，疏離感或強烈的抽離感是遭受性侵及所有逆境受害者的常見反應之一。壞事發生之後，我們會開始疏遠沒有相同逆境經驗的人。我們因為不尋常的逆境而遭到孤立，變得孤獨，再也無法與一般人和其日常生活產生連結。於是，在超凡之子的心中，實踐日常生活的男男女女變得喧囂不已，想要實踐某個目標或者相信全世界也越來越神祕艱困。

無論面對何種逆境，或者具體的經驗為何，超凡之子覺得自己與他人不同。有時候，這種感受來自於內心——例如「我不正常」，另外一些時候，則是因外在世界引起，例如「我的生活不正常」。娜迪亞的父母親被搶匪殺死之後，她如此描述自己的日常生活：「在父母死後的歲月裡，我是如此渴望正常生活。我希望別人用正常的眼光看待我，用一般的方式對待我。但是，他們小心翼翼地呵護我，我謹慎地注意他們的反應。他們非常同情我的遭遇。我不希望父母的死改變我，讓我變得不再正常。我希望擁有正常的生活。人們想要幫助我，他們說以後我會擁有嶄新的正常生活，但我根本不知道父母親死後，我還能不能有正常的生活。」

蜜雪兒的逆境成為不可言說的祕密，這樣的孩子可能會產生一股感受，認為自己的內心深處必定有問題。其他人臉上的微笑和歡樂的聲音遂成殘忍的提示，讓超凡之子注意眼前的世界與他們的內心感受有多麼衝突：差異、瘋狂、受創、孤獨、擔憂、精疲力盡、無助、沒有希望、警戒、猜忌、害怕、罪惡感、抽離、被批評、受傷、寂寞、空虛、自殺傾向、完美主義者、憤怒、老邁、自艾自憐、被隔離、失去控制、憂鬱、被同情、逆境、被誤解、羞恥、激動、無法專注、愚笨。

蜜雪兒前來尋求心理諮商時，已經在美國政府機構任職，擔任受害者指證協調官——這是政府的法定職位，保護所有犯罪行為下的倖存者，協助他們指認加害者。「我從來沒有得到司法正義。十五年後，我仍然在想辦法矯正錯誤。」每一天，蜜雪兒都在矯正許多的錯誤，即便工作內容非常辛苦，談到保護的個案時，她的眼神仍然為之一亮，特別是挺身反抗加害者的孩童與青少年。「今天，我的一位個案穿上神力女超人的衣服，指證加害者。」她的表神充滿了自豪。

在工作場所，蜜雪兒是一位英雄，幫助了許多人，但她經常用其他字眼描述自己，特別是「罪惡感」與「瘋狂」。「如果人們真正地理解我的生活。」剛開始進行諮商時，她曾說，「他們可能會要我去找上帝，或者，你明白的，冥想或其他方法。」聽到這句話，我詢問蜜雪兒——正如我已經問過其他超凡之子——她是否認為自己具備復原力？或者，她認為自己堅強嗎？「擁有復原力的人不會在墓園睡午覺。」她斬釘截鐵地說。隨後，她補充了一句話，我已經聽過無數次了。「堅強的人，不需要心理治療。」

★★★

心理學家伊蒂絲．威斯考夫—喬爾森曾說，一個備受折磨的人，所承受的最大悲劇是「不只痛苦，甚至因為痛苦而羞愧」。蜜雪兒對抗憂鬱和焦慮的事實，似乎在醫學上正式地確認她一直都是對的：她有問題，而且與其他人不同。蜜雪兒的處境確實非常艱難，但她絕不孤單。

超過一半的美國人在童年時遭遇了重大的逆境，大約一半的美國人在一生中符合了一定程度的心理健康問題。雖然，「復原力」的刻板印象認為，辛苦對抗心理問題的人不能被視為「擁有復原力」，但這種想法並不正確。擁有復原力的意義是「承受逆境之後，能夠調適得宜」，並非「沒有感覺」，而蜜雪兒在許多層面妥善地調適逆境。她順利地從大學畢業，甚至榮獲學業傑出表現獎。大學畢業之後，她取得刑事司法碩士學位。在職場上，她付出許多心力，幫助了許多人。週末時，她贏得了一次又一次的馬術比賽。

從外表上來看，蜜雪兒就像一幅「復原力」的寫實畫像，但她的內心痛苦折磨。美國心理學會和多項研究結果都清楚地指出，「通往復原的大道，很有可能引起當事者內心極大的情緒折磨。」我曾問蜜雪兒，如果她的個案也尋求心理諮商治療，是否有損她內心的評價——事實上，蜜雪兒經常推薦個案尋找專業的心理協助，她說：「不，當然不會。但是，和我一起努力的個案，他們經歷真正的創傷，我的過去無法相提並論。」

人類的大腦用相同的方法面對所有的威脅，例如蛇、槍、喝醉的家長、熊、施虐者的小貨車、暴力手足的聲音以及母親不懷好意的憤怒表情。人類大腦使用相同的部位功能，回應不同的壓力來源。任何被認知為潛在危險的經驗，都會觸動人腦杏仁核，促使我們進入戰鬥或逃跑反應。在任何情況下，如果杏仁核過於活躍，或者，它相信維持高度警覺才能保持安全，人腦就會分泌過多的壓力賀爾蒙，甚至產生近似中毒的反應。這就是人類的求生適應能力反而讓我們生病的原因。

美國小兒科學院的前任主席羅伯特・布洛克在二〇一一年時在參議會舉行的兒童與家庭小組委員會聽證會裡指出，童年逆境「可能是造成美國成年人陷入嚴重健康問題的主要原因。」這個想法主要來自於《童年逆境經驗報告》。這份研究報告不但揭露了早年兒童逆境非常普遍，也提出早年兒童逆境如何徹底地影響我們的健康，讓醫學界十分震驚。不幸的是，在《童年逆境經驗報告》的數據資料裡，最可靠的發現之一是「童年時期的逆境」以及「人生發展的健康問題」之間出現了「劑量依賴性」，意思是兩者之間具備線性關係。我們在童年時期承受的逆境越險峻，成年以後可能會面對越多的健康問題，如疲勞、潰傷、關節炎，甚至包括造成死亡的嚴重問題：心臟病、癌症、慢性肺部疾病、肝臟疾病以及免疫力疾病。「童年逆境」和「成年健康」之間的關係是近年的研究發現。醫學界之所以迄今才有此認知，部分原因是常見的童年逆境總是祕而不宣，除此之外，兩者之間的關係也可能形成「睡眠者效應」❷，或者說，早年壓力對成年生活會產生延遲影響。到了現在，兩者之間的關係已經毋庸置疑，甚至能夠追溯至一九〇〇年代的成人健康資料。

　毫無疑問，童年逆境對我們產生恆久的不良影響。承受慢性壓力的孩童展露慢性發炎的症狀——這是免疫系統的自然反應，也是許多疾病的主要風險徵兆，就算他們成年之後仍然如此。逆境的影響力將深入我們的細胞。研究發現，童年時期承受慢性逆境壓力的成年人，其細胞端粒❸較短。端粒位於基因序列末端，主司保護功能。隨著我們年齡增長，端粒會自然地變短，但壓力也會迫使端粒變短。然而，如果端粒磨損耗弱，我們也會變得精疲力盡。倘若我們的細胞變老，我們也會如此。因此，我們的實際年齡與生理年齡越來越不相符。或許，正是因為如此，面對早年逆境的人，才會經常認為他們雖然看起來很好，內心卻覺得自己如百歲般衰老。他們難以想像自己擁有健全且長壽的人生。他們的

---

❷睡眠者效應是一種與說服力有關的心理現象。在一般的情況下，說服者的可信度會隨著時間遞減，但如果形成睡眠者效應時，代表說服者的想法雖然一開始不被接受，卻隨著時間遞增。作者在此處使用「睡眠效應」的意思在於，她相信早年壓力對成年生活的影響會隨著時間遞增而逐漸顯露。

❸端粒是DNA序列的末端構造，作用是保護染色體的完整和細胞分裂週期。一旦端粒消耗殆盡，細胞就會啟動凋亡機制。研究者認為，端粒的損耗與老化有明確的關係。

想法是對的。根據研究資料顯示，童年逆境的不良影響甚至能夠減少二十年的壽命。

逆境不只影響了心肺等身體器官。人類最複雜的器官是大腦，而逆境對大腦的危害可能是最嚴重的。大腦在童年時期開始發育，直到二十歲的青年時期才完整。因此，早年的慢性壓力會影響大腦的結構發育，進而深刻地影響我們的本質與性格。我們的「心智健康」受到衝擊——布洛克則稱此為「腦部健康」，早年逆境與腦部健康之間的關係非常明確。研究者估計，三分之一至二分之一的心理疾病與童年逆境有關，憂鬱和焦慮是最常見的兩種。其他心理疾病可能是壓力造成，例如創傷後壓力症候群、適應障礙症、進食障礙症、睡眠障礙症等等。事實上，創傷心理疾病光譜就是用來描述彼此相關甚至經常症狀重疊的疾病。

二十世紀時，研究者努力尋找特定逆境與特定疾病之間的關係：失去家長是否造成憂鬱症？遭到性侵犯是否引發創傷後壓力症候群？到了現在，我們已經知道沒有所謂的「孩童性侵症候群」。因此，我們無法推論孩童將因此陷入何種心理掙扎，也不能預期酗酒家長虐待的孩童，或者家長疏於照顧的孩童，在成年之後具體承受的痛苦。童年慢性壓力對心理健康的影響是累進的，而且無法具體預期，因此，重點不在孩童承受何種逆境，而是他們究竟隨著時間經過，承受了多少無法調節的壓力。

像是蜜雪兒這樣的人，無論承受何種掙扎與痛苦，程度或多或少，時間或長或短，都是「先天條件」與「後天環境」隨著時間而交互影響的結果。基因、壓力和童年時期得到的支持，以及基因、壓力和成年時期得到的支持，都會徹底地決定一個人是否會承受心理症狀的折磨，影響他或她將面對何種症狀，以及持續的時間。

★ ★ ★

堅強而且擁有復原力的人會尋求心理諮商的協助，這一點與蜜雪兒的想法完全相反。事實上，尋求他人的協助是經歷逆境之後「調適得宜」的方法之一。我們藉此減少壓力，有時候，超凡之子仰賴朋友、父母、老師或愛人的協助。在其他情況下，如果他們覺得疏離，心理諮商師或專業人士是安全的起點。對蜜雪兒而言，心理諮商讓她明白，她與馬克教練之間的關係是性侵犯，根本不是「有染」。她也因此不再認為對抗憂鬱和焦慮是一件可恥的事，並且用正確的態度，將憂慮和焦慮視為腦部健康問題。

但是，我依然希望蜜雪兒可以得到更多幫助。創傷專家布魯斯．派瑞曾說：「根據研究結果，治療孩童創傷最有效的方法，也許可以準確地概括如下：『增加孩童生活裡的人際關係品質與數量。』」同樣的道理，也適用於成人。蜜雪兒鍾愛馬，她也相信自己終於遇見一位真正了解並且在乎她的人。她曾對我說：「謝謝妳，妳是第一個讓我明白自己很堅強而且可以復原的人。」但是，蜜雪兒必須遇到第二個、第三個人，讓她明白這個道理，她才能真正地相信我說的話。我不要馬克教練奪走了她的「正常人生」之後，還要毀滅她的人際關係。

但是，蜜雪兒認為壞人無所不在。她的人生已經看盡太多壞人，日常工作時更是如此。除此之外，倘若世上真有好人，蜜雪兒也不知道他們是否願意接納她。「如果他們可以選擇其他的正常人，為什麼想要我呢？」蜜雪兒問。她似乎完美合理地假設了，這個世界充滿了開心且單純的人，他們從來不曾體驗過逆境。她很確定，人們想要特定類型的男人或女人。

一位朋友曾經告訴蜜雪兒，他正在和一位年輕的女人約會，但絕對不會娶她，而這個女人也遭受過性侵。他不知道蜜雪兒的過往，但他的說法卻讓蜜雪兒肯定了自己的想法。「性侵是最糟糕的問題。」他說：「她照顧小孩時會遇到太多困難。」這是致命的一擊，彷彿蜜雪兒暗自憂慮的問題，或許也曾期盼真相並非如此，都在一次隨意的聊天裡，不知不覺地成真了。

蜜雪兒朋友的說法，不但缺乏正確的資訊，而且**絕非事實**。由於受到性侵是如此私人且可憎，許多人傾向於相信，遭遇性侵是傷害力最大的逆境，但近年來的研究成果認為，創傷並沒有傷害力高低的差距。壞事發生時——無論性侵、肢體傷害、家庭分裂或其他逆境——事件影響我們的程度，取決於許多不同的變項：我們當時的年紀、事件持續的時間、事件如何改變我們的生活、我們當下如何調適、他人得知事件之後的反應、我們擁有的支持資源為何、我們如何處理其他壓力、我們可以追求何種成功，以及我們擁有的基因等等。將各種不同的逆境相比較，根本徒勞無益。

★★★

多年來，我聆聽超凡之子的告白，無法克制自己做出一個結論（許多研究成果也有同樣想法）：童年逆境最可怕的結果是我們相信一個人會因為其童年逆境而變得「不正常」。正如鋼琴家詹姆斯·羅德斯在回憶錄裡提及他受到性侵的過去之後所說：「成為一個傑出、富生產力並且正常的社會成員？不太可能。」這個想法讓蜜雪兒這樣的孩子拒絕友誼和愛，也不願全心投入整個世界，但友誼、愛和接納世界才能幫助他們。他們用各種方式逃離人群，與其他人相處讓他們不自在。或者，他們接受對自己無益的人，不是因為他們陷入了「強迫性的重複」❹，而是他們覺得一切都非常陌生，或者認為生活沒有價值。也許，他們會投入「正常人」的懷抱之後覺得輕鬆無比，然後發現即使擁有「平均且可預期的人生」的人，也有自己的問題。不幸的童年往事經常導致不幸的成年生活，也可能因此創造另外一個孩子的不幸童年。

或許，這就是為什麼我經常感受到一股急迫的需要，想要幫助像蜜雪兒這樣的個案，讓她明白一個道理：儘管她堅持相信，但她絕對不是不正常，而是超凡。超凡之子是我所知道最熱情且有勇氣的一群人——甚至是最傑出的人。他們並未因為人生遭遇的困難而沉淪，相反的，他們因為這些逆境而卓越。我希望撼動或擁抱他們，讓他們立刻明白：你很好，你很正常，但這個世界上沒有所謂的正常。佛洛伊德本人曾經說過，正常只是一種「理想的人為創造」而「每一個正常人，都只能說是近乎正常。」或者，我們也可以借用視覺小說家艾倫．摩爾的話來說：「我希望看見『正常人』的概念消失。這個概念太荒唐，根本就沒有所謂的正常人。」

倘若只要引述以上的名言錦句，或者由我自己在正確的時間提出適當的精緻詮釋，就能讓蜜雪兒自由，不再受到「她受傷了，變得與其他人不同」的偏見所苦，因此迅速地結識親密且充滿關愛的朋友或愛人，一切就太美好了。但是，「相信自己不正常」不但是蜜雪兒內心最毀滅性的想法之一，也最難以處理。蜜雪兒這樣的超凡之子不會輕易地敞開心門，他們的猜忌也因此躲在安全的地點，難以拆解。除此之外，人們總是認為，既然我是心理治療師，我的工作就是理解不同的心理創傷者，告訴他們一切會更好。因此，他們也相信，我面對如此多的心理問題，早就無法判斷何謂正常。「我可能真的瘋了。」蜜雪兒曾經對我說：「只是妳不知道。」

我很確定蜜雪兒沒有瘋。我知道全世界多數的孩童與青少年——包括美國在內——在童年生活裡面臨至少一種逆境。許多孩子都克服了逆境，不代表他們並未痛苦掙扎，但他們得到了支持。我也明白，充滿關愛的關係、好朋友以及愛護孩童的家長，幾乎都在最後拯救了孩子。我知道，是因為我反覆見證。在往後的篇章裡，我們將會一起讀到克服逆境者的故事。

但是，許多像蜜雪兒一樣的人，無法想像自己可以擁有上述的支持。因此，我決定用超凡之子的感受作為此章的結論：他們的疏離感不會輕易地解決，也可能永遠無法如此

❹ 強迫性的重複是佛洛伊德提出的概念。這種行為發生於人類的意念出現空缺之後，藉由強迫重複特定的循環行為，使我們的意識認為自己掌握了控制權，填補了空缺，並且回復至快樂的狀態。在心理輔導的臨床治療中，強迫性的重複是常見的現象，意指個案在不知不覺中，容易與特定類型的人產生強烈的互動關係，例如愛與恨。心理輔導界認為，這很有可能是特定類型的人具備重要人物（例如家長）的心理特徵，讓我們藉由與其互動產生的深刻情緒交流，治療過去的心理創傷，彌補過去的遺憾。

幸運。雖然，一部分的超凡之子暗自希望自己是錯的，就像孤兒蒐集家長的碎片，蜜雪兒這樣的人也會尋找微小的跡象，證明自己有一天也會被接納，不只是不曉得她過往的人，最重要的是，理解她過往的人，也能接納她。

在我們居住的城市裡，一次戶外的嘉年華會，一位共同朋友介紹蜜雪兒和我認識。當然，我們早就熟悉彼此，只不過是在心理治療的保密世界裡，於是我們向彼此微笑握手。我把蜜雪兒介紹給身旁的家人。她在下一次的諮商裡因此痛哭流涕。「妳是真的！」蜜雪兒驚呼地說，似乎真的非常驚訝。「彷彿我和妳握手之前，根本就不認識妳……我還記得那個感覺。妳是一個真實存在的人……這一切讓妳對我說過的話，變得完全不同了……就像妳並不是因為自己是心理醫生，才會告訴我那些道理……就像妳真心如此相信。我不敢相信妳真的願意和我說話，而且非常友善。」蜜雪兒哭了，她的眼淚也讓我心碎。「我不敢相信妳居然願意讓我認識妳的孩子。」

在那個瞬間，我開始思忖，也許當時的握手以及介紹我的家人，對蜜雪兒的幫助，遠遠勝過於心理諮商的所有時間。「生命的本身，」精神分析學家凱倫·霍尼曾說：「依然是非常有能耐的心理治療師。」

第 十 一 章

反英雄

他知道不會有人救他，他決定拯救自己

科學怪人法蘭克斯坦的零件不好，他仍然努力地做好事。

——強尼．凱許

一九六二年，漫威漫畫的編輯、首席藝術家史坦．李畫出史上第一位蜘蛛人之後，不但顛覆了超級英雄的宇宙，也在漫畫產業掀起一陣革命。蜘蛛人不像過往的超級英雄，他沒有冠冕堂皇地面對世界的問題，也缺乏雄壯威武的體魄以及充滿勇氣的決心。蜘蛛人只是一位青少年，名字是彼得．帕克。他住在叔叔和阿姨的家中，必須面對自己的生命問題。他是經濟弱勢，在學校也遭到同學針鋒相對，甚至不知道怎麼面對心儀的女孩。他確實擁有超級英雄的能力——力大無窮、攀爬牆壁以及蜘蛛般的危機感應——卻不是承襲自偉大的召喚與使命，而是一場詭異事件強迫他接受的結果：他被一隻輻射蜘蛛咬了。

一直以來，超人就像希臘眾神從天而降，克拉克．肯特只是他的凡人偽裝，但蜘蛛人卻讓超級英雄下降至前所未有的地步。雖然蜘蛛人的系列漫畫名稱是《驚奇蜘蛛人》，但他毫無令人驚奇之處。漫威的編劇連恩．偉恩曾經簡短地評論道：「克拉克．肯特只不過是超人的偽裝……但彼得．帕克是一個活生生的人。」

蜘蛛人最常被視為第一位「反英雄」的超級英雄，雖然有些評論相信蝙蝠俠才是如此，因為其行為陰森幽閉，而且復仇才是他的行動理據。然而，倘若反英雄主角的定義是缺乏「英雄的高貴氣息」，那麼蜘蛛人才是真正顛覆「穿著斗篷的超級英雄」形象的第一人。他沒有高貴的目標和熱情，只是因為意外而不情願地成為英雄，蜘蛛人只是一介凡人，有其缺點與矛盾。他被不安全感所困，他的行為動機不是勇敢，而是罪惡感。蜘蛛人甚至暗自猜疑自己其實是壞人，或者根本算不上「超級英雄」。他的生命崎嶇且充滿未知，而這是超級英雄漫畫讀者第一次見到如此的英雄。

數十年來，讀者從來不能理解超級英雄的內心生活。史坦．李在一瞬之間改變了此情況。他隨心所欲地使用漫畫的對話框，讓讀者看見蜘蛛人內心的想法並不是永遠契合其外在行為。「也許，時候已經到了。」漫畫藝術家拉摩娜．法拉頓討論漫畫世界的此一驚人改變時曾說：「我們不能看著超級英雄總是四處奔波，卻假裝自己不想知道他們平常究竟在做什麼。」——就像復原力研究對超凡之子的想法。

雖然史坦．李只是一時興起才創作了蜘蛛人，一開始也沒有長期連載的打算，到了二十世紀末，蜘蛛人已經成為全美最受歡迎的超級英雄，甚至讓超人黯然失色。超人或許是全世界第一批超級英雄的典範，但蜘蛛人成為新的樣版，代表更具現實意義，與讀者生活更息息相關的超級英雄。美國前總統歐巴馬被詢問他最喜歡哪一些超級英雄時曾說：「我喜歡蜘蛛人和蝙蝠俠那樣的類型。一些英雄擁有太多的力量，例如超人，讓我覺得他們沒有付出太多心血，就能輕鬆得到英雄地位，有些簡單。但是蜘蛛人和蝙蝠俠的內心騷動不平，也經常會遭到打擊。」內心掙扎的同時，還要與外在問題戰鬥的英雄，能夠引起世界各地讀者的共鳴。因此，嶄新的超級英雄人物出現了，例如綠巨人浩克、復仇者以及夜魔俠，我們甚至可以說，二十一世紀的超級英雄人物幾乎都是如此——他們讓世人看見，身為超級英雄的複雜程度遠遠超過善惡的二元對立。或許，引人共鳴的現代超級英雄處在善與惡的中間地帶。蜘蛛人和眾多超凡之子一樣，他們太善良了，不可能成為壞人，但他們內心很痛苦，也無法覺得自己是一位真正的英雄。

★★★

薇拉最早的其中一個記憶，就像蜘蛛人在漫畫對話框的心聲。當時，薇拉五歲，幼稚園的老師稱讚她是如此甜美可人，她尚不知道要用什麼字眼形容自己的感受：**「你他媽的什麼都不懂！」**因為薇拉的老師不懂眼前所見不必然是事實。在學校，薇拉是健談的孩子，有著充滿異國風情的咖啡色肌膚，臉上總是充滿微笑。但是，到了傍晚回到家，面對一位兄弟和母親，薇拉再也笑不出來了。薇拉的母親罹患了毒癮，根本不能善盡家長應有的責任。

全美大約兩百萬名兒童的家長患有毒癮，他們活在高風險的虐待環境裡。母親濫用毒品是兒童受虐的五大指標之一，美國兒童保護局接獲的個案通報裡，三分之一至三分之二涉及家庭內的毒品濫用。倘若父母罹患毒癮，他們的心思可能會專注在毒品，而非孩童，因此最常見的虐待問題是疏忽照顧。雖然疏忽照顧與肢體虐待和性侵犯的傷害一樣嚴重，但專業人士最容易輕視孩童疏忽照顧問題。

濫用毒品和兒童虐待之間的關連如此顯而易見，一位曾罹患毒癮的女士曾經簡短地描述：「並不是壞人才會染上毒癮，他們也並非不在意孩子的壞人。他們已經被毒癮控制了，那種力量壓抑了一切，包括家長對孩子的愛。毒品的力量能夠宰制一切。」

家長忙於尋找或施用毒品，或者因為毒品而失去行為能力，他們照顧孩子的能力也隨之受損。他們可能將金錢花費在毒品，而不是照顧家人的溫飽。家長可能會入獄服刑或者進入勒戒中心。藥物濫用嚴重的家庭無法提供足夠的家長照顧，孩童得到的照顧與關懷也與之減少。毒品濫用者通常無法滿足兒女的需求，包括營養、衛生、監督和注意，或者孩童必須想辦法滿足自己。

★★★

薇拉可以輕鬆地滿足自己。她不吃早餐，只準備了一個水果捲，放在背包裡當午餐。她通常在晚餐時間過了很久以後，站在爐子前煮水，準備丟入廉價的橘色通心粉和起司粉。薇拉說：「懶惰的時候，我只吃穀片。」她不知道，如果小孩必須照顧自己，選擇吃穀片根本不是懶惰。

薇拉成長的地點位於佛羅里達中部，距離兩側海岸的車程大約一個小時，根本稱不上風光明媚。當地氣候炎熱乾燥，住宅公寓、街角商店和破舊的平房散布在毫無特色的鄰里街道上。附近的橘子果汁工廠讓空氣聞起來就像燒焦的橘子。「這是我對家鄉的回憶。」成年後的薇拉說：「外面的空氣像橘子，家裡的空氣則像香菸和毒品，無論如何，總是會有一股火焰燃燒的氣味。」

薇拉的阿姨在一間天主教學校工作，於是她幾乎無須負擔任何學費，就能進入該校就讀。每個人都說她很幸運，才能到那間學校讀書，但學校生活與家庭生活之間的對比令她痛楚無比。學校舉辦的足球比賽正式開始之前，其他同學的母親魚貫入場，將女兒的頭髮綁成小馬尾，薇拉嫉妒也好奇。她可以替自己整理頭髮，相當自豪，但也想知道母親替自己綁頭髮的感覺究竟如何。一位女同學說肚子餓了，她的母親立刻走向觀眾席，拿著速食餐廳的三明治回來。薇拉無法相信眼前的一切。當天稍晚，薇拉在家裡問自己的母親，可不可以偶爾吃那間餐廳的三明治，「太貴了！我們吃不起！」母親怒聲厲斥。

日復一日，薇拉縱身躍入校園生活，看起來就像一位小英雄，勇敢地克服家中的所有困難。她本人卻沒有這種感覺。校園生活貌似美好，但家庭生活苦不堪言。薇拉的外表看起來很好，內心的感受卻相當糟糕。或許，這就是為什麼薇拉一直認為自己永遠都在說謊，就算她保持沉默也一樣。

薇拉的制服是海軍藍的連身裙，因此沒人發現她的制服鮮少洗滌，但制服裡的貼身衣物證明了她的苦境。她穿著表姊留下的內褲，鬆緊帶早已鬆弛，只能用安全別針固定。走在人群前，薇拉總是祈禱，希望內褲不要突然滑落在膝蓋底下。有時候，薇拉在家整理地板上的散落衣服，還會看見蟲子爬過她的髒內褲。這個記憶讓她一輩子覺得自己不乾淨。青春期以後，薇拉只有一件內衣，沒有辦法換洗，變得泛黃骯髒。體育課時，她只能儘速更衣，就像逃避某個可怕的事物。體育老師注意到薇拉的內衣之後大聲斥責：「回家叫媽媽替妳洗內衣！」老師的聲音圍繞在更衣室的金屬櫃子之間。

薇拉覺得自己的謊言被拆穿了。

★　★　★

每一天，薇拉仍然穿上制服，到學校上課。在學校，她讓所有人感到驚奇。雖然承受如此逆境，她與其他學生的成績一樣好，甚至更為出色。她遠遠勝過於自己的親兄弟，他就讀另一間學校，不停遭罰留校察看，甚至因為行為不當而進出少年感化中心。薇拉不曾造成任何麻煩，外表看來也不會因為任何事件而困擾。她在各方面的傑出表現都超乎了他人的預期。沒有人，包括她自己，知道薇拉為什麼如此傑出。

學術界依然未找出確定的原因，但初步認為面對壓力的時候，女孩的平均發展表現比男孩更好。規模最大、歷時最久的一份研究分析了薇拉的故鄉佛羅里達州從一九九二年至二〇〇二年出生的孩童，總計超過一百萬名孩童的出生證明資料、家庭特質、準備好就讀幼稚園的程度、課業表現和出席率、在校的紀律、畢業率以及犯罪紀錄之後發現，面對家庭劣勢，女孩的在校表現比男孩優秀，除此之外，同一個逆境家庭成長的姊妹，發展也比兄弟更良好。

兩性對抗逆境的能力在幼稚園時便可察覺端倪，在小學與中學時依然如此，到了高中之後更展現出極為驚人的差異。一些研究者推測，單親家庭的女孩適應能力較佳的原因，可能是因為常見的缺席家長是父親，養育者都是母親。其他研究者則相信，女孩的個性較為溫和，不容易暴躁，而且更傾向於「內化」而不是「外顯」，換言之，她們會在內心處理自己的問題，而這些特質將受到學校的獎勵。在影視世界裡，男性超級英雄比女性超級英雄更多，在現實生活中，無論原因為何，女孩似乎比男孩更刀槍不入，也不容易受到居家鄰里環境以及養育方式的影響。薇拉猜想，或許只是因為她比親兄弟更善於隱藏本性。

下課之後，薇拉有時會在酒吧後面的巷子看見母親。休息的工人和常客坐在酒吧裡的破舊椅子，大聲喧譁，飲酒抽菸。薇拉想要帶母親回家，卻被當成昆蟲一樣驅趕。「妳為什麼不乾脆讓女兒跟阿姨住？」一位眼神渙散的女人曾經如此詢問薇拉的母親，她的聲音因為菸酒變得沙啞，無法分辨究竟是想要趕走薇拉，還是拯救她。「很簡單，因為我不喜歡那個賤女人。」薇拉的母親用語尖銳，聲音含糊，無法確實地分辨她咒罵的人是薇拉或阿姨，但應該是阿姨。

薇拉轉身背對那群大人，準備離開小巷子，而大人們只是竊笑。

有一次，母親不肯離開，薇拉非常生氣，揚言要離家出走。她在馬路另一頭的蒲葵叢躲了很久，洋洋得意地跳出來，大聲說：「我在這裡！」卻發現母親根本沒有在找她，只是走過來買菸。

升上高中之後，薇拉寫完回家作業，就會與住在樓下的男孩見面。男孩比她年長。兩個人一起抽薇拉母親的香菸、喝薇拉母親的啤酒、在沙發上做愛。她無法解釋自己的行為，更難以述說為什麼用一把鋸齒刀割自己的手腕。她貼上大張的ＯＫ繃，繼續到學校上課。但是，薇拉記得自己非常希望某個人——不，不是隨便的人，而是老師——會關心她。

但沒有人關心她。

★★★

抽菸、喝酒和四處遊蕩，也許讓薇拉完全不像一位英雄，但這些行為毫不令人意外。超凡之子看起來很像超人，但他們不是。在他們成長的過程裡，連續違反規則，甚至從事青少年犯罪是常見的情況。雖然許多超凡的青少年和成人必須學會欺人耳目，但他們並沒有惡意，因為他們不想傷害別人。他們想傷害自己。他們可能會開始加入製造麻煩的團體、染上阻礙他們成功的惡習、拒絕接受良好的機會或者隨意地發生性行為。談到超凡之子揮霍的潛力以及無法實現的美好未來，期盼甚高的支持者會搖頭嘆息。在人生中的某段時間，復原力之子可能選擇自我毀滅。然而，就像超凡之子的外表雖然看似超人，實則不然，他們的自我毀滅行為也並非表面所見。

一九六七年，就在蜘蛛人登上漫畫版面的幾年之後，心理學家溫尼寇特發表了一篇文章，名為〈青少年失序行為是希望的象徵〉。這篇文章的主要訴求對象是在青少年犯罪之家工作的專業人士，而溫尼寇特的重點在於，青少年的惡行，甚至違反法律的行為，其實是他們仍然相信希望的健康徵兆。溫尼寇特相信，青少年面對壓力時的呼喚，就像求救訊號，其中潛藏了一個心願，倘若他們發出極大的噪音，或者狂野地舞動雙手，一位旁觀者可能就會發現他正在掙扎，決定伸出援手。某個地方的某個人將拯救他逃離逆境，讓他不需要永無止盡地配合惡劣的環境。因此，至少在某些人生階段，青少年的失序行為代表他們依然相信生活將有所改變。

從幼稚園時與老師交談的內心對話框回憶開始，薇拉從未對人坦承她的真實人生。長大以後，她開始認識新的人——朋友、老師和教練，也相信還有新的機會，一定會有人介入、拯救她的人生。或許，這就是她在高中時期曾經刻意製造麻煩的原因。薇拉希望某個人注意到她正在讓自己的成績下跌，或者鎮日坐在課桌前打瞌睡。警察在半夜送薇拉回家，他們按下門鈴，根本沒人在家。有時候，超凡之子的求助訊號很有效，他們找到了真正的救援者，全心全意地幫助他們，但不是因為他們的魅力或好相處，而是發出警訊且變得尖銳難相處。雖然，更常見的情況是薇拉這樣的例子，她的哭喊和求助訊號並不討喜，也沒有人回應。於是超凡之子終於學會放棄，不再對他人懷抱希望。他知道不會有人救他，他決定拯救自己。

★★★

大學時，薇拉是宣傳海報上的模範學生，象徵了族群多元以及戰勝逆境。她領取獎學金，成為校方招生海報的主角，甚至得以參與校方第一次開設的專題講座課程。院長推薦薇拉到校長家參加新生接待會，只要有人對她說：「妳真是了不起！」——這樣的稱讚此起彼落，幼稚園時的對話框又會清晰地浮現：「你他媽的什麼都不懂。」

沒人懂，或許根本沒人想要懂，薇拉不在海報上或教室第一排座位前微笑時，究竟承受了什麼。獎學金與其他財務補助讓她可以就讀大學，卻無法協助她與同學共同生活。同學相約吃晚餐或到酒吧放鬆，她只能找理由推託，自己尋找提供免費點心的地點念書。偶爾，薇拉與同學同行，她會先到自動存提款機前，輸入存款一百美元，把空白的存款信封放進存提款機，然後立刻領取二十美元❶。她的行為其實是「偷」自己的錢，因為日後她還是必須支付二十元給銀行，消除存款帳戶的「系統錯誤」。但是，薇拉回到同學身邊，仍然覺得自己是一名罪犯。倘若浴室需要衛生紙，她就會到教學大樓的清潔用品間，竭盡所能地把所有衛生紙捲好塞入背包。她曾經想過到酒吧當脫衣舞孃或者賣卵子，賺取額外的收入，但從來沒有付諸實行。

薇拉的人生永遠都像一場謊言，到了現在，她已經擁有更多，卻只覺得自己的生活就像偷竊。倘若「誠實地獲得某物」代表從父母身上繼承，薇拉認為她的生活一點也不誠實，彷彿偷了一個完全不屬於自己的人生。這不代表她的成功只是幻覺，她知道自己付出多少努力，但是，她也心知肚明，她的成功不是用外人期待的方式。

薇拉的同學總是如此耀眼奪目，連指甲都非常乾淨整齊，就像周圍的校園環境一樣美麗。她們看起來就像穿著電影戲服，永遠不會變髒，也從來不曾偷竊廁所的衛生紙或者用各種方法販賣自己的身體。薇拉的思緒矛盾，一方面認為同學的生活必然空虛無趣，另一方面又猜忌自己的人生如此黑暗骯髒。她的表現幾乎勝於所有人，卻難以擺脫一種感覺——認為自己永遠比不上同學。

一位工人到薇拉的宿舍房間裝修新的天花板。她向他要了一根香菸。她喜歡他的眼睛微微瞇起，彷彿他享受某件事情正在悄悄發生。兩人迅速地開始定期見面抽菸，在高速公路旁的汽車旅館做愛。傍晚時，薇拉與同學一起念書，結束之後，她走出宿舍，外

❶ 美國特定地區的自動存提款機，只需要民眾在螢幕上輸入存款金額，將存款用信封放入機器，就會暫時完成存款，民眾的戶頭將多出該金額，銀行在日後對帳時察覺存款不足，就會請民眾補足差額。薇拉利用這種機制「預支」了金錢。

面有一輛汽車正在等她。兩人相處的時光沒有特別之處，但一切栩栩如生：她真正地花時間陪伴一個真正的男人，而他也有真正的人生問題需要面對。黎明升起前，她回到宿舍大門，讓警衛看手上的學生證。無論薇拉的祕密為何，只有警衛知道。

睡了一、兩個小時之後，薇拉沉沉地坐在巨大的講廳，拿出筆記本，手上已經握著筆。不久之前的性行為仍然讓她的身體疼痛，聽眾席椅子的木頭不停地刺痛她的身體，一種隱隱約約的痛楚，就像用手指甲刺入另一片手指甲的肉床。這種痛楚流遍薇拉的身體，提醒她記得，身後的同學以及眼前正在對她微笑的教授，都不知道她的真面目。薇拉的雙重人生讓她覺得自己優越、無敵且悲慘。

薇拉就讀的大學曾經舉辦「家長拜訪週末」活動，校長知道薇拉的父母都不會出席，請她來家中照顧自己年幼的兒子。「真是難以置信，校長居然真的知道妳是誰！」室友非常崇拜地說。然而，薇拉非常確定，沒有人知道她是誰，特別是校長根本不懂。週末結束之後，校長感謝薇拉的幫忙，卻忘了支付薪水。薇拉立刻在心裡想像自己殺了那個校長。我的意思是，薇拉認為校長只是假裝照顧她。沒人猜得到，薇拉心想，我其實是小偷、妓女以及殺人犯。

★★★

薇拉想像自己做了千百種壞事，甚至開始好奇她難道也是癮君子。畢業之後，她在紐約市找到一份工作，白天努力盡責，晚上嗑藥。多年來，持續不懈地對抗人生的困境，她已經身心俱疲。每分每秒，她超乎他人的預期，內心卻期待晚上回家，可以關上大門，與世隔絕。她捲了香菸和大麻，喝下好幾罐咳嗽糖漿，沉沉地進入濫用藥物的睡眠裡。她奮鬥了如此多年，拒絕接受家庭逆境是拖垮她的重力，也開始好奇，體內的基因會不會讓她也陷入毒癮。

毒品以及藥物濫用確實有某種程度的遺傳效應。由於薇拉的母親是毒癮患者，她罹患毒品濫用的風險也相當高。更準確地說，孩童早年困境以及成年後的毒癮之間的顯著關係已有廣泛的研究支持，但兩者之間的關連更為複雜，不單純只是基因。無論家長本身是否患有成癮，只要孩童時期面對的逆境越多，青少年時期涉及高風險行為的可能性就越高，例如毒品、酒精和香菸。承擔一項慢性壓力讓一個人在成年之後濫用藥品的機率提升二到四倍，倘若承擔多項慢性壓力，相較於其他同儕，一個人濫用藥品的機率提高了十倍。

早期壓力和成年後的藥物濫用之間的線性關係，最早的研究資料可以追溯至四個世代之前的一九〇〇年代，也見於其他靈長類動物。相較於沒有承擔早期壓力的彌猴，倘若長期暴露在人為製造的壓力，例如與母親分離或社會孤獨，將導致彌猴過度引用酒精，即便中毒亦未改善其行為。綜合以上的觀察結果之後，研究者假定，在所有物質濫用的行為裡，其中二分之一至三分之二的可能原因就是任何一種類型的的童年逆境。

因此，想要更細緻地理解早期壓力和成年藥物濫用之間的關係，就必須思考「自我藥癒」，而不是單純地以遺傳概括論之。在人類的歷史上，使用藥物的主要目的是舒緩痛苦，包括自主使用特定物質，減緩情緒痛苦。情緒是人類對周圍環境產生的反應，因此，伴隨童年逆境而產生的憂鬱、焦慮、睡眠問題和創傷後壓力，當然也是反應訊號，提醒我們「某些事情不對勁」，所以需要放鬆。

倘若暴露在童年逆境導致慢性壓力，慢性使用特定物品也就成為理所當然的應對方法——這就是人們說的「特殊應對」，雖然只是一種飲鴆止渴、事與願違的方法。食物、香菸、酒精、咳嗽糖漿、大麻以及海洛因都能夠調節人類的神經，改變大腦與情緒。「可惡的大麻。」詹姆斯．羅德斯在回憶錄裡曾說：「這些神奇的圓形紙捲充滿非凡的醫療能力。每當我迷失，它給我一切。」特定的藥物能夠安撫人腦杏仁核，使人平靜。另外一些藥物則釋放多巴胺、血清素等神經傳送素，減緩我們的絕望，撫慰我們的心情。一個人不需要成為科學家，也能知道藥物與酒精可以舒緩痛苦。數十年來，鄉村歌手總是唱著這個主題。「如果到了明天，我的手上還有酒瓶。」杜威．約肯在〈無傷大雅〉唱著：「我就明白自己依然悲傷。」

薇拉這樣的藥物濫用者並不是在尋找自己享受的情緒狀態，而是逃離厭惡的感覺。羅伯特．皮斯❷亦是如此。他的故事和薇拉相似。《羅伯特．皮斯短暫而悲慘的一生》揭露了他從紐華克的街道走入長春藤學府的故事。和薇拉相似，他覺得自己與大學同學格格不入——「我恨透了這些養尊處優的混蛋！」他罕見地憤怒抱怨。他經常遠離周圍精美的環境，逃離大學晚餐宴會廳的工作，躲入寢室房間，用藥尋求情緒的高峰。「那種感覺就像一切都無所謂，時間也失去了意義。藥效持續的幾個小時之內，我才真正地活著。」

薇拉和皮斯這樣的超凡之子，通常孤立無援，必須獨自面對問題，只能嘗試自給自足。他們是自我更正錯誤的大師，很有可能藉由藥物改善情緒問題。他們猜想自己無依無靠，藥物遂成可靠的支點。他們覺得沒有任何人可以依賴，只好仰賴食物、香菸、酒精和其他藥物。為了自我抒解情緒、自我管理、自我約束，他們決定自我藥癒。俗話說：

❷羅伯特．皮斯出生在美國紐澤西州的紐華克。父親在他七歲時入獄，母親收入微薄。皮斯從小展現出聰穎過人的天賦，他錄取耶魯大學之後，甚至收到資助，願意支付他四年的學費。然而，皮斯從十三歲開始染上毒癮。就讀耶魯大學的四年間，皮斯不但持續吸毒，甚至在校園裡販賣毒品。因為沒有街頭毒販的鬥爭與暴力，校園反而成為最安全的販毒環境。大學四年期間，皮斯的販毒獲利超過十萬美元。畢業後，皮斯徬徨無助，再度將販毒作為主業，最後因為交易紛爭而遭到槍殺。

「世上的任何問題，都曾經是另一個問題的答案。」

薇拉找到了一份新工作，公司要求她進行藥物檢測，於是她決定戒毒，就像高中時她不再打瞌睡，重新振作。一切就是如此單純。然而，沒有藥物之後，她覺得自己被困住了。她的人生就像永無止盡的適應，沒有辦法逃走。就在這個時候，她開始產生自殺的念頭。根據研究者的估計，三分之二的自殺嘗試可以追溯至童年逆境。但薇拉擁有豐富自省精神的自我保護傾向，倘若自殺導致周圍朋友的難過，她也會因此產生罪惡感。她不想讓其他人發現自己的真面目，她害怕自己真的是那樣的人：看起來很好，但內心非常惡劣，沒有人懂她。

薇拉也認為，結束自己的生命不會造成這個世界任何的改變，因此費心自殺似乎非常詭異。她的想法是錯的，她的生命極為重要。既然謀殺自己是不必要的舉動，她只需要消滅自己偽裝的人格即可。她大可以不再令人驚奇，放棄眼前的成就，前往很遠很遠的地方，成為海洛因上癮者。知道人生還有這樣的選擇，改善了她的情緒。

★★★

薇拉的人生走了很長一段路，無論字面或比喻上的意義，皆是如此。童年時期，她居住在佛羅里達的內陸低矮地區。工作之後，從辦公大樓窗戶看出去，四處都是高聳的建築物、橋以及水流，再也沒有家鄉常見的蒲葵叢。她取得大學學位，成為白領階級，戒除藥物依賴，只有偶爾喝一杯酒。薇拉擁有成功的人生，也經常被要求參加公司資助的「男孩女孩成長俱樂部」舉辦的分享活動（她通常會大幅度地更動自己分享的人生故事）。然而，每一次她走進公共場所的洗手間，看見供人取用的衛生紙捲，就像被人提醒，必須記得她自以為曾經做過的壞事：順手牽羊、與男人在汽車旅館做愛、用毒品麻痺自己、穿著骯髒的衣物、憤怒、甚至憎恨幫助自己的人。

九一一事件發生之後的兩個星期，薇拉必須搭乘飛機前往某處。前往機場途中，她請計程車司機在商店門口暫停，她買了一幅裱框的照片。薇拉根本不需要這張照片。她將照片帶上飛機，倘若有人想要劫機，她可以打破相框的玻璃，充當武器。坐在飛機座位上，她的雙手交疊，雙腳踩住藏在前座底下的相框。她才驚覺自己可能是唯一一個將武器私自帶上飛機的乘客。薇拉想要和其他人一樣，安穩地坐在位置上，閉上眼睛，享受小小塑膠杯裡的蘇打汽水。雖然她的用意如此良好，甚至充滿英雄氣概，卻覺得自己被困在一個既定的角色裡，永遠準備求生。「我絕對不允許自己身陷困境而毫無準備。」她回憶道：「我也不允許自己赤手空拳地上飛機。」

倘若，英雄的定義是因英勇、偉大的成就或良好的個性而受到愛戴，薇拉完全不認為自己夠格。雖然，她經常被稱讚克服了一切難關，仍然不覺得自己勇敢。「跳下一艘即將沉沒的船，縱身躍入一座充滿鯊魚的危險海域，究竟是勇敢，或者只是唯一的出口？」她大聲地質問。

一九九七年，丹尼爾．查連納出版了《復原力的童年故事：馬雅．安傑羅、湯婷婷❸、理察．羅德里奎茲❹、約翰．愛德格．魏德曼❺和托拜爾斯．沃爾夫的人生》。有趣的是，這本書尚未正式付梓出版前，原本的名字是《絕望孩童的傳記》。查連納最後決定，「復原力」比「絕望」更適合描述書中的男男女女。他的想法或許很正常，但「復原」和「絕望」可能從來不曾相互牴觸，事實上，兩者通常彼此相關。雖然薇拉相信絕望和復原毫無關係，因此導致她對自己的善良與能力產生最駭人的質疑：她所擁有的一切，都是不擇手段得來的。

絕望可能也是鄉村音樂指標人物強尼．凱許的感受。至少，兄長傑克在十四歲時於木工廠的一場意外身亡之後，凱許的人生就變得如此。傑克是家中的「金童」，他從小就立志要在長大之後進政府部門工作，並且很早就在外工作，成為家中的經濟來源，而年幼的凱許才十二歲，仍然在外面釣魚玩樂。身為家中的倖存兒子，凱許的一生充滿罪惡感與絕望，他不僅崇拜備受寵愛的亡兄，更質疑自己根本不是一個好兒子。更糟糕的是，他不是唯一懷抱此想法的人。據說，他的父親徹夜飲酒之後曾說：「可惜死的是傑克，不是你。」

傑克死後不久，《科學怪人》成為凱許一生最喜歡的電影。故事中的怪物雖然是壞人，卻努力地行善。凱許因此產生了認同感。他認為自己往後的人生都是光明與黑暗、兄長的良好影響，以及凱許個人惡行之間的鬥爭。許多聽眾都知道凱許是歌詠人生悲慼的「黑衣男人」，其中原因或許與他鍾愛黑色衣物有關——當然，福音歌曲與毒品也脫離不了關係。有時候，為了熬夜開車或者表演，凱許施用毒品，其他時候則是為了擺脫惡劣的內心感受，追求快感。無論原因如何，凱許曾說毒品問題已經嚴重到他「幾乎不認為自己還是人類」。凱許一心想死，爬進田納西州某處的迷宮洞穴。他以前曾經造訪此地，手電筒的光線熄滅之後，就能死在黑暗的世界之中。但是，凱許並未死去，他相信上帝拯

---

❸ 湯婷婷是美國華裔女作家，其回憶錄小說融合了中國元素，奠定她在美國文壇的地位。

❹ 理察·羅德里奎茲是美國作家，在一九八二年發表《飢餓的記憶：理察·羅德里奎茲的教育日記》，描述自己的知識成長過程。

❺ 約翰·愛德格·魏德曼是美國作家，布朗大學教授，也是美國重要文學期刊的編輯委員會成員。

救了自己。他突然非常渴望生命，努力爬出洞穴之後，看見深愛自己的女人珍·卡特。卡特站在洞口，手裡拿著食物和飲水，身旁則是凱許的母親。雖然，外界認為這段故事的真實性仍然有待商榷，即便如此，仍然是凱許選擇在自傳裡告訴讀者的人生寓言。

伊拉克戰爭的老兵潔西卡·林曲曾經準確地說：「真相永遠比廣告宣傳更具英雄色彩。」從逆境中復原的孩子和成年人，其人生故事的真相就是他們並不完美。他們不是聖人或天使。我們對於英雄的期待太高，希望他們的故事永遠可以鼓動人心，沒有任何混亂或失望。超凡之子也許擁有卓越的能力，但他們仍然只是人類，不但無法免於任何問題，例如酒精或毒品，至少在人生中的某段時期，甚至必須面對極高的沾染風險。超凡之子真正的卓越之處，或許不是他們一帆風順，從未面對困難，而是他們挺身反抗逆境。

蜘蛛人、強尼·凱許和薇拉，從來都不覺得自己「驚奇」。薇拉不懂為何自己可以成為家中唯一清醒而不酗酒的成員。她的家庭失能，她卻詭異地成為最成功傑出的人。甚至，在她所知的範圍之內，她也是朋友和同事之中，背景最為困苦複雜，卻最卓越的人。薇拉曾經夢想往後的人生可以得到乾淨的衣服以及好吃的食物，願望實現之後，她開始反覆聆聽自己最愛的歌曲——各種版本的奇異恩典，期盼自己能夠得到救贖，內心可以純淨善良。薇拉現在的挑戰是原諒自己過往的行為以及為了生存而偽裝的模樣。求生本能令她矛盾，雖然求生本能高度地符合人性及其適應能力，卻可能違反了英雄精神。薇拉並不曉得，身為逆境的唯一倖存者以及她追求生存的方法，雖然創造了罪惡感，但罪惡感確實經常伴隨在倖存者身邊。

這就是維克托．法蘭克描寫納粹大屠殺浩劫時的體悟，而他也願意在最謙遜的段落中坦承：「平均而言，多年來持續經歷一次又一次的集中營虐待，只有放棄道德良知的囚犯才能倖免於難，他們早已不願對抗。為了拯救自己的生命，他們準備使用一切必要的手段，無論正當與否，就算暴力、偷竊或背叛朋友也無所謂。我們之所以能夠歷劫餘生，是因為幸運或奇蹟——但是，無論你怎麼說，我們都很清楚：最完美的人沒有逃出集中營。」

第十二章

重新啟動

他們在新的環境裡，已經不是原本的那個自己

我憑空而生。

——安迪・沃荷

在漫畫的世界中，所謂的「重新啟動」是指作家重新設計一個人物，或者進行大幅度的更動。超級英雄的故事全面改寫，擁有新的動力。故事的時間軸也會修正，讓角色進入新的時代。漫畫家甚至打破了時間的連續性，讓穿著斗篷的聖戰英雄得以自由地跳入不同的故事線。以商業的角度而言，重新啟動讓創作者得以提出新的題材，吸引新世代的支持者。從敘事的觀點來看，重新啟動令超級英雄擁有嶄新的人生。

神力女超人可能是超級英雄世界裡最著名的歷史重新啟動例子。一九四〇年代，威廉・莫爾頓・馬斯頓——哈佛大學畢業的心理學家，曾經發明早期的測謊機，創作了最早的神力女超人。她是亞馬遜天堂島的皇室成員，超能力則是用黃金繩索強迫他人說出真相。一九六八年，為了讓神力女超人得以觸及女性讀者，新的編劇群讓她得到了新的故事，也就是第一次「重新啟動」的機會。神力女超人不再是公主戰士，她的名字、服裝和特殊能力都改變了，名字改為戴安娜・普林斯——一位穿著褲子，用空手道打擊犯罪的現代女性。

「戴安娜・普林斯」的年代開創了新故事，也激怒舊讀者，包括格羅莉雅・斯泰納姆等知名女權主義者，都想要原本擁有超級能力的神力女超人。一九七三年，神力女超人在原著系列漫畫的「新冒險」篇章裡再度重啟。她的超能力與服裝都回來了，但打擊犯罪之外，她的日常生活身分依然是普林斯太太。二〇一七年，神力女超人又重啟，成為好萊塢賣座強片中的揮劍女英雄。

超凡之子書寫自己人生的重新啟動。復原的過程裡，他們記得人生的起源故事，追求生存的任務，以及定義生命的勝利。每一天，他們戴上面具，穿上服裝，使用自己的能力，對抗生命世界中的種種危險。正如漫畫書裡的超級英雄，超凡之子發現自己年復一年地對抗相同的危機。一切如此陳腔濫調，耗費心力，於是他們開始思忖：「我的生命能否改變？」重新啟動遂成為超凡之子改變起源故事的契機，一次重新來過的機會，他們也許就能和神力女超人一樣，獲得嶄新的人生。

★ ★ ★

安東已經準備就緒。前一天晚上，他開始尋找合適的歌曲，建立了一份以「離開」為主題的播放清單。他轉動方向盤，駕車直上高速公路之際，音樂從汽車窗戶細縫中流洩而出。速度與動力。宏亮的歌聲響徹雲霄。這一切都讓安東覺得重大的事件正在進行中，事實也是如此，他成功了，他正在逃離。

離開小鎮的路上，他經過了一間書店。他經常在那裡閱讀旅遊指南，決定大西北地區就是目的地，雖然他說不上原因，或許只是因為「西北」與他的居住地點恰恰相反。他說，自己曾經住在「又爛又該死的東南地區」。他經過一間大賣場，想起從前的開學前採買日，他與母親步履蹣跚地往返於中央的食物結帳區以及四層樓的所有櫃檯，所有收銀機都拒絕她的信用卡。他看見拒收他們家支票的便利商店，以及父親曾經擔任技工的加油站——安東拿到普通教育發展證書之後，也在同一間加油站工作。父親從加油站的收銀機偷竊遭到逮捕，安東依然沒有離開工作崗位。幾乎在每一間商店門口，安東都看見了自動售報機。報紙列出遭到逮捕的罪犯清單，有時可以見到父親的名字。

安東即將前往自己不曾涉足的地區，他從未親眼看過的另一側的美國。十九歲時，他已經長久地覺得被囚禁在生活裡。每天早上，他必須上班，那是一份沒有未來的工作，但他知道自己運氣好，才能有工作。他認為每個同事都猜忌他也會偷竊加油站的金錢，就像父親一樣。安東擺脫不了這種感覺。到了下午，他回到家，一間年舊失修的房子，電話的鈴聲令他的心跳加速。「不要接。」母親說，因為害怕電話的另一頭是債主。安東總是在頂樓的房間讀書到深夜。冬天時，倘若燈光熄滅，老鼠會從屋椽上落至他的床鋪。

他永遠忘不了老鼠掉在腳邊的觸感與聲音。

安東決定今天逃走。他覺得自己就像逃獄，把犯罪紀錄拋諸腦後，但真正身陷囹圄的是他的父親。

★★★

「這個世界不認為銀行搶匪也會有孩子——雖然許多搶匪都有。」理察・福特作品《加拿大恩仇錄》的主角戴爾曾這麼說。

戴爾的父親和安東的父親都是小偷。許多銀行搶匪確實有小孩，就像許多肢體虐待者、藥物虐待者、性侵犯和違反法律的成年人，他們都有小孩。事實上，超過兩百萬名的男女服刑人裡，超過半數早已為人父母。根據皮尤慈善信託基因會提出的報告，將近三百萬名孩童在十八歲之前，就必須面對其中一位家長坐牢。換言之，每二十八名孩童，就有一位如此。三十年前的統計資料則是每一百二十五位孩童，才有一位如此。三分之二的成年服刑人和安東的父親一樣，因為非暴力犯罪而入獄，例如毒品或侵犯他人財產。

父母犯罪時，他們的兒子和女兒，經常淪為連帶的受害者，而且不被人察覺。在家裡，他們的金錢、食物、生活用品、監督和安全感都會非常匱乏，成長為青少年後，也更有可能輟學或犯罪。小孩思考：「什麼時候才能看見爸爸或媽媽？我安全嗎？外人對我的想法是什麼？我的爸爸或媽媽會如何？我要怎麼告訴其他人？以後會怎麼樣？有錢買食物嗎？誰在門口？誰打電話來？」身心都承受了更多壓力。

家長入獄服刑對於美國家庭造成極大的影響，《芝麻街》卡通影集在二〇一三年時曾一度將這個議題用於創作。在一段網路影片中（並且附帶說明工具），小孩、成人及《芝麻街》的玩偶人物一起解釋什麼是「入獄服刑」以及父母親坐牢之後，小孩可能會感受的悲傷、孤獨與羞愧。《芝麻街》卡通用這種方式，讓觀眾明白一個事實：因為司法系統而失去母親或父親，其感受非常近似遭到父母遺棄或者父母死亡。然而，由於這種經驗充滿恥辱，協助「司法孤兒」或此類孤雛的機構與服務較少。

入獄服刑者大幅增加是「美國數十年來最重要的社會改變之一」，我們也剛開始理解此現象對受刑人子女，以及像安東一樣正要進入成年期的人，究竟產生何種意義。近年來的研究結果猜測，父母服刑期間，孩童必須付出慘峻的代價，就算父母出獄回家，或者小孩已經長大成人，也不會改變這份痛苦。受刑人的孩子在二十歲之後，罹患憂鬱、濫用酒精或藥物，以及觸犯法律的機率更高；相較於其他同儕，他們取得高等教育學位的機會減少了三十三％，收入也會更低。

以上的劣勢並未發生在安東身上。他已經擬定計畫，逃離每條街都充滿惡劣回憶的家鄉小鎮就是第一步。「除了擁有這樣的父母，我並未做出任何羞辱自己之事。」福特筆下的戴爾在《加拿大恩仇錄》裡曾如此說。安東也一樣，然而，他逃走了。他決定重新啟動自己的人生。

★★★

我們可以在任何時間重新啟動自己的人生，然而，邁向成年期之後，生命突然迎接最多的「第二次機會」。這是一段發展期，充滿前所未有的機會與改變，生命也將重新組織，小孩變成大人，學生開始工作，子女變成伴侶或家長。許多超凡之子在童年或青少年時期，專注地留意日曆的遞嬗，環顧四周環境，尋找或幻想自己起身逃離的契機。到了某一天，復原力孩童變成了大人，不必繼續艱苦忍耐生命。他們第一次得以改變人生。

成年期可能也會讓人變得脆弱，特別是自力生活者。子女從父母得到的指引與支持已經相當薄弱了，等到十八歲之後，他們甚至會失去從前擁有的少數資源，例如公立學校、照顧他們的老師或教練、減額的午餐費用、課後輔導計畫、寄養或其他社會資源。難以承受的不確定性是現代人成年初期的必經階段，就算擁有最好的環境條件，也不見得能夠輕易度過，遑論是家長無能或不願提供協助的孩童。累積的劣勢和壓力可能會讓他們付出代價：成年時期是壓力相關心理疾患，例如憂鬱症和焦慮症的好發時期，也就是在這段期間，許多人開始產生物質依賴，藉此調適心情。

因此，成年初期是許多人的轉捩點。一個人的生活可能會改善或者變得更加惡劣，只要一個好的行為或者一連串，就能重新改變超凡之子的生命。一般來說，這也是最常見的情況。數份研究報告調查了孩童早期面臨的逆境，例如經濟大蕭條、暴力的鄰居、性侵、寄養、未成年生子、罹患心理疾病的父母、酗酒的父母，以及青少年犯罪，其中一些孩童重蹈父母的覆轍，或者陷於童年成長的環境，其他孩童得以重新改變人生，大多數是因為他們可以看見或者抓住生命的第二次機會。

他們究竟如何做到的？

方法不只一個。

數十年前，特別對女性而言，婚姻是逃離不幸童年的唯一出口。「當時的我與吉姆結婚之後，終於可以逃離苦難。」瑪麗蓮．夢露如此回憶自己在十六歲時的婚姻：「如果沒有結婚，我就會被送到另一個寄養家庭。」成為妻子或丈夫，絕對能夠讓孩童離開原生家庭或童年，然而，將青少年時期的迅速婚姻作為逃離的手段，也必定充滿危機。我們經常只是用一種家庭困境，交換了另外一種家庭困境。

現代的男性女性擁有更多重新開始的方式，我們已經見過不少，例如愛蜜莉、瑪莎或蜜雪兒，她們發揮游泳、演戲或馬術等等天賦，讓自己前往更安全或更好的地點，通常都是大學校園。薇拉逃離濫用毒品與缺乏照顧的家庭，馬拉看著圖書館的地球儀打轉，手上的夢想校園鑰匙圈給她能量。高等教育可以成為改善生活的鑰匙，得到學位或證書，開啟嶄新人生的大門。大學的意義不只如此。超凡之子可能在大學裡才第一次享受溫熱的食物、乾淨的床鋪以及醫生的照顧，新朋友、新的指導者以及新的觀念，讓他們走入新的世界。

一些超凡之子沒有在校園找到新世界，而是加入了宗教組織、和平工作團或者其他具備明確目標的團體。還有另外一些人，例如保羅，他在學校遭受霸凌，最後在軍隊找到新的生活與角色，近來的研究也發現，承受逆境的孩子比同儕更傾向於從軍。然而，像是安東這樣的超凡之子，則是單純藉由離開，逃脫家庭與故鄉構成的環境陷阱。他們坐上汽車、公車或飛機，瀟灑地打開地圖，決心離開。

★★★

從美國東岸前往美國西岸的旅途中，安東鮮少停留，因為每一個州的景色看起來都和前一個州相同。泰半時間，他只是盯著汽車的里程表一路爬升。他第一次下交流道的地點是聖路易市，想要儀式性地通過「前往西部」的大門或拱門路標❶。安東非常失望，因為它看起來一點都不像大門。然而，不久之後，安東開始注意到景緻的變化，目睹前所未見的風景。安東花了一整天奔馳在堪薩斯城的平坦大草原旁的直線道路，還把《麥田捕手》放在方向盤上，一邊看書，一邊看路。他看著逐漸染紅的修長青草，永遠不會忘記眼前的風景。這是他人生第一次看見大自然的真實之美。

當然不只如此。

他越是往美國的西北部前進，天空就變得更寬闊，他開始覺得呼吸變得輕鬆，好像這裡有更多的空氣。他在黃石國家公園放慢車速，欣賞山景、野牛和麋鹿，內心認定這兒必定是全世界最不可思議的地點。到了夜晚，他將汽車停在路上，而這條路通往沒有客人居住的度假小屋，安東睡在車裡。白天時，他坐在車內，凝視著陡峭的岩石以及座落其上櫛比鱗次且大小相似的成群松木。從遠方望之，它們就像建築模型使用的小素材，安東覺得自己走進了完全不同的完美世界。他甚至看見了雙彩虹。

倘若一切聽起來過於詩情畫意，前往美國大西北地區時，安東的夜晚多半睡在卡車休息站，因為這裡有街燈和廁所。其他時候，他把汽車停在遠方的銜接道路，躺在後座，手裡拿著拆胎鐵棒，才能安心睡覺。為了保護自己，為了逃離過去，安東不惜付出任何代價。

★★★

倘若創傷的本質是「過去永不消失」，昔日的事件不停影響我們現在的想法，減低童年逆境衝擊的一種方法，就是盡可能區隔過去與現在。有些人得以單純地下定決心，但這種思考方式非常艱難，特別是過去的事件影響力極大，或者事發地點就在當事人身旁。因此，許多人和安東一樣，選擇進行最終極的區隔：實際地離開，盡可能地讓過去與現在之間相距千里。

我們都還記得超凡孩童適應家庭環境的其中一種方法，就是遠離生活中的壞事。他

❶ 聖路易市位於密蘇里州，有一座相當知名的地標建築，象徵了「前往美國西部」的大門，為拱門型的行動藝術。

們可能會躲在房間，或者晚上繼續待在學校。有些孩子將時間花在朋友、嗜好或者打工。成年生活提供離開周圍壓力的嶄新契機，於是他們善用了相同的本能，逃出家庭或故鄉城鎮。聽起來雖然很像逃避，但他們的行為蘊藏了更多的意義。

正如我們所知，大腦內的杏仁核負責偵測環境裡的危險。發現威脅之後，海馬體與前額葉皮質就會評估杏仁核發出的警訊，海馬體協助我們用過去的人生經歷和脈絡思考眼前的事件，前額葉皮質則是審慎地評估眼前的事件是否真正地構成威脅。然而，如果大腦受到長期壓力，杏仁核可能會過於活躍，造成海馬體及前額葉皮質的負擔超載、受損甚至無法準確地評估判斷。一旦如此，響亮的噪音就會變成槍聲，每個人的憤怒表情必定是針對我們，電話鈴聲響起也肯定是債主討債，導致我們過度地將威脅視為常態生活的一環，才會造成「過去永不消失」。保守地看待危機合乎演化論的觀點——寧願安全，也不要遺憾，但許多人根本無法知道何謂真正的安全。

「密蘇里州就是限制我生命的界線。」安東曾說。他相信住在美國的其他地區才能找到安全的生活。他並不清楚自己正在協助大腦減輕觸發杏仁核活躍的壓力：家裡的電話鈴聲，拒收他們一家人支票的轉角商店，以及當初規畫第二次人生機會逃跑路線的書店。安東現在的生活充滿嶄新的光景與地點，讓他非常快樂。

藉由改變生活環境，安東協助大腦遺忘過去——或者，更準確地說，他幫助大腦不再記得。在適當的環境脈絡下，大腦的記憶力最好，因為感官能夠觸發記憶。如果我們希望記住某個事物，對於該事物的視覺、嗅覺、聽覺、味覺和觸覺越是熟悉，就越是能夠記住。所以我們長大以後拜訪祖父母的家，能夠想起更多的童年回憶，因為品嘗到祖母過去烘焙的點心，或者聞到祖父的香菸味道。這也是為什麼警察會將證人帶回犯罪現場的原因。

事實上，無數的研究結果也顯示，如果回到我們學習某件事物的地點，就能夠更順利地回想起當時接受的資訊。一九七〇年代，英國進行了一項經典實驗證明了這個論點。一群深海潛水員在兩個不同的環境裡，學習兩組不同的詞彙。第一個的學習地點在乾燥的陸地，第二個地點則是讓潛水員穿上裝備之後，進入水中學習。隨後，潛水員也在兩種環境裡接受詞彙測驗，他們較能記住在對應環境裡學習的詞彙。陸地上學習的詞彙，在陸地上更容易記住；在水中學習的詞彙，在水中更容易記住。

當然，地點不是記憶的唯一關鍵，改變地點或者遷徙也不是魔法橡皮擦。倘若如此，從戰場回家的士兵，只要坐在客廳，就能回復最基礎的生活適應能力以及原本的自我。無論身在何方，人類依然記得經常使用的資訊，例如故鄉的住址或九九乘法表。但環境脈絡確實很重要，只要周圍的線索與提示越少，我們就可以減少被過去糾結的感受，正如俗諺所說：「眼不見為淨。」

請容我提醒讀者記得腦神經學家約瑟夫．雷杜克斯曾說：「情緒的記憶可能是永久的。」情緒記憶是如此強烈，我們永遠無法真正地遺忘或「抹滅」，只能在腦海裡置入新的體驗與情緒記憶，藉此擠開舊的回憶。安東搬到美國西部生活的前幾個月，甚至前幾年，都在接納新的人事時地物。處在新舊之間，就像讓大腦接受一次良好的手術。我們必須適應新的壓力，尋找新的商店，記住新的面孔。大腦忙於接受新環境，根本沒有時間思考過去。

新的地點和新的經驗，讓我們不再思考，從腦中存取或重新體驗老舊地點與老舊經驗的記憶。為了在腦海裡擺脫某個事物，你必須記得新的事物。事實上，創傷壓力的相關研究也建議，想要斷絕不好的想法，參與心智活動非常有幫助，例如填寫字謎、打網球、烹飪或者著手進行某個計畫。過於消極或熟悉的行動只會讓我們的心智舊地重遊。「記憶這條路，就像隨時會被偷襲。」寶拉．麥可連曾說。安東再也不願意重拾回憶了。

★★★

重新啟動的真實精神當然不只是改變環境，絕大多數的超級英雄及超凡之子想要追求的是改變身分。重新啟動是一個機會，他們在新的環境裡，已經不是原本的那個自己，而是嶄新的人生。為了完成這個目標，許多超凡之子在新的環境醒來，試驗自己的新身分。他們反覆地「重新建構自我」，試圖成為某種人格，或者扮演另外一種模樣。有些人在充滿符號意義的行為中找到力量，例如改變生活風格或外表，藉此重新塑造人生，也可能會丟棄拖垮自己的物品或財產。其他人則是改名，名副其實地改變自己。

我們可以在許多意志堅定的人生故事裡看見主角改名，例如巴布．迪倫、比爾．白思豪、喬恩．史都華和巴拉克．歐巴馬，這個舉動不只是名人為了讓自己的綽號或藝名更容易被觀眾記得，而是象徵與過去決斷並且獲得重生。心理學家艾瑞克．艾瑞克森讓「認同危機」的概念變得普及，他相信人在青春期及成年初期時將開始尋找「自我」。艾瑞克森本人也將姓名從「艾瑞克．洪寶格」改為艾瑞克．艾瑞克森，新的名字代表「艾瑞克的自我之子」，象徵其自主獨立。瑪麗蓮．夢露談到自己為何改變本名諾瑪．珍．摩騰森時則說：「我想要重新出生，獲得更好的生活。」

普羅藝術的英雄安迪．沃荷也改過名字。他的本名是安德魯．沃荷拉，雙親是東歐移民，故鄉在匹茲堡的貧民區。沃荷從小就展露了畫圖的天賦，可能是遺傳自母親。他的母親富有藝術氣息，曾用廢棄的罐頭製作錫花。除此之外，她也非常善於利用資源，有時替全家人烹煮克難型的番茄湯——使用亨氏蕃茄醬、水、鹽巴和胡椒。據說，沃荷小時候最喜歡的食物就是坎貝爾牌的番茄湯。

童年時期的沃荷體弱多病，但非常堅定地努力學習。「他藉由藝術創作的天賦成功戰勝貧困背景的故事非常重要。」沃荷的一位友人說：「這定義了他的一生。」根據沃荷傳記作家維克托．柏克里斯的描述，沃荷的創作風格「持續不懈、充滿魄力、無比驚人」，他的藝術天賦贏得匹茲堡卡內基博物館藝術班的獎學金。沃荷在學校看見了富裕家庭的孩子。「他永遠不會遺忘眼前的景象。」沃荷的另外一位朋友說。繪畫創作之餘，沃荷也喜歡拼貼，他從漫畫和雜誌上剪下英雄和名人的圖片。他夢想著自己有一天可以逃到好萊塢或紐約，享受他在報紙雜誌裡讀到的人生。

二十一歲時，沃荷成功前往紐約。他在紐約重新改變自己。藝術的世界瑰麗深邃，讓沃荷覺得自己就像一個局外人——他曾說，自己彷彿來自其他星球——原因就是他的童年背景與說話腔調。為了融入紐約的藝術圈，他開始模仿眼前人物與有錢人的行為。他片段地向其他人透露自己的背景，只有一部份是真實的。「絕對不要只看安迪的表面。」藝術評論家約翰．理察森在沃荷的葬禮說。理察森的觀察非常精準地捕捉了藝術家如何在身分認同、名聲與商業主義三元交錯的世界中聲名鵲起。

安迪．沃荷曾說，在未來，每個人都有十五分鐘的成名時間，然而他自己卻化身為名聲長久的文化指標。他留下的偉大藝術作品包括近似網版印刷的其他名人畫像，從超人到夢露。他用作品表達人類的真實自我，至少有一部分是神祕的迷思，能夠複製且重新製造。除此之外，沃荷也留下了三十二幅坎貝爾番茄湯罐頭的圖畫，這個符號象徵了愛的撫慰，放在商店裡，供人購買。綜觀沃荷的一生及其作品，他相信個人身分永遠是人造的，而且得以重新創造，能夠從內心向外改變一個人的身分，也可以從外表內向改變。

★★★

「有時候，我真希望自己可以重新啟動。」《時光守護者》的其中一位主角薩兒說：「清理頭腦的想法，重新來過。」在美國西部忙碌經營新生活，並沒有清理安東頭腦的想法，只是填入了大量的新事物。著迷於新生活的「匿名性」與「可能性」，安東曾經四處遷徙，住在某個地方幾個星期之後，又搬到另一個地方住了好幾個月。他得到了新的力量而意氣風發，得以擺脫過去的一切，擁有成為他人的潛能。一切聽起來似乎沒這麼容易，然而，搬到一個新地點，進而遺忘過去——或者說，遺忘如何想起過去——其實比聽起來的更簡單。對安東而言，「遺忘」比他曾做過的所有事情都還要單純。安東的人生不曾活在當下，他的童年都在夢想遠方的生活，他現在也確實認為每一天都是重生。

安東定居在美國西北地區的海岸小鎮。一個星期裡有四天，他去外面工作，擔任技工，另外三天的時間，起床以後可以決定自己是誰，今天又想做什麼，這樣的感覺依然令他嘖嘖稱奇。他租賃的房間位於一間老舊的房子二樓，距離海岸只有兩條街的距離。房間和海岸之間有一塊廢棄的空地，他可以坐在搖搖晃晃的老舊長陽臺，抽著大麻，從雲霧中看海。在美國西部的第一個生日——也是嶄新人生的第一個生日，安東整天待在陽臺讀書。兩名新朋友開車到公寓門口，往樓上大喊：「快點下來！跟我們出去玩！」但他選擇待在家裡看書。他從來沒有如此美好的生日，不需要和任何人爭執，也不用擔心沒錢買東西，他享受自由，自由就是他的生日禮物。

安東穿過密西西比州，定居在美國西部地區。許多年之後，潔西．杜加十一歲前往公車站時遭到綁架。綁匪性侵她，將她囚禁在後院長達十八年——已經出版了兩本回憶錄，第二本的書名是《自由：紀念生命中的第一次》。杜加在書中回憶了第一次搭乘飛機、認識朋友、進入大賣場、學習開車，以及在路邊被警察攔下。這是一本感人熱淚的回憶錄，我們讀到作者以成年人的姿態第一次理解真實世界的感受。對杜加而言，平凡的生活是何其不凡。亞馬遜網路書店的一位讀者曾如此評論道：「這本書輕鬆好讀，甚至有些無趣。然而，倘若世界上真的有一個人可以理所當然地與朋友、小動物和家人享受無聊的人生，必定就是杜加。」

筆者的本意並非將安東的童年經驗和杜加相提並論，但也許杜加不會在意我認為其回憶錄的書名與副標題，完美捕捉了超凡之子經歷創傷之後，以各種方式逃離舊生活而重新開始的感受。他們終於擺脫桎梏，不再與別人牽扯，得以細細品味嶄新的人生經驗。和許多年輕人一樣，安東的生活充滿了許多第一次——第一份工作、第一隻寵物、第一間公寓、第一位女友。但是，他與其他同年紀的人不同，看似平凡無奇的第一次，也就是所謂平均且可預期的生命經驗，竟是他最深刻的回憶。

安東也可以寫一本回憶錄，記載自己如何驚奇地首次翻開報紙，不再害怕看見父親的名字，或者購物時不需要緊張焦慮。他以前肯定去過大賣場，但現在再也不用擔心購物時店家拒收他的信用卡。當警察例行性地在道路上請他靠邊停車，就像杜加一樣，他也開始害怕自己是否觸犯了法律，因為安東偶爾仍然會害怕自己因為偷竊而遭到逮捕。警察說沒問題，請安東繼續開車上路時，他的心中同時湧起輕鬆與不安兩種感受。

★★★

安東的初戀是一位年輕的女士，她在餐廳當服務生，也正處於重新啟動自我的過程。

他們在安東租賃的公寓同居了幾年，竭盡所能地享受居家生活。安東從來沒有性經驗，這段感情關係讓一切的感受變得如此嶄新不同，包括他和女友用來做愛、睡覺的簡陋地板床墊，以及收納衣物的洗衣籃。他們的生活雖然儉樸無華，但債主再也沒有打電話來，也不會有老鼠從天花板掉落在安東腳邊。

安東並不擅長烹飪，他的女友也是如此，但他們仍然每個星期前往雜貨店，因為他們認為這就是一般民眾的生活。沃荷小時候非常喜歡番茄湯給予的撫慰，安東和女友沒有任何兒時喜愛的食物，他們買了自己會煮的食材，並且模仿店裡其他看起來有經驗的客人所購買的商品。排隊結帳時，他們不相信自己居然如此幸運地擁有彼此，而他們的喜悅必然顯露在臉上了。因為，在某一個星期天，兩人在商店裡，安東一個人推著手推車，女友在旁，腳步輕盈地猶如跳舞，一位中年店員面帶微笑地從背後對兩人大喊：「孩子們！祝你們好運！」

這簡直就是一次美好的預兆。

安東的女友也是美好的預兆，至少是他生命裡的好人。她眼裡的安東並不是一位技工或罪犯的兒子，她看見了安東從來沒有在自己身上看見的事物。他讀書的方式很迷人，於是她鼓勵他努力成為學校老師。「我們一起念書。」她說，在某一段時間裡，他們確實如此。安東白天在修車廠工作，晚上和女友一同進修。但是，女友會因而失去晚上在餐廳工作時得到的優渥小費。很快的，安東只能獨自進修，不久以後，女友與餐廳的經理交往，搬離了安東的公寓。他為此心碎，流下了前所未有的眼淚。他的一生已經失去很多，但這是第一次失去真正的好人。

安東完成了教師學位，領取證書，往南遷徙至加州，第二次重新開始。許多年後，他坐在桌子，面對窗外的景色，使用筆記型電腦。電話鈴聲響起。這是一個毫無特色的星期天，倘若安東並未接起電話，肯定不會留下任何記憶。電話那頭的聲音非常粗魯憤怒。對方是債主。安東的父親拖欠了一筆借款，而且當初是以安東的名義及社會安全碼貸款。只不過在幾秒鐘之前，安東內心毫無困擾與猜忌，就像處在安全狀態的一般人。一瞬間，他心跳加速，彷彿回到了童年。

安東以為自己離開了密西西比，事實證明，密西西比依然盤旋在他身邊。

第十三章

氪星石

一小塊來自過去的石頭，
就能摧毀他現在的生活

我已經下定決心逃離，我想成為一個人，而不是別人眼中的施捨或問題。我知道自己長得好看，我一定能成功越過難關。

——妮拉．拉森❶，《跨越》

一九八九年，劇作家大衛．馬密❷提出了一個相當驚人的論點：超人虛有其表。「他並非無堅不摧。」馬梅如此評論身為「鋼鐵英雄」的超人：「超人是最脆弱的存有，因為他的童年被摧毀了。」

無論一個人是不是漫畫讀者，都非常有可能知道超人的起源故事。就在故鄉氪星爆炸之前，他被送上前往地球的太空梭。身為孤兒與異形，他雖然具備超凡能力，但也有不能改變的致命傷：一顆名為「氪星石」的小石頭，據信應是氪星隕石的掉落物，能夠破壞超人的能力。「什麼是氪星石？」馬密繼續探討這個問題：「氪星石是超人故鄉的殘留物，一座已經被摧毀的故鄉，而氪星石帶來的恐懼將統治超人的一生。」因此，馬密的結論認為：「超人毫無希望，只能持續躲藏，並且祈禱敵人不要發現他的真實身分。沒有任何方法可以拯救他。」馬密相信，超人的生命注定活在「毫無親密的奉承」之中。

在〈氪星人〉這篇文章裡，馬密描述了超人心中的孤獨恐懼，然而超凡之子的內心也懷抱著這樣的憂愁。他們的成功仰賴於逃離毫無招架之力的童年——從情緒或實際地離開早期逆境，但超凡之子通常活在再度面對過去的恐懼之中。他們的氪星石有許多種形式，例如電話、提醒他們記得創傷的各種物品、偶然的相遇、家庭節日，或者其他能夠入侵心靈的事物。當然，大多數的成年人或多或少地無法重返故鄉，因為他們不喜歡被當成小孩看待，或者想起過往無助的童年生活。但是，對於超凡之子而言，面對過去，最好的結果或許是重新感受痛楚，而最糟糕的結果則是毀滅一切。

★★★

就凱文所知，他是法學院裡唯一一位能夠順利通過侵權法考試，但不認識地球各大洲的學生。因為在大學之前，他從未上學。曾經有一段時間，凱文習慣告訴別人，自己小

❶妮拉·拉森是美國小說家，知名作品是《跨越》和《流沙》。她的日常工作是護士和圖書館館員，雖然作品較少，仍然受到同時代藝文界的推崇。

❷大衛·馬密是美國編劇，曾獲普立茲獎和東尼獎兩大殊榮肯定，其知名作品包括二〇〇一年上映的《人魔》（擔任編劇）。

時候在家自學，但真相並非如此。凱文說：「這種說法可以暗示我接受過某些教育。」

凱文的父親是控制狂，猜忌大眾文化會毀滅自己的孩子。他在社區大學任教，每天目睹大眾文化對青年的荼毒。為了這種似是而非的理由，凱文與姊妹都不能上學。他們住在加州中部的一間房子裡，過著孤獨的鄉村生活，門被上鎖並且加裝鈴鐺，父親就能輕鬆地監視孩子。父親出門工作之後，孩子只能面對母親，而美語是她的第三語言。沒有任何一個孩子知道母親如何看待父親的統治規定，因為她沉默寡言，從不透露思緒。

無數成年人經歷了難以言喻的童年逆境，凱文就是其中之一。更準確地說，不是「無數」，而是無法計算。將小孩孤立在家中是一種情緒虐待，不讓小孩上學則是另一種疏於照顧，但沒有人具體地知道為什麼家長會如此箝制小孩，也不清楚凱文的父親究竟有什麼問題。因此，沒有任何分類或統計資料得以協助凱文理解自己的童年經歷。隨著時間經過，凱文在書籍裡讀到了很多，在商店裡購物時也看見了足夠的資訊，他知道自己的家庭與其他人的不同。他明白自己的人生，用他的簡單描述來說：「不正常。」

凱文最想要的是像其他孩子一樣可以上學。每年八月，他總是懇求父親。「你不能突然開始上學。」父親每年例行性地拒絕：「你沒有任何身分文件，你並不存在。」凱文識字，到了青少年時期，已經開始替父親評改學生的報告論文。他非常熟悉特定的主題，例如美國政府與美國歷史，但對其他事情毫無觀念，包括地理和代數。

凱文長大之後，為了監視他，父親開始帶著他去工作。與父親一起行走在吵鬧的社區大學走廊，凱文看見學生大聲走動並且不經意地散發一種強而有力且無憂無慮的氛圍。看著他們，凱文覺得自己就像異鄉人，他內心渴望逃離。他開始想像，在某一個時間，他能夠與其他學生站在一起，而這就是他的父親最害怕的景象。社區大學懸掛了一張旗幟，寫著「第一堂課免費」，凱文說服父親讓他上課。也許是因為免費，或者父親就在這間社區大學工作，不需要身分文件也不會被詢問凱文過往的教育紀錄，他終於可以鑽入教育系統的漏洞開始上學，並且小心翼翼地躲過父親的監視，開始參加更多課程。父親不知道，凱文已經開始搜尋四年大學教育以及逃離掌握的方法了。

加州的公立教育機構非常優秀，凱文下定決心想要接受學校教育。然而，父親曾說他不存在，因此他渴望在眾人皆知的學校裡取得學位。他想要進入名門學府。他希望得到一個名分。在這個時候，他已經十八歲了，但未滿二十四歲，如果他想要申請學費補助，除非已經結婚或者曾經參加軍隊，必須找到某個人願意替擔保他的財務狀況。凱文敲敲社區大學其中一位教授的辦公室門。藏匿了多年祕密之後，他已經準備坦承一切。

「我可以關門嗎？」他在教授的辦公室門口問。他的聲音與雙手顫慄，為了即將發生的一切而全身發抖。坐在辦公室裡，凱文開始透露父親對於大眾文化的詭異反對，以及自己非常絕望地需要某個人替他擔保。教授欣然同意伸出援手，於是凱文並未坦承自己除了幼稚園之外，沒有實際的學校教育經驗。隱瞞過去是聰明的舉動，否則他也許無法順利前進四年大學教育。

★★★

凱文離家就讀加州最名聲顯赫的大學之一，這是他的夢想之地。抵達學校之後，他活在一個假想的身分裡，我的意思是說，他的同學預先設想了凱文的身分，而他也接受了這個身分。凱文與其他學生共同租賃了一棟房子，住在其中一個房間，他收納了本來就不多的私人物品，在房間牆壁上貼上海報，彷彿一種虛偽的廣告，企圖讓人相信他一直都擁有正常的人生。為了讓其他人看見他從事正常的行為，凱文刻意地坐在宿舍的地板，漫不經心翻閱一本雜誌，其他室友則來來去去。他看起來非常沉著放鬆，沒有人可以猜到，除了家中的手足之外，凱文其實不曾交過任何朋友。

凱文在學校實現了夢想。他加入川流不息的學生人潮，在校園裡四處遊走，也參與其他的男女學生團體，創辦讀書會和服務社團。他並沒有為了自己的過去而說謊，只是隱瞞了父親和學歷。沒有人知道凱文不曾參加學術能力測驗考試、搭乘校車，或者學習九九乘法表，更不可能有人猜得到，由於凱文的背叛，父親叫他永遠不要回家。

「其他人如果聊到電視節目或生日派對，我也已經學會如何閃躲或轉移話題了。我還是小孩時，從來沒有那些經驗，但許多事情不曾成為話題。假如他們相信你也有同樣的生活經驗，就會理所當然地相信你的人生和他們一樣。」凱文誠實地聳聳肩膀說：「每個人都相信我很正常。」

★ ★ ★

凱文的行為稱為「跨越」。他正在允許自己被誤認為另一個人，或者是某個生活經歷與他略有不同的人。「跨越」的意義來自於一八〇〇年代晚期至一九〇〇年代早期，代表跨越種族藩籬，普遍是指膚色較淺的黑人進入白人社群。雖然跨越天天發生，但應當祕而不宣，因此經常成為電影或小說的題材。詹姆斯．威爾登．強森的《一位前有色人種的傳記》以及妮拉．拉森的《跨越》都在講述相似的故事：族群認同混淆的黑人前往大都市，想要跨越藩籬。他們結交白人朋友，與白人配偶結婚，祈禱生下白人孩子，減輕自己與生俱來的族群特徵。強森與拉森筆下的主角浸淫在白人文化裡，遠離黑人社群以及自己成長時的習俗，最後再也沒有回頭路了。確實，歷史學家愛莉森．霍布斯曾說種族跨越是一種「自我選擇的流放」，因為一個人通常是自願離開家庭、朋友與故鄉，最後再也無法回到故鄉。

一九六〇年代，社會學家厄文．高夫曼擴展了「跨越」一詞的意涵，定義為「控制任何一種可能帶來危險的身分，通常是為了避免被他人發現自己的異於常人。」罹患慢性疾病者可能會跨越，假裝自己身體健康，藉此避免在職場上受到特殊或有限制的對待。罪犯跨越進入無前科者的社群，希望能夠在新的地點重新開始生活。罹患心理疾病者融入心智健康者，試圖迴避歧視。同性戀男女想要跨越至異性戀社群，保護自己不受偏見與暴力行為。

高夫曼也發現，擁有危險身分的人通常別無選擇。他們只能揭露自己的狀態，面對隨之引起的公共結果及社會問題，或者隱藏祕密，小心翼翼地保護自己的真實身分與個人資訊。「被他人視為正常，可以贏得許多獎勵。」高夫曼寫道：「幾乎所有人都會在某些立場裡選擇跨越。」

高夫曼提筆探討人如何妥善地處理異乎尋常且危險的身分時，猶太人大屠殺的生存者也在同一時間掙扎地面對自己異乎尋常且危險的經驗。現代人或許難以想像，但在二戰剛結束的數十年間，並不是所有人都明白納粹種族屠殺事件的恐怖，甚至還沒有「猶太大屠殺」這個名詞。因此，希特勒戰敗之後才抵達美國的難民與倖存者——總人數大約十五萬人，年紀介於十五歲至三十五歲之間——並不曉得如何討論當時承受的痛楚，更不知道誰才能理解。為了擺脫痛楚的記憶，也不要引發旁人的不安，猶太人和倖存者大多選擇「跨越」偽裝。「他們只知道我從法國前來美國。」一位女性倖存者就連面對即將結婚的男士，也鮮少談到二戰。

另外一位年輕的女士在奧斯威辛集中營時，被強迫在手臂上留下一連串的數字刺青。她告訴其他人，那是自己的電話號碼。「沒有人會刻意談起。」這是他們之間的默契，因為大屠殺的經驗太可怕、太悲傷也太複雜了，就算想要替自己人生說話，也會被「鼓勵」保持沉默。倖存者羅絲．克呂格在回憶錄《依然活著》裡記載了自己如何在大屠殺時期成長，一位阿姨曾經要她抹滅眼前發生的一切，「就像從黑板上擦掉」。痛楚當然並非如此單純，然而，正如伊娃．霍夫曼所言，為了許多原因，用了各種方法，「倖存者保持沉默，偽裝成常人。」

偽裝正常也是凱文等超凡之子的行為。酗酒者的兒女在鄰近地方玩耍，假裝母親或父親毫無問題。手足罹患精神疾患的兄弟姊妹照常上課，假裝家裡一切都好。被虐待的孩子經常更換衣服，不要讓其他人看見自己身上的瘀青，被忽視照顧的孩子亦想盡辦法，不要被人發現自己穿著骯髒的貼身衣物。活在貧困家庭的青少年以及沒有錢吃中餐的學生，坐在學校餐廳，假裝自己不餓。超凡之子使用各種方法，並未引起任何猜疑，但難度比我們想像的更簡單。凱文發現，幸運的人有一個共同特徵：他們相信周圍的朋友都與自己相似。

正如惡名昭彰的「不要問、不要說」法則，公開阻止了美國同志男女參與軍隊服役，並且讓他們選擇「跨越」一途，精神分析學家金柏琳・里瑞相信，任何一種形式的跨越都「需要跨越者不願提起真相，除此之外，聽眾也無能提問。」一般來說，聽眾總是無能提問。主要的原因是，許多人根本無法想像「異於常人」和「危機四伏」竟是如此常見，並且就在他們身邊。因此，在美國黑人解放運動結束之後，許多膚色較淡的黑人可以住在白人社群當中，歷史學家霍布斯相信，就是因為「沒有任何人會質問他們是否是黑人，這個問題超乎了他們的想像力。」

同樣的道理，凱文漫步在課堂之間，甚至受到院長青睞，得以進入知名學府的法學院就讀，因為認識他的人，無法想像他的成長背景如此詭異。當然，凱文絕對不會被質問是否曾經就讀小學三年級，或者學習地球五大洲的基礎知識，這些問題就像凱文的成長背景一樣詭異。凱文在學校裡很安全，不會被直接逼問，況且他也早有準備，知道如何應對。他最害怕的是無法預期的恐懼。每一天，他都擔憂氪星隕石掉落，一小塊來自過去的石頭，就能摧毀他現在的生活。某個人正在藉由某種方法，即將找到他的所在地。

★
★
★

《紐約時報》的專欄作家大衛·卡爾在回憶錄《槍的夜晚》提到自己如何戰勝毒癮並且重拾健康。他以這句話作為故事的結尾：「我現在擁有自己根本不配得到的新生活，但所有人活在世上都覺得自己只是一個騙子。祕訣在於心懷感激，並且希望這場鬧劇不要太快結束。」這正是凱文的想法。也許沒有任何學生像凱文一樣心懷感激，能夠坐在大講堂聽課，穿上法學院的衣服，就像識別度極高的身分證，證明他屬於這裡。平日的服裝根本無法表現凱文的日常生活非常緊繃。

由於凱文正在「跨越」，如同拉森的同名小說《跨越》所描述的，他的生活潛藏著「沒有祕密的人所無法知曉或想像的危險，因為他們無須擔憂或警戒。」跨越生命藩籬的超凡之子相信，雖然眼前已經看不到過去，但過去仍然在他們的心裡。事實上，保守祕密需要付出大量的心力。他們無時無刻地壓抑內心的自然想法與感受，或者修改說詞，迎合他人的喜好。他們必須持之以恆地想像並且表達令人愉悅的故事，必須謹慎地避免討論過去，或者迴避話題。令人不適的主題必須避開，或者巧妙地移轉話題。如果超凡之子與一般人之間缺乏共同特質，他們也要偽裝，讓一般人接受足夠的訊息。他們慎重地檢查自己的言行舉止，不能出現任何矛盾。凱文用新的警覺取代了原有的警覺，從「尋找如何離開過去的方法」，變成「尋找如何不被發覺過去的方法」。他的過去與同學不同，他的現在也不同。

高夫曼在《汙名》裡寫道，任何跨越者「必須意識到社會環境是一種充滿無限可能的掃描，適應良好的人居住在更單純的世界，但跨越者很有可能變得疏離。」他們必須熟練地處理人際關係，因為超凡之子不但謹慎地評估細微的結果，也要權衡後續的決策，誠如高夫曼所說的：「是否展現自我？是否說出真相？是否假裝？是否說謊？以及對象、方式、時間和地點。」這種生活方式聽起來非常耗弱心神，事實上也是如此。保守祕密造成精神和身體的沉重負擔，也會引發慢性壓力。雖然凱文擔心過去會摧毀自己，事實可能並非如此——畢竟，生命鮮少是黑白分明，總是充滿灰色地帶——但他的過去就像氪星石，倘若距離凱文很近，就會消滅他的力量[3]。

沒有任何同學知道凱文的祕密。為了打電話給母親和姊妹，凱文等到室友全部外出，就不會有人發現凱文的父親中斷他們通話，或者看見凱文生氣或哭泣。他反覆地檢查銀行戶頭和學期成績，害怕自己沒錢，或者課業表現不夠好。他不停地前往學生財務補助辦公室，持續地貸款以及申請獎學金。然而，只有仰賴貸款和獎學金的學生才會明白，額度永遠不夠。凱文在校園裡躲避來自故鄉的同學，內心卻非常自責，因為他憎恨他們以及他們純真卻危險的問題，例如：「你高中讀哪一間？」每逢假日，同學回家陪伴家人，凱文假裝自己也要回家，卻開車到沙漠裡，小心翼翼地搭起帳篷，害怕深夜在廣大夜空裡嚎叫的土狼侵襲。「日常生活要注意太多細節。」凱文回憶道：「我只是想要休息一下，不需要繼續做自己。」

跨越的超凡之子隱藏祕密，他們的生活建立在讓其他人忽視細節而創造的謊言之上。他們過著雙重，甚至三重的生活，過去的身分與現在的身分，故鄉與現在的生活地點，在職場的模樣與在家的模樣，和家人相處的方式與和朋友相處的方式，對外人的說詞與內心的真實感受，全都產生了斷裂。許多超凡之子面對各種斷裂不一，不再覺得生命裡的任何事物是真的。「難道都是我編造的嗎？」他們開始懷疑自己的成功以及當初的逆境問題，甚至覺得自己說謊、冒充、作弊與偽裝，企圖跨越融入普通且善良的人們，因為他們擁有普通且善良的生活。

跨越可能讓我們逃離不好的感受與經驗，卻在內心引發一種卑怯的質疑，認為自己

❸ 在超人的漫畫及電影作品中，只要超人靠近氪星石，就會失去他的力量。

的行為無比惡劣。精神分析學家榮格相信「所有個人祕密都會引發罪惡感」。事實上，人類也傾向於將祕密詮釋為一種必須譴責的事物。一項經驗研究探討我們如何思考自己的祕密，受試者參加一項測驗之後，無法得到準確的成績，只有模糊曖昧的資訊。其中一些受試者被要求隱藏資訊，進而認為自己的表現較差，甚至對產生不好的自我觀感，而另外一些受試者則被要求主動將資訊告知他人，其自我觀感較好。換言之，倘若我們不知道如何理解生命中的某個事物，刻意保持祕密的行為，就像是在暗示這個事物不好，而我們本身也一樣不好。

畢業之後，凱文準備申請律師資格，卻不知道自己應該坦承多少資訊。他沒有犯罪紀錄，也沒有任何尚未治癒完成的心理疾患，或者物質濫用問題，但他過去的教育紀錄、捏造的個人資訊以及刻意誤導都有問題。按照凱文的評估，他幾乎每分鐘都在刻意誤導他人。

★★★

法律學位看起來或許只是一張輕薄的羊皮紙，但是，對凱文來說，它是一件巨大的盔甲、閃亮的盾牌，能夠抵擋任何探索他過去的問題，保護他在往後的幾年之間奔馳在人生的道路，轉換居住的城市，最終得到一份令人稱羨的檢察官職位。凱文也發現，人們的問題僅限於他取得學位之後的發展。

凱文贏得了一場追求「真實生活」的戰役，至少在紙上如此。他的履歷表驚人無比，他假扮的身分也同樣如此。更重要的是，人們對於凱文的過去保持極為正面的態度。他們理所當然地相信，凱文天資聰穎且努力過人，當然是事實，但他們也假定凱文過往的生活風采迷人，就不是真相了。這是凱文的新困境：雖然他努力地想要成為正常人，卻被錯誤地當成**資源豐富的權貴子弟**。凱文如此努力地奮戰，才能走到今天的位置，詭異的是，他卻覺得自己疏離。「這種感覺就像，幸運且成功的人待在一個盒子裡面，不幸且不成功的人待在另外一個盒子，但我沒有任何一個盒子，我到哪裡都格格不入。」

這種困境證明了凱文就讀法學院時的一段往事。他曾向一位朋友透露自己的背景，朋友只能笨拙地表達驚訝。「哇，我完全無法猜到你的過去。」他的語氣聽起來就像自己早該發現了。隨後，他開始尋找理所當然的解釋。「你的父親是虔誠的宗教人士嗎？」「不是。」他也想要探索凱文是否承受了顯而易見的逆境。「你被父親性侵了嗎？」「沒有。」他甚至想要準確地詮釋凱文為何成功。「你是不是找到了某個啟蒙導師或某個事物指引了你？」「不是。」凱文不想成為一道謎題或者稀有動物，更疲於協助其他人理解為什麼像他這樣的人可以成功，他再也沒有向任何人提到自己過往的人生。

凱文走了很長一段路，卻永遠離不開生命的起點。無論他改變了多少現狀，也不能扭轉過去。正因如此，泰半時間他都覺得自己是局外人，雖然聽起來就像凱文內心潛藏一生的不安全感，但超凡之子豈會不明白這個道理。他跨越至正常的人群之中，早就知道當他們看見其他人的生命不屬於「平均且可預期」時，會做出何種惡毒的評論。他聽見同事如何批評罪犯，他們經常提到罪犯的家庭「非常可悲」，而他們的工作必須天天與罪犯相處。這個真相是跨越者必須承受最大的痛苦與疏離。「他不必親自承受偏見。」高夫曼在《汙名》裡寫道：「而是他必須不知不覺地得到其他人的接納，但他們歧視他的真實身分可能透露的模樣。」或者，凱文提出了另一個更容易理解的詮釋：「他們當面汙辱你，只是他們不知道。」

★★★

「我是孤獨的隱士。」精神分析學家榮格曾說：「因為我洞悉事物，而且我必須指出人們不知道的一切，一般來說，他們甚至不想知道。」榮格藉此進一步地闡釋了跨越者最沉重的負擔：孤立。毫無疑問地，遠離艱困或危險的過去得以創造許多好處，最重要的是嶄新的人生。凱文實現了夢想，融入與自己年齡相仿、正在實現所謂「正常生活」的人們。他想盡辦法跨越，而且效果卓越。然而，想要真正地理解跨越，不光只是明白其耗盡心神的程度以及被人拆穿的恐懼，而是其孤獨。「無法靠近任何一個靈魂。」拉森說：「也無法和任何人交談。」

有時候，凱文覺得自己是世界上最孤獨的人。理智上，他知道自己聽起來非常自艾自憐且自溺，也不可能是事實，但依舊無法改變如此感受。經歷漫長的時間之後，他仍然有一種詭異的感覺，認為自己從來沒有任何朋友。當然，他確實結交了朋友，還有男朋友與同事。「但他們不知道我的祕密。」凱文說：「他們其實不了解我，只是他們不知道。」祕密隔絕他與其他人，無論他與誰相處，都覺得被陌生人包圍了。其他人看著凱文時，他們看見一位才華洋溢、和藹可親、謹慎細心的專業人士，但就像馬梅對超人的形容，凱文覺得自己注定活在「毫無親密的奉承」之中。

每一天結束之後，凱文回到公寓，關上自己與世界之間的大門。諷刺的是，他在家裡並不如自己想像的孤獨。查爾斯．布洛在回憶錄曾經提到一間廢棄的房子。他遭受性侵之後經常到那裡玩耍，並且稱呼房子是他的「孤獨堡壘……就像超人的藏身處……在那裡，我不再抗拒，反而欣然接納孤獨。孤獨是我最真實且親密的朋友，它將保護我的一生。」前美國總統歐巴馬也說，「獨處是我所知道最安全的地方。」

凱文保守祕密與距離讓自己安全，避免失去朋友和工作，但孤單和孤立也會讓我們陷入危險。一項研究長期追蹤超過一千名的孩童，時間從出生至成年初期，調查結果發現，早期的社會孤立與二十歲時的健康問題有關。除此之外，孤立也可能造成任何年齡的慢性與累積壓力，導致血壓提高、增加壓力賀爾蒙、憂鬱、產生自殺念頭，並且對免疫系統產生不良影響。受試者總計多達數萬人的數十份研究一致認為，孤立是造成健康問題甚至死亡的主要危險因素。相較於許多廣為人知的風險因素，例如缺乏運動或肥胖，長期孤立對人類生活造成更多傷害，其有害程度甚至與吸菸相同。「最可怕的疾病之一，」德雷莎修女曾說：「就是沒有人在乎你。」

然而，正如凱文所描述，對抗孤獨不只是與其他人一起生活，或者單純地群聚。孤獨是「因為他人而感受的社會孤立」，或者「似乎無法與他人建立關係」。許多超凡之子即使與朋友或家人相處，依然認為自己與他人沒有聯繫——或者說，與朋友或家人相處，更容易產生這種感受。倘若家庭成員不曾提供愛與保護，與他們同桌，反而讓超凡之子覺得孤立無比。他們被朋友包圍時最孤單，因為想起根本沒有人知道他的真面目，他只能仰賴自己。

「幾乎在每一個成長階段，我都覺得孤獨。」歐普拉論及早年生活時曾說：「我不寂寞，因為身旁總是有人，但我很清楚靈魂的生存只能仰賴自己。我必須照顧自己。」經歷了童年與青少年時期的性侵與性亂交，她藉由保守祕密與跨越照顧自己。她曾在未成年時期懷孕，最後在醫院產下一子，孩子卻不幸死亡。回憶此事，歐普拉說：「我回到學校之後，並未告訴任何人。我害怕如果他們得知真相，就會驅逐我。所以我只能保守祕密，但依然害怕他們發現之後，也會將我驅出他們的生活。」

★★★

凱文的祕密與歐普拉不同，但也一度擔憂這個祕密會導致自己被學校和其他人放逐。到了現在，他擁有兩個學位——不但是貨真價實的成就，也是他的身分，沒有人可以恣意奪走，他覺得自己能夠放手一搏。他想要讓別人知道自己的過去。「先從朋友開始，大多數都是同志。」他說：「說出自己的過去之前，我很早就公開同志身分了。坦承性向似乎更簡單，因為別人可以理解。我的意思並不是說身為同志很輕鬆，但這就是重點。我們能夠聯想『身為局外人』與『害怕』之間的關係。我觀察他們如何回應我的出櫃，決定我應該如何讓其中一些人知道我的其他祕密，我的父親究竟是什麼樣的人，以及我其實從來沒有接受學校教育。事實上，原來許多人也承受了巨大的家庭問題。當然，我不知道為什麼當初會認為只有我是如此。我猜，可能是因為我以為其他人的故事與我不同，或許這是事實。但是，到了現在，我在公共場合四處觀察，例如餐廳或其他地點，我開始想像許多人也懷抱著祕密。隱藏祕密的人一定非常多。」

沒錯，許多人可以理解凱文，只是他還沒有察覺，因為他們也跨越融入了一般人之中。

第十四章

祕密團體

沉默代表無聲，但也可以是自由的一種表達方式就像竊賊的內心渴望被逮捕，我們在被破壞的門鎖上留了指紋，在被竊聽的房間裡發出聲音，在尚未凝固的水泥上留下腳印。

——羅斯．麥唐諾

瑞秋佩戴了蝙蝠俠的戒指，洋溢著藝術與嬉皮氣質。她的裝扮風格經常令人驚訝，不和諧的服飾搭配，加上無名指還有另一個閃閃發亮的小巧訂婚戒指，掩蓋了小指上的蝙蝠俠戒指。她前來心理諮商，因為她無法相信未婚夫的愛。瑞秋認為他其實想與其他人在一起——或者說，他與其他人在一起會更快樂。拐彎抹角地討論未婚夫之後，她開始聊起蝙蝠俠戒指。「蝙蝠俠是我最喜歡的超級英雄。」她解釋道：「大概因為他是偵探。他擁有法醫鑑定工具，解開謎題，找出壞人之後通知警察，沒有人會死。所以我非常喜歡他。因為我不想傷害任何人。我只想要真相與正義。這是我記憶中最首要的人生守則。」

許多年前，瑞秋躲在父母的客廳沙發下偷偷看電視。沙發底下的空間很大，瑞秋的身材也非常嬌小，她可以趴著，臉頰貼著張開的手臂。當時是晚上，瑞秋悄悄地爬下樓梯，進入客廳，父母親面對面地坐在客廳搖椅上，一邊喝酒，一邊看電視到深夜。瑞秋經常如此躺在沙發底下偷看電視，並沒有被發現。電視上的節目大多過於成熟，她完全無法理解，但也有許多場景非常令人困擾，深植在瑞秋的腦海中，例如《週六夜現場》的亞伯拉罕政治嘲諷短劇以及「高潮」這個名詞，電影裡螞蟻大軍吃掉活人的可怕場面讓她長滿雞皮疙瘩。她也認出電視上的某個童星長大之後開始露出赤裸的胸部。這就是瑞秋的童年。她是八個孩子裡最年幼的，卻經常觀看自己還沒有能力理解的事物。

在偷偷摸摸地觀看的電視節目之中，一個片段在瑞秋內心留下最深刻的印象。那是偵探影集《神探可倫坡》❶的其中一集，瑞秋雖然不甚理解，依然認為這一集的內容相當聰明且撫慰人心。在該集內容中，一位男子遭到謀殺。他被關在猶如衣櫃一般大小、可供人走入的保險箱裡。他知道自己會失去空氣而死，於是準備了一張紙條指證凶手，但他無法確信誰會找到他的屍體與紙條，就將小紙條藏入天花板的燈管裝置裡。保險箱裡還有許多黑色金屬儲藏箱，他用指甲在儲藏箱上刮出一個向上指著天花板的箭頭，最後打亂箱子，隱藏了箭頭。

瑞秋從來沒有忘記被關在保險箱的男人。事實上，她認為該集的《神探可倫坡》不但藏了一個神祕的謎題，就連影集本身都充滿神祕色彩。瑞秋躲在童年家鄉的沙發底下已

❶《神探可倫坡》是著名的美國電視影集，從一九六八年二月開播，至二〇〇三年一月才正式完結。男主角可倫坡是洛杉磯重案組的刑警，以敏銳的推理能力偵破各種案件，其名言是「世上沒有完美的犯罪」。

經過了二十年，Google的出現，讓探索事物的真相變得更為容易。她終於能夠重新觀賞經常浮現在記憶中的影集了。該集的副標題是「有本事就來抓我」，可倫坡當然順利地抓到凶手。一開始，他注意到受害者的指甲裡藏著黑色油漆，接著察覺保險箱裡的金屬盒子出現了隨機刮痕。可倫坡的本性迷糊多疑，不願輕易忽視眼前的詭異狀況。他最後重新組合金屬箱子，發現了箭頭與紙條，成功找出凶手。

菲莉絲．桃樂絲．詹姆斯❷曾說：「偵探小說的主題並非找出凶手，而是恢復秩序。」恢復秩序似乎就是瑞秋的心願。「長大以後，我觀賞《神探可倫坡》的影集，終於明白這才是我多年來的感受。」她回憶道：「如果我被殺了，或者壞事發生在我身上，但我不知道誰是凶手，根本沒有辦法告訴任何人。所以，我一直覺得自己身上要有一些線索，就像指甲裡的黑色油漆，希望某個人發現，並且查明真相。但大多數的人根本不曾察覺線索。就算他們知道了，我也永遠不會明白他們希望揭開真相，或者隱瞞一切。」

瑞秋的線索究竟是什麼？她的指甲裡藏著什麼樣的黑色油漆？她成年之後的其中一個線索就是蝙蝠俠的戒指。瑞秋說，小時候的線索則是躡手躡腳地走下樓梯，藏身在客廳的家具底下睡覺。青少年時期，可能是開始喜歡穿著黑色衣物，與學校裡的邊緣分子為伍，或者是她在日記本裡書寫悲傷的詩，本子的封面原本是黃色加上紅色小花，但她用馬克筆塗成黑色。這本日記的名字就是「漆黑」。

回首過去，瑞秋希望能夠遇到可倫坡這樣的好偵探，他或許可以察覺線索，甚至因為瑞秋的行為而感到憂心忡忡，就像他發現被關在保險箱的男人用盡生命的最後幾分鐘，在金屬儲藏箱上刮出箭頭，他必須理解瑞秋究竟想要藉由各種行為表達什麼，否則他不得安寧。當我詢問瑞秋，如果她寫了一張紙條給可倫坡，內容會是什麼，她猶豫了。稍後，她才願意說紙條會寫著：「爸爸媽媽出門之後，哥哥逼我玩『裸體遊戲』。」

★★★

手足之間的性侵犯是最常見的家庭性侵，也最容易受到忽略。最普遍的手足性侵發生在哥哥與妹妹之間，正如瑞秋的情況，但任何年齡與性別的組合都是有可能的，姊姊性侵妹妹、哥哥性侵弟弟、或者姊姊性侵弟弟。有時候，加害者與被害者之間可能會有顯著的年齡與權力差距，但也有可能年紀相仿。犯下性侵行為的青少年裡，半數是侵犯自己的手足。

❷菲莉絲・詹姆斯是英國犯罪小說作家，於一九九一年受封為終身貴族。

正常的性探索或者「與性相關的孩童遊戲」——例如，用一個簡單的例子：「你讓我看你的裸體，我就讓你看我的。」——很容易與手足性侵相互混淆，但手足性侵的定義是兩名手足進行超乎年齡好奇心的性行為，而且並非短暫的行為。相較於成人性侵孩童，手足性侵比較不會被視為不可討論的禁忌，但造成的傷害並未因此減少。事實上，因為手足可以避開家長的監督而探索彼此的身體，手足性侵更容易引發直接的肢體接觸以及插入身體的行為，發生頻率更高，持續時間也更久，甚至比成人性侵孩童嚴重。以瑞秋的情況而言，哥哥的性侵行為持續了多年，直到他長大離家為止。

手足性侵的形式越激烈，發生的頻率越高，造成持續負面影響的機率也會大幅提昇，但肢體侵犯絕對不是造成生命衝擊的唯一因素。不自願地得到兄弟姊妹的性關注，無論其形式是進一步的身體接觸、凝視或者被迫觀看成人色情影片，對於發育孩童造成的傷害，就像直接性交一樣嚴重。然而，最重要的是被害者的思考或詮釋。一項研究計畫分析了孩童時期遭受手足性侵的女性，研究者認為，性侵行為本身不見得直接造成受害者成年時期的憂鬱與焦慮，關鍵是受害者如何看待當時的性經驗。具體而言，受害者可能認為被其他人靠近身體相當危險，或者性侵讓自己再也沒有機會擁有正常的人生。這些想法與成人期發生的惡劣影響有顯著關連。

許多受害者只是不知道應該作何感想，部分原因是他們必須獨自總結已經結束的不良行為。手足性侵是通報率最低的性犯罪，由於許多因素，受害者直到許多年後才會向他人坦承。年輕的孩童也許不知道應該如何描述自己與手足之間的行為，或者被明確地告誡必須閉口不提。他們可能因為自己得到的性關注而倍感不適，但也可能喜歡這種關注，導致他們非常不知所措。直到長大，性侵已經結束一段時間之後，他們才知道這種行為是錯的，卻因此覺得自己也是共犯。手足性侵的地點可能就是家庭，而家庭也是遮掩其他問題的外殼，例如父母緊張的婚姻關係或家庭暴力，以致於小男孩與小女孩擔心，坦承手足性侵只會增加家庭負擔。

悲傷的是，倘若孩童向他人坦承自己遭到手足性侵，他們得到的回應，可能造成與性侵行為本身一樣可怕的傷害。瑞秋的哥哥長大成人之後，無法獨立在外生活，決定搬回家。離家數年，哥哥與瑞秋長大了，他們之間也發生「加害者」與「被害者」的典型關係轉變。假日期間，他們避免眼神交會。從哥哥刻意躲避的行為判斷，瑞秋知道他對於自己過往的所作所為相當羞愧且悔恨。哥哥送的假日禮物既是安撫，也像試圖操控人心，正如當年他們經常玩「裸體遊戲」時，哥哥會送的禮物，彷彿他知道自己錯了，正在想辦法彌補一切。雖然哥哥釋出歉意，但或許正是因為這些動作，讓瑞秋更害怕聽見哥哥走上兩人共同居住的二樓區域。為了保護自己，瑞秋不情願地告訴母親真相。於是，哥哥被送到了精神治療中心，瑞秋則是被送到遙遠的寄宿學校。

★★★

根據估計，大約有三〇％至八〇％在童年遭受性侵者，並沒有告訴其他人。直到事件經過了許多年，大多都是在當事人成年以後，他們才坦承真相。就像瑞秋一樣，大多數的超凡之子可能會留下線索，期望某些充滿關愛或有能力的人可以看見跡象，並且查明真相。他們可能也會在覺得自己非常安全或危險的情況下，不情願地徹底說出一切。無論是以上何種情況，「說出真相」經常不是坦率或即時的反應，這個現象不只出現在孩童性侵的受害者，承受任何一種童年逆境者皆是如此。為了保護自己的安全，超凡之子隱藏祕密──坦率地分享自己的想法或感受可能非常危險。然而，閉口不提逆境也會造成危機。

社會心理學家詹姆斯．佩內貝克的學術生涯專注於探索「坦承」與「健康」之間的關係。在一個極具洞見的早期研究計畫中，他調查了兩百位成年人如何面對童年與成年的逆境，包括離婚、親密家人的死亡、性侵、肢體虐待，或者其他創傷。該計畫也關注受試者坦承逆境的程度。研究成果不出預料，某些逆境的倖存者更願意坦承。倘若倖存者的逆境發生在成年時期，或者難以遮掩隱藏並且不會帶來個人汙名，他們更傾向於向家人或朋友坦承，生活狀況也普遍較為良好。不願討論逆境的受試者，容易經歷嚴重程度不一的健康問題，例如潰傷、流行性感冒、頭痛，甚至是癌症與高血壓。最重要的是，受試者承受的逆境類型與健康問題沒有關係，而是他是否隱藏祕密。從這個角度來說，倘若失去家庭成員且不願意與他人傾訴痛苦，其傷害程度就像遭到性侵之後閉口不提。因此，佩內貝克提出了一個結論：「不願向他人坦承或傾訴痛苦，可能會造成比痛苦經驗更嚴重的傷害。」因此，保守祕密似乎有害於健康。

這些研究資料可能影響了許多人，包括隱藏祕密的超凡之子，但佩內貝克認為，坦承祕密永遠不會太遲。即便已經過了許多年，只要願意談論我們最黑暗的日子，依然可以釋放壓力。佩內貝克與達拉斯猶太大屠殺紀念研究中心合作的一項計畫，訪問了大屠殺的倖存者，他們的平均年齡是六十五歲。佩內貝克進行該項計畫時，第二次世界大戰已經過了四十五年，但只有三分之一的受訪者曾經與他人談論戰爭時期的經歷細節。另外三分之二的受訪者之所以保持沉默，原因和世界各地的超凡之子相似：他們希望遺忘過去，向前邁進，也不認為有人可以理解他們獨一無二的感受，更不想要讓家人或朋友感到不適。研究團隊邀請受訪者在一至兩個小時的時間內，討論自己在集中營、勞改營與貧民窟的生活。願意討論戰爭經驗的受訪者，一年之後的健康狀況較佳。佩內貝克與耶魯大學的弗圖諾夫猶太大屠殺見證影音資料中心合作進行了另一項相似的研究之後發現，願意討論大屠殺經歷的倖存者，雖然無法改變痛苦的經驗，但往後的身體與心智健康狀態都較為良好。

討論痛苦的經驗確實有助治療身心健康，但這個概念並非起源於佩內貝克的研究結果。基督教的告解與心理治療就是以此概念為基礎。在十九世紀晚期，佛洛伊德與同僚內科醫師約瑟夫．布羅伊爾❸一起拓展了「談話治療」的概念。他們相信，心理和生理的許多症狀起源於尚未表達的記憶，特別是痛苦事件的記憶。因此，佛洛伊德與布羅伊爾推測，倘若能夠討論事件記憶，就能解放且淨化內心的感受，消除或減緩心理和生理症狀。一百多年後，超過數十種經驗研究都證明了心理治療的有效作用，但所有心理治療學派都需要個案願意在某種程度上開口討論自己的痛苦。這個結果讓一些心理治療的研究者相信，心理治療的學派雖如百花爭鳴，但更像是殊途同歸：精神分析治療、行為治療、認知治療等等所有不同的學派，最後都是「談話治療」。

★★★

因此，告解或許可以幫助靈魂，至少也有益於健康。一項綜合研究分析了一百五十份左右的研究報告之後也相信自我揭露的益處，這項研究的規模似乎足以證明推論有效，但仍然沒有人清楚為什麼。佛洛伊德的早期想法認為，談話有助於淨化，或者讓個案釋放壓迫記憶和情緒造成的壓力，但後續研究認為其中的原因不只如此。在所有詮釋中，最具說服力的理論認為，坦承祕密的最大益處不僅是單純的釋放壓力。將經驗訴諸於語言文字協助我們認清自己的思想和感觸。特別是對孩童而言，「記住祕密」經常是因為我們遇到了無法回應的事件，即使我們願意開口，也只能說：「語言文字根本無法形容，我也不清楚應該怎麼做，根本不知道如何理解。」

將感覺或經驗**「訴諸為語言文字」**的意義究竟是什麼？語言文字代表「標籤」與「類別」，就像盒子一樣，用來組織或整理人類大腦裡的紛亂思緒。無論我們是否有意為之，只要談論自己的經驗，就是在整理思緒，將它們放置在適合的位置。於是，我們才能說：「我知道該怎麼形容，也清楚該怎麼做，更明白如何理解。」這個行為可以讓混淆不安的經驗變得有組織且可以理解，減少它們帶來的恐懼與痛楚。正如菲莉絲·桃樂絲·詹姆斯對偵探小說的評論，將感覺訴諸於語言文字其實也是一種「恢復秩序」。

腦部成像研究顯示「訴諸語言文字」如何影響了人腦的主要運作區域從杏仁核移轉至前額葉皮質，也就是由腦部的情緒區域轉變至行動決策中心。一項研究計畫讓受試者

---

❸ 約瑟夫·布羅伊爾是歐洲十九世紀晚期相當傑出的內科醫師。

觀看憤怒或可怕的人臉表情照片，目的是刺激受試者的杏仁核。第一組受試者隨後被要求正確地配對照片，例如，以憤怒的表情照片配對憤怒的表情照片，以可怕的表情照片配對可怕的表情照片。第二組受試者則是被要求以文字，例如「憤怒」或「害怕」回應自己看到的表情照片。以文字回應的第二組受試者，前額葉皮質的活動量增加，杏仁核的活動量減少。第一組受試者的腦部活動沒有顯著變化。在另一項類似的研究中，受試者必須觀看各種圖片，刺激腦部的負面情緒反應，例如鯊魚、蛇、蜘蛛、槍、飛機墜毀、汽車交通意外或爆炸。其中一些受試者被要求配對照片——就跟前一個研究計畫一樣，狗的照片配對狗的照片，蛇的照片配對蛇的照片，另外一些受試者則必須歸類照片內容屬於自然危險還是人為危險。照片配對引發了杏仁核的活躍運動，而歸類組受試者的前額葉皮質比較活躍，杏仁核的活動程度較低。

這些研究推測，語言文字能夠強迫人腦的活動從杏仁核移轉至前額葉皮質，因此，當我們開始以語言文字進行思考時，理智就會取代情緒。「如果一個概念沒有名字，就像一隻流浪狗或野貓，為了馴服，你必須替牠取名。」猶太大屠殺的倖存者羅絲．克呂格在回憶錄《依然活著》裡寫道。或者，讓我們用更口語的方式表達：「取名就是馴服。」瑞秋非常訝異地得知可以用其他名字稱呼哥哥所謂的「裸體遊戲」——手足性侵，然而，了解手足性侵如此普遍之後，她更驚訝了。她開始閱讀兄弟姊妹之間的加害與被害故事，理解其他人的經驗與自己的故事之間有何相似異同。最後，她終於知道應該如何稱呼並且明白了自己的經驗。

「對於哥哥的所作所為，我已經找到了一個名字。」瑞秋說：「**侵犯**不適合我，因為聽起來就像犯罪，但我不認為哥哥想要犯罪，或者，我只是不喜歡自己會因此成為受害者。我年輕的時候也許曾經這麼想，所以才會崇拜蝙蝠俠和可倫坡。我想要得到真相與正義。但是，現在我認為過去發生的一切是一場錯誤。我哥哥被誤導了，不知道自己的作為將對我造成負面的影響。雖然我是無辜的，但承受一切也是一場錯誤。我們都犯了錯。我已經看清過去，不再困惑。我開始理解自己的生活了。」

瑞秋繼續討論自己一開始為何想要尋找心理治療的協助。「因為過去的壞事，我曾經無法明白為什麼未婚夫會愛我，我覺得這一切太瘋狂了。我現在明白我的人生有一部分是悲傷的，但不是壞的。我可以看清楚哥哥和我的錯誤如何扭曲了彼此的人生，但我不再覺得瘋狂。我明白為什麼自己曾經憂鬱和憤怒，但我不覺得瘋狂了。我覺得自己前所未有的正常，因為我終於說出自己的祕密，並且理解它們。」正如法國作家安妮．艾諾❹在《羞恥》一書所說：「敘事，所有的敘事，也許得以讓所有行為變得正常，包括最戲劇性的行為。」

除此之外，將經驗訴諸語言文字還有一個特別之處，或者說，還有一項特別有效的功用。我們經常建議遭逢巨變的年輕孩子要「善用語言文字」，因為藉由直覺和經驗，我們能夠理解文字和句子擁有創造秩序並且建立聯繫的潛力。與他人傾訴最痛苦的回憶，我們可能會發現過去的經驗不如想像的惡劣，我們也並不是想像中的惡人。如果我們的經驗可以被理解，我們自己也可以被理解。

★ ★ ★

一項探討「祕密」與「社群」關係的研究結果相當有說服力。八十六名哈佛大學的學生接受錄音訪問，討論自己的內心想法和日常生活行為，為期十一天。相較於坦承的學生，保守祕密者的自我感覺較差，同時也容易覺得焦慮和緊張。保守祕密者如果可以在校園裡念書、用餐，或者與自己類似的朋友相處——也就是其他保守祕密的學生，心情就會比較愉快。不幸的是，保守祕密的學生更容易獨處。

關鍵的問題在於，雖然我們想像真正的復原不需要他人，但社會支持才是關鍵——而且是影響幸福的重要關鍵，在面對最艱困的生活困境時，更是如此。一項研究計畫調查了超過七千名經歷早期逆境的人之後發現，得到社會支持者比較不容易陷入焦慮與憂鬱。

橫跨數百項研究結果、有效分析樣本超過數千人的多項綜合分析結果顯示，無論孩童或成人，承受逆境之後產生憂鬱傾向的關鍵原因，不是逆境事件的嚴重程度，而是當事人在事件之後是否覺得孤獨。經歷童年逆境之後，兩項非常重要的指標能夠影響成年人是否感受良好：分享祕密以及生活裡的支持者，而這兩個指標通常彼此相關。換言之，關鍵就是「溝通創造社群」。分享祕密是促進人際關係親密程度與真實程度的一種方法，如果我們相信某個朋友值得依靠，也更容易坦承心事。

關於傾訴祕密的研究成果也發現，可以坦承內心需求的人通常考慮周詳，也受到朋友的信賴，不會輕易地批判他人，或者做出無知的回應；倘若此人還能夠提出更進一步的建議，情況會更好。因此，像是瑞秋這樣的超凡之子會向「專業人士」傾訴祕密，例如心理治療師或神職人員。其他人在社會支持團體中找到歸屬感，例如戒酒者匿名家屬團體或者心理治療團體，他們分享特定的經驗或祕密，讓其他團體成員知道自己並不孤單。然而，更常見的情況則是我們第一次傾訴祕密的對象——也是最重要的生命改變者，也會

❹ 安妮．艾諾是法國女作家，題材向來以個人生活史和記憶為主，她的文字細緻動人，往往將個人感懷化為觸動人心的字句，曾獲極具指標意義的法國賀諾多文學獎。艾諾的多本著作已經翻譯成中文，本文提到的《羞恥》則尚未有中文譯本。

是充滿關愛的朋友、支持性的伴侶，以及能夠了解祕密的局外人。

事實，不光是專業人士，許多人都能理解瑞秋這樣的超凡之子。她其實屬於一個廣大的社群，只是自己還不知道。全美大約有二〇%的孩童曾經遭受性侵，瑞秋也是承擔早年困境但隱瞞祕密的成年人之一。瑞秋的祕密讓她覺得孤獨，但她在日常生活裡經常與其他人面對對、肩並肩，那些人或許並未遭受手足性侵，但也隱藏了自己的生命祕密。我們永遠不能低估尋找伙伴時創造的力量。

從以上的討論，我們似乎可以假設超凡之子得到健康、幸福以及社群的方法，就是不停地尋找願意傾聽的人，向他們訴說自己的祕密——然而，事實並非如此單純。保守祕密可能帶來危險，但超凡之子也是對的，訴說祕密也要承擔風險。坦承內心感受者也許會被責備、汙辱、拒絕或反駁，甚至不被鼓勵保持誠實。分享祕密得以讓我們覺得與他人產生更健康的聯繫或者更為孤立，也可能讓我們覺得更安全或更危險，取決於傾聽者的反應。這就是佩內貝克形容傾訴祕密時的「殘酷矛盾」。

佩內貝克的許多研究結果來自於實驗室，受試者向錄音機或研究人員說話，他們已經接受過事前訓練，知道如何回應，而著重「真實世界」的研究計畫呈現出更複雜的結果。請讓筆者舉幾個例子。相較於得到良好回應並且得到社群接納，曾經參與戰爭的老兵向家人或專業醫療人員提到戰場經歷時，如果得到負面回應，就更容易罹患憂鬱症或創傷後壓力症候群。人類免疫缺陷病毒檢驗結果為陽性的男女坦承自己的狀態之後，倘若可以得到社群的支持，他們的身體健康與整體生活也會獲得改善。即將進行墮胎手術的女性，如果向朋友傾訴之後得到完全的支持，手術之後罹患憂鬱症的機率較低，假如得到好壞不一的回應，或者完全隱瞞自己即將進行墮胎手術，比較容易罹患憂鬱症，同樣的情況也適用於對抗不孕症的女性。同志男女也認為，能夠公開地討論性向可以創造更好的生活，前提是他人能夠完全理解。對於曾經前往索馬利亞的和平工作者而言，他們的壓力指數與是否親眼目睹戰爭無關，而是當他們討論自己的經歷時，其他人如何回應。同樣的，對於性侵被害者與暴力犯罪的生存者來說，罹患創傷後壓力症候群的關鍵不是攻擊事件本身，而是他人的負面反應。有些人相信在網路上發文坦承祕密可以得到自由，但另外一些人看見負面評論與攻擊之後反而覺得更為受傷且心碎。傾訴祕密的第一個對象特別重要，因為這個經驗將會決定我們是否願意繼續坦承，又會在何時再度坦承。正如約翰．史坦貝克所說：「願意傾訴祕密或故事的人，必定思考過其聽眾或讀者。就像世上有成千上萬的讀者，故事也有千百種模樣。」

★
★
★

「我覺得自己處在一個不可能的困境。」瑞秋進一步解釋：「我有所保留，不願意向其他人訴說『我的故事』，因為我不覺得那是我的故事。我只是哥哥故事中的一個角色，因為他的故事永遠在我前面，對我產生深刻的衝擊。這很不公平，如果我讓其他人知道哥哥的所作所為，只不過是讓他的故事變成我的故事，將我的過去變成我的現在，但我不想要這麼做。因此，我覺得自己被平白無故地懲罰了。然而，如果我不坦承一切，讓其他人知道哥哥的行為，我也會覺得自己並未說出真相，我認為自己就像騙子或者捏造。於是，我陷在這種感覺裡動彈不得，倘若我真的如此勇敢，就會告訴其他人真相。」

哲學家克羅伊・泰勒曾說現代人活在「告解文化」之中。我們的日常生活經常可以見到這種例子——回憶錄、專欄、部落格、脫口秀以及真人實境節目……他們選擇與全世界分享自己的祕密。對於某些人來，大聲且驕傲地說出自己的人生故事，不但帶來自由，也讓自己擁有力量。藉由閱讀他人的傳記，超凡之子也因此獲得了慰藉和力量。公開地說出原本被隱藏的生命主題可以喚醒他人的注意並且減少汙名，讓真實存在的他人見證自己的故事，能夠也確實得以創造改變。我們在生活周圍看見無數的例子，他們藉由語言與和文字找到意義和救贖，並且永遠地克服了最黑暗且汙衊人格的經驗。然而，我們很少見到選擇另外一條路的人：他們決定繼續隱藏祕密。

繼續保持沉默確實可能造成危險，但不代表瑞秋只有「把一切告訴所有人」這種方法才可以實現勇敢且揭露真相的人生。剛開始心理諮商的時候，瑞秋曾說自己想要「真相與正義」，然而，如果永遠地與哥哥的錯誤連在一起，對瑞秋也不公平。雖然有些人確實想要保持這種生活。瑞秋等了幾年，才把過往遭受性侵犯的往事告訴一位朋友，但朋友反而質問她為什麼不早說，為什麼不誠實地坦承自己的過往。

哲學家尚保羅．沙特在一本著作裡稱呼一位朋友是「誠實冠軍」——這個男人堅持另外一位同志朋友的行為不誠懇，因為他不誠實也不真切，不願意承認自己是同志。瑞秋的朋友與誠實冠軍很像，他們都覺得氣餒與被背叛，因為瑞秋不願意早點承認「自己的真實身分」。然而，這就是關鍵的問題，難道瑞秋的「真實身分」就是如此？

沙特認為，也許「誠實冠軍」是錯的，因為他逼迫另一位朋友將自己的身分演化為一種「類別」，甚至是一種刻板印象。手足性侵並不是瑞秋的真實身分。事實上，她渴望自己的生活以及自我都能擺脫手足性侵。但是，瑞秋的朋友以及沙特描述的「誠實冠軍」都質疑她的沉默。

泰勒與其他更早的哲學家包括沙特、傅柯和朱迪斯．巴特勒都在提醒我們：沉默很複雜。沉默代表無聲，但也可以是自由的一種表達方式：免於敞開心扉而承受更多痛苦的自由；免於因為一、兩種經驗而被他人定義自我的自由，特別是因為那些經驗根本不是我們自願選擇的。正如語言文字將經驗置入「類別」和「箱子」中，協助我們理解經驗，眼前的世人也想把我們置入「類別」和「箱子」中，才能理解世界，例如男性、女性、黑人、白人、同志、異性戀、被虐待者、並未被虐待者。世上當然有一種自由是不被他人定義或歸類，也不想被任何人徹底理解。正如女性主義學者黎．吉爾摩在《自傳的極限》裡曾說：「既然你我都是匿名，現在應該如何？❺」

許多超凡之子隱藏祕密，至少部分原因是本能地不希望過去承受的痛苦，變成其他人對他們的認識。讀者是否記得喬奇拉校車綁架案的男孩？瑞秋不希望讓所有人知道一切，因為她不要自己的人生被局限在一段特定的往事。就像許多超凡之子的心情，瑞秋不希望其他人認識她，只是因為某人犯下的錯誤，或者與她無關、根本不是她能控制的行為。瑞秋無法選擇哥哥，但可以決定是否訴說哥哥的行為，以及在什麼時間、用何種方式，還有坦承的程度。瑞秋知道自己永遠不能抹滅遭受性侵的過去，至少在某些時候，她希望盡情地與人交談、共進餐點或者建立關係，只要對方不知道瑞秋的過往，就像往事不曾發生。或許，瑞秋的想法聽起來自相矛盾也不甚勇敢，但她只是想保留自己的權利，選擇某些擁有特權的朋友，就像《本質》❻雜誌的編輯愛德華．路易斯所說的：「讓他們可以用我們最好的優點定義我們，而不是我們承受最惡劣的經驗。」

★★★

作家王大衛❼——我應該要提醒讀者，這是他的筆名——曾在著作裡勾勒了一個角色如此談論祕密：「地球上有兩種人：蝙蝠俠和鋼鐵人。蝙蝠俠的身分是祕密，對吧？布魯斯．韋恩活著的每一天、每分鐘都心知肚明，倘若敵人知道他的祕密，他的家人就會被殺、他的朋友也會被殺、他所愛的人也會被穿著戲服的反派虐待至死。因此，韋恩每天都要承受祕密的重量……但東尼．史塔克可不是這麼一回事，他大方地承認自己是誰，

❺黎．吉爾摩引述此句的脈絡是，她提到傅柯曾經選擇成為「戴著面具的哲學家」，不讓人知道他的身分，藉此探討「姓名」在社會中的重要性。傅柯曾說：「（作者的）姓名讓閱讀變得太容易。」他甚至懷念自己默默無聞的時候，認為沒有名氣讓讀者更願意仔細閱讀他的作品。因此，傅柯拒絕使用自己的名字，創造了一種高張力的匿名互動，讀者與作者必須擺脫過去的刻板印象，純粹地以當前的感受進行閱讀與書寫。本書作者引用吉爾摩對傅柯的分析，強調超凡之子不願接受自身經驗的框架限制，希望追求更自由的自我認同（甚至是不被他人定義的），與吉爾摩（傅柯）對姓名的觀點相當契合。

❻《本質》是一本美國雜誌，首次發行於一九七〇年，主要的讀者客群是十八歲至四十九歲之間的非裔美國女性。

❼王大衛是美國幽默作家，本名是傑森．帕金。此外，王大衛的描述有些語病，布魯斯．韋恩（蝙蝠俠）在原著的設定裡是孤兒，年幼時已失去雙親，也沒有其他家人，唯一能夠稱得上家人的是管家阿福。

向世界宣布自己就是鋼鐵人，他才不在乎。他的生活沒有陰影，不必花費心力建設謊言之牆掩飾自我。在蝙蝠俠和鋼鐵人之間，你只能選擇其中之一——你必須隱藏真實的自我，否則你的古怪喜好、成癮或犯罪紀錄等等祕密曝光之後，就會毀滅你的人生。或者，你就是另外一種人。」

一個人必須選擇自己是蝙蝠俠或鋼鐵人的概念相當有趣，但其實是一種錯誤的二元選擇，因為世上不只兩種人，也不只兩種超級英雄。王大衛筆下的角色描述的是「祕密」的光譜兩極：在其中一端的人保守祕密，宛如祕密就是其命脈，另一端的人則如瑞秋所說：「將一切告訴所有人。」然而，光譜當中當然還有許多空間。許多超凡之子的選擇——就像正義聯盟、X戰警或者復仇者聯盟一樣，「他們集結成隊，挑戰單一超級英雄無法對抗的敵人。」就是將祕密分享給受到信任的少數朋友，並肩作戰。

瑞秋童年時期第一次在故鄉舊家的沙發底下觀看神探可倫坡時，就知道不能隨意地讓人知道「裸體遊戲」的祕密。許多超凡之子也一樣，雖然藏有心事，但不清楚應該向誰傾訴。他們希望被人理解，卻發自本能地知道，或者已經體驗過傾訴真相的「殘酷矛盾」。為了保護自己，超凡之子妥協了，他們透露線索，就像指甲裡的黑色油漆，讓充滿關愛或者有能力的人察覺。或許，他們放置了小巧的線索，指向自己的童年逆境，宛如麵包屑，讓知情的朋友或專業人士可以循線尋找，但遲鈍的人不會在路上發現，而這可能是最好的結果。或者，他們與人建立情感關係的初期，就會揭開微小的問題或者較不危險的祕密，如同風向球一般，仔細地觀察對方的反應。他們甚至會緊密地留意朋友與熟人的作為與不作為。討論不恰當的性笑話，喜歡將他人家庭問題視為八卦或者恣意評論，這兩種人都無法得到瑞秋的信任，她也會保持警戒，注意其他人是否也留下了線索。有時候，如果我們想要創造一個社群，「必須用一個祕密，得知另一個祕密。」

隨著時間經過，瑞秋藉由這種方式，使用自己的祕密身分，進入了一種祕密團體。她培養了一個小團體，成員都是可以信賴的朋友，不但知道瑞秋的祕密，也有自己的生命議題。他們覺得彼此就像親屬。瑞秋也加入了暴力行為倖存者的支持團體。她向朋友坦承自己的過去，這位朋友因為父親罹患思覺失調而備受折磨。她向另一位出身於寄養家庭的朋友敞開心胸。瑞秋的表親開始與她聯絡，討論另外一位毒品成癮的共同親戚。正如許多痛苦的受害者所言，他們從未主動選擇加入，但瑞秋已經是某個祕密團體的成員，而且在團體中找到了重要的慰藉。

社會學家凱·艾瑞克森探討創傷與社群時，曾經提醒讀者注意，逆境不但可能顛覆我們最有意義的人際聯繫，也可以創造新的。創傷可以冶煉團結、創造社群，而這樣的人際關係具備極度深刻的連結與相互理解。藉由此份友誼，人們不是因為共同的嗜好或興趣而團結，而是因為共同擁有的生活經驗——通常是親密且深刻的經驗。他們之間的聯繫非常特別，每個成員都因為團體智慧與保護而受益，並且覺得自己變得更為堅強。

多年來，瑞秋這樣的超凡之子覺得自己像局外人。然而，組成團體——成員可能只有兩個人、三個人或者五個人而已，不但減緩孤獨，也讓他們成為局內人了。他們創造了一個社群，終於得以暢所欲言，也能夠挑戰性侵或任何逆境造成的疏離感受害者最痛苦的結論之一：他們不正常。這就是瑞秋的收穫，但不是因為她遇見未婚夫或心理治療師，而是她找到了朋友。

「長久以來，我都無法理解為什麼未婚夫想和我在一起。我不相信。哥哥的錯誤讓我覺得自己受傷了。我成長的時候，哥哥用盡一切說詞，只為了與我發生性接觸。所以，我的伴侶說他愛我，或者認為我是一個好人時，我無法發自內心地接受。」瑞秋開始回想：「我看著朋友，假如其中任何一位就像我以前一樣，認為自己沒有資格當好人或者擁有正常的人生，我絕對不會同意。這個想法迫使我開始重新思考自己當初為什麼會有那些想法？現在，只要看著朋友，我就能相信自己也很正常，因為我知道他們很正常，我不是壞人，因為他們不是壞人。一直以來，我都認為自己異於常人，我只想要變得正常，但現在我知道自己的想法很正常，或者說，我對正常的定義範圍比其他人更寬闊。這個世界或許根本就沒有所謂的正常。絕大多數的人，或者很多人都有自己的問題。那些問題不會毀了我們。我還有時間擁有正常的人生。」

第　十　五　章

斗篷

痛苦的經驗轉換為行善的動力，
我們也從受害者變成了英雄

活在這個世界非常危險，不是因為邪惡的人，而是因為袖手旁觀的人。

——亞伯・愛因斯坦

漫畫界裡最具指標意義的宣言是：「能力越強，責任越大。」雖然很多人都曾經表達類似的感懷——邱吉爾曾說：「偉大的力量代表艱鉅的責任。」富蘭克林・羅斯福在死前也親筆寫下：「浩瀚的力量伴隨著巨大的責任。」——許多人則是從蜘蛛人的道德啟示得知這個宣言。由於遭到蜘蛛噬咬，青少年彼得・帕克雖然得到了超能力，一開始卻不願面對，也沒有興趣藉此行俠仗義。「我有自己的問題。」他心想，事實也確實如此，包括霸凌、經濟問題、女孩問題、家庭紛爭等等。然而，就在蜘蛛人不願阻止一位正在逃跑的搶匪，因為他認為這不是自己的責任之後，該名搶匪謀殺了多年來代理父親職責的摯愛班叔叔。該集漫畫敘述了這個悲傷的故事之後，在最後一個分鏡裡，蜘蛛人的內心充滿悔恨與深刻的悲傷，周圍則是一位全知視角敘事者的文字：「消瘦沉默的影廓消失在逐漸籠罩的黑暗之中，他終於明白，在這個世界上，能力越強，責任越大。」就在這個時刻，帕克接受了身為超級英雄的能力與職責，他必須承擔行善的義務。

許多超凡之子也經歷了類似的轉變，雖然不如蜘蛛人一般充滿戲劇色彩。他們並未遭到蜘蛛噬咬，但其他事件讓他們擁有力量與競爭力，成年之後，他們覺得自己必須善用。

就像年輕的蜘蛛人，超凡之子亦有自己的問題。然而，正如年輕蜘蛛人一般，超凡之子也會被激烈地轉變，開始明白世間的不義，決定在家庭或職場協助他人解決問題，他們挺身而出，保護沒有辦法替自己奮戰的人。他們用各種方式穿上超級英雄的斗篷，迅雷不及掩耳地拯救了世界。他們相信，袖手旁觀是錯的，而他們也擅長協助他人。他們很有可能終身都會仗義而行。

★★★

大衛的母親和父親結婚之前，她哭了。大衛出生之後不久，父親就離開了。「你是他留下最好的禮物。」母親經常對大衛說。「你是我生命的光明。」每天晚上，母親把大衛哄上床，擁抱他、親吻他，都會讓他知道這件事。他們一起歌唱「你是我的陽光」，這是他們的歌曲。在某一段時期，上床睡覺是溫暖且快樂的時光，大衛覺得母親擁有全世界最美麗的聲音。「媽媽，妳應該去當歌星。」他鼓勵坐在小巧雙人床邊的母親。母親卻說自己的聲音根本不能當歌星，大衛覺得悲傷，也很害怕。他不喜歡知道母親其實並非無所不能。

大衛長大之後仔細聆聽那首歌的歌詞，開始覺得擔憂且充滿罪惡感。「你是我的陽光，我唯一的陽光。當天空灰暗，你讓我快樂。親愛的，你從來不知道我多麼愛你。請不要奪走我的陽光。」第二段歌詞更讓大衛倍感沉重：「親愛的，某一天晚上，我在夢裡握住你。親愛的，醒來之後，我發現自己錯了，我抱著頭痛哭流涕。」大衛覺得自己是母親生命裡唯一的好事，倘若他不在母親身邊，她會更常哭泣。

★★★

在任何一年裡，美國都有將近二〇%的成年人因為憂鬱症而受苦，這是全美最盛行的心理疾患。由於憂鬱症如此普遍，其名早已家喻戶曉，許多人根本不認為憂鬱症是無形的負擔。某些疾病，例如心臟病或癌症，對人類造成極大的傷害，縮短了我們的生命週期與年壽。另外一些疾患雖然沒有縮短人類的生命週期，卻有害我們的「健康週期」，或者我們快樂的時光。憂鬱症就是其中之一。正因憂鬱症如此普遍，而且容易復發或成為慢性疾患，它在全球疾病負擔的研究中名列造成「失能損失年數」——又稱「健康損失年數」的疾病第二位。

憂鬱症同時影響男性和女性，特別常見於懷孕婦女和正在養育孩童的女性。這意味著憂鬱症不但改變了父母的生活，也影響孩童，起初卻意外地沒有人發現這個事實。「家長心理疾患對孩童發展影響」的早期研究中，研究者比較了家長罹患思覺失調的孩子以及家長罹患憂鬱症的孩子，想要知道究竟何者的生活較為穩定。憂鬱症家長的孩子是研究設計的對照組或控制組。研究者推測，思覺失調家長的孩子可能會面對更險峻的生活，因為思覺失調絕對是較為嚴重的心理疾患。驚訝的是，研究者發現兩組孩童因為父母的心理疾患承受了相近的衝擊。

為人父母是心理疾病患者最大的人生挑戰之一，其中也包括罹患憂鬱症的父親與母親。經年累月，甚至長達數十年持續不懈地努力提供溫暖與支持，一向都是身為家長的艱困挑戰，家長倘若罹患憂鬱症，照養小孩的難度更是舉步維艱。我們可能認為憂鬱症是淚水與傷心失調的疾患，但無法感受積極的情緒以及生命中的好事——這也是憂鬱症的關鍵特徵，而且更難以隱藏。大衛確實偶爾看見母親哭泣，她向來孤僻易怒，但真正容易留意的是她鮮少在日常生活裡感到快樂，就算大衛在童年時期完成了重要的里程碑。

大衛覺得自己必須負責讓母親快樂，縱然她是如此寡歡。他想要鼓勵母親，在家常說笑話，在學校的成績表現良好，但母親的笑容仍然稍縱即逝。母親如果留意兒子稱讚她的廚藝，感謝她開車帶他到好玩的地方（雖然她看起來毫無樂趣可言），想要藉此照顧母親的感受，她只會對自己更憤怒。大衛暗自猜測，倘若沒有自己，母親可能不會做任何事。自從出生的那一天開始，他就在拯救母親的人生，隨著他逐漸長大，這個事實也變得清晰。

憂鬱症家長的孩童在成年以後確實表現良好，但不代表他們毫無掙扎。在一項迄今歷時最長且仍然進行中的研究計畫裡，研究者持續追蹤憂鬱症家長的孩童，時間已經超過二十五年，研究個案的平均年齡則是三十五歲。相較於一般孩童，家長罹患憂鬱症的孩童更有可能感到焦慮，因為他們擔心父親、母親或自己。他們成為青少年或成年人之後，罹患憂鬱症的機率是三倍，藥物或酒精成癮的機率則是兩倍。到了三十五歲左右，他們身體健康出狀況的機率也增加兩倍，特別是心臟疾病的罹患機率提高了五倍。在他們成長的過程裡，將近六〇%的子女並未得到任何醫療協助或社會支持。

★★★

放學後的許多個下午，大衛坐在裝潢簡陋的候診室，等待母親走出診療間的門。他不知道母親為什麼要看醫生，但這些醫生與孩童無關，因為候診室沒有任何玩具或者給小孩閱讀的《精采》雜誌。大衛只好翻閱《紐約客》雜誌裡的手繪漫畫。他能夠理解其中一些內容，假裝自己明白另外一些內容。無論如何，只要母親走出醫生的診療間，大衛就會發出笑聲。她的臉色赤紅，眼睛浮腫，有時拿著小張紙條，代表兩人稍後還要前往藥局領取小罐的咖啡色藥丸。沒有任何醫生曾經告訴大衛，母親究竟怎麼了，也沒有任何醫生詢問大衛，他是不是也需要醫生。

大衛的母親就是心理學家說的家庭裡「被認定的病人」，代表她是精神疾病的患者。相較之下，大衛則是「家庭英雄」，或者說，負責拯救家庭的孩子。家庭英雄的概念來自於雪倫·韋史奈德克魯斯。她認為，母親或父親酗酒時，小孩可能就會扮演「家庭英雄」的角色。「家庭英雄協助家務事，在外也相當成功。」韋史奈德克魯斯寫道：「他創造了某些充滿希望與驕傲的時刻，即使最絕望的家庭也能夠感受到。全家人已經無法從任何管道得到生命的價值時，家庭英雄創造了這種價值。」家庭英雄不只出現在酗酒者的家庭，只要一位家長或手足需要幫助，幾乎就能看見他們。在這本書裡，我們也認識了許多家庭英雄。演奏鋼琴撫平酗酒父親的愛蜜莉，靠著游泳，贏得藍緞帶殊榮。伊莉莎白和妹妹一起扮演超級手足，照顧特殊需求的弟弟。薇拉藉由良好的表現，前進至大學，逃離了家庭的藥物濫用問題。蜜雪兒的馬術協助父母支付大學學費。幾乎每一位超凡之子都是家庭英雄。他們似乎可以拯救任何人，卻忽略了自己。

家庭英雄深愛著父母，他們的生命仰賴於父母，於是他們努力付出，用盡一切方法，希望讓家人的生活變得更好。許多家庭英雄成為模範學生或班級領袖，其課業成就讓父母與他們感到卓越與自豪。另外一些家庭英雄蛻變為運動明星或選美皇后，獎盃、緞帶和皇冠彌補了家庭的失敗。還有一些家庭英雄成長為水準極高的音樂家或藝術家，用天賦讓父母與全世界的人明白：他們的家庭生活很美好。他們的家庭一定非常好，才能夠培養如此優秀並且備受崇拜的家庭英雄孩童。

在家裡，家庭英雄不像孩子，反而更像家長。他們確保父母親準時上班，甚至接手烹飪與清潔。他們負責制訂家庭計畫，照顧兄弟姊妹和寵物，記得看診時間和倒垃圾的日子，甚至建議或引導不堪生活負擔的成年人。藉由卓越的行為，家庭英雄改善父母的感受，也讓自己變得快樂。就像大衛坐在候診室時，看著艱澀的嘲諷漫畫發出笑聲，最成功的家庭英雄似乎不受家庭挑戰的影響，甚至因為面對挑戰而變得更優秀。從某種程度上來說，他們確實如此，所以很難發現這些孩子也需要救援。

或許，這就是為什麼大衛的母親深夜開車載他開上高速公路——他們經常如此。他總是開始想像相同的場景：他搭上救護車，正在趕往醫院。他安靜地躺在休旅車的後座，將身體塞入睡袋，頭部靠著枕頭，望著窗外高速閃過的樹枝影廓。他覺得很放鬆，身體失去了重量，輕飄飄地浮在半空中，接受他人的照顧。只要母親繼續開車，有時候甚至長達兩個小時，大衛就會繼續假裝自己正在被送往醫院急診室。大衛的幻想似乎無法長久，事實上也是如此，但他竭盡所能地漫遊在自己的思緒裡，假裝後座還有另外一個人與自己同行——不是任何特別的人物，只是一個陌生人——向大衛保證一切都會沒事，大衛一定會即時抵達醫院。最後，大衛總是聽見方向燈響起，休旅車熟悉地向右、向左、再向右轉彎，倒車回到家中。大衛並未被送到任何一間醫院。沒有任何人幫助他。

★★★

大衛長大以後，不令人意外地成為了一位社工。布魯斯．雷基的一項研究計畫分析了超過一千五百名社工之後發現，超過三分之二的社工在童年時期都是家庭英雄。他們在孩童時期就已經成功地在困境中照顧他人，也因為這樣能力備受珍惜，成年之後，他們的職業延續了照顧者的角色，例如醫學、護理、心理學、教育、心理諮商、社工和進入政府擔任公職。家庭英雄的職業發展軌跡如此普遍常見，讓一本相關書籍探討此現象的專章準確地命名為：〈當家庭英雄變成專業人士〉。

另一份規模較小，但持續進行的相似研究則檢測了家庭史對受試者的教育和職業選擇產生的影響。研究結果發現，選擇「協助他人職業」者，其家庭背景通常較為艱困。另外一項研究結果顯示，八〇%社工系學生的家長有酗酒問題，商學系的學生家長只有五十九%有此問題；相似的調查則發現，只有四分之一的商學院學生的原生家庭面臨酒精濫用問題，面對同樣問題的社工系學生則將近半數。還有一項研究結果則考察了廣泛的早期壓力——包括物質濫用、肢體虐待、性侵犯、情緒虐待、生理和心理疾病，以及家庭暴力——顯著地更常見於社會工作、教學引導，以及諮詢相關科系的學生家庭史，而服務色彩較低的科系，例如商學系或文學院系所，學生面對相關問題的比例較低。家庭背景與職業選擇的關係可能不只如此，許多「服務或協助他人」的專業人士都承認，童年逆境經驗確實影響了職業選擇。

大衛決定擔任社工，不是為了協助掙扎的成人——他的人生早已奉獻於此——而是幫助孩子。他們經常受到疏忽，不但家長如此，就連周圍的醫療人士亦如是。一項相當罕見而且觸動人心的質化研究指出，父母罹患精神疾患的孩子長大之後，仍然記得年輕時的感受和需求。雖然，一些受訪者看見其他人願意照顧父母，自己可以卸下責任時，確實感到輕鬆——「母親被送往醫院之後，我很感激。我知道醫院會照顧她，她可以好好吃飯、吃藥並且睡覺，心情也會變好。」——但他們最痛苦的回憶，就是被留在原地，孤獨地照顧自己：

「我的父母提前從醫院回家，但沒有人關心我和兄弟姊妹如何照顧自己。」

「沒有人向我解釋究竟怎麼一回事，我覺得被拋棄了，非常孤獨。」

「醫療人員從來不關心我和兄弟姊妹。」

「但願我當時也有社工或心理醫師的照顧，關心我的反應，向我解釋父母的狀況。」

大衛同樣記得這些感受。童年時期，他明白母親的健康狀況不好，無法妥善地照顧他，他只能坐在母親的休旅車後座，假裝有人關心自己。這就是大衛選擇成為志工的理由，他想要幫助父母罹患身心疾病或者因故缺席的孩童。大衛的第一個年輕個案是一名八歲的女孩，她的母親死於癌症。她也是家庭英雄，個性外向鮮明，而且相當古靈精怪。遠方親戚和學校老師開始擔心她應該和誰一起生活，往後的日子又該何去何從，但小女孩只是耐心地等候。大衛每個星期與她見面一次，每一次她都只玩同樣的桌上遊戲：《抱歉！》和《手術》❶。大衛與她一起坐在地板上，兩人坦承地討論厄運和疾病，壞事總是會發生，沒有任何理由，有時候醫生也束手無策，無法挽回人命。一天下午，小女孩先

---

❶《抱歉！》是從一九二九年流傳迄今的親子益智遊戲，翻開卡片之後移動圖片的代表物，以最快速度將自己的代表物推進至終點。《手術》則是讓孩童藉由模擬醫生進行手術的過程，訓練玩家的手眼協調。兩者都是美國常見的兒童桌上遊戲。

離開了，大衛走進洗手間，開始嘔吐。照顧承擔痛苦的孩子並不輕鬆，但大衛可能比其他人更適合這個職業，因為他很清楚孩子需要他這樣的人。然而，他也想知道人生是否還有其他選擇？

★ ★ ★

心理學家和研究者厄文・史達伯曾經用一個詞描述大衛這樣的人：「英雄般的協助者。」英雄般的協助者察覺全世界的需求，尋找解決需求的方法。他們看見世間的錯誤，就會覺得自己有責任改正。他們無法束手旁觀，讓其他人獨自面對問題，於是英雄般的協助者下定決心，甚至因此踏上職業旅途，決定盡一份心力。英雄建設公司是一間致力於培育孩童內心英雄動力的民間單位，其創辦人馬特・朗東曾說：「英雄的反面並非惡人，而是袖手旁觀者。」

英雄般的協助者或者像大衛這樣的社工，與商學院的學生之間，並沒有太大的差異。大衛想要成為社工的決心，其實與古老的職業選擇建議有關：從事自己擅長的工作，選擇感動自己的事業。任何領域的創新和行動幾乎都是為了解決懸而未決的問題，或者滿足人類社群的需求。

讓我們思考星巴克董事長霍華·舒茲的故事。十一歲的時候，舒茲的父親踝關節斷裂，失去了卡車駕駛的工作。沒有父親的收入，也並未得到保險理賠，舒茲一家人只能想盡辦法躲債，借錢支付醫療費用。舒茲在布魯克林的政府補助計畫區度過童年，目睹父親只能從事一份又一份的低收入工作。成年以後，舒茲看著父親離開人世，沒有退休金和任何存款。時至今日，舒茲擁有全球最知名的品牌之一。除了咖啡與商標之外，星巴克最知名的特色，正是用熱情與尊重對待員工。星巴克最有名的員工福利之一就是極為慷慨且高度包容的健康保險計畫，範圍甚至涵蓋兼職的計時人員。「我的內心很清楚，如果有一天，我的地位可以創造改變，我絕對不會拋棄任何人。」舒茲曾說：「雖然我並非刻意如此，但星巴克已經變成父親留在這個世界的遺產了。」

想要成為英雄、幫助世人的方法有千百種。從軍或者擔任公僕，用自己的生命保護陌生人。成為科學家，探索科學世界並且做出巨大貢獻。在工作之餘擔任義工，替世界盡一份心力。身處劣勢但仍然立下典範，或者為了他人的益處，冒險揭開真相。在艱困的時代率領世人前進。成為良好的鄰居或親戚，照顧與自己沒有血緣關係或道德義務的孩子。擔任教職，讓孩子得到知識的力量。用書頁文字向他人溝通的作家。守護脆弱民眾的律師。鼓舞國會議員的政府官員。或者，像是舒茲這樣的企業家，創造產品、服務或者民眾需要的良好工作地點。我們可以用無數方法改變其他人的生活。英雄般的協助者都擁有一種共同的能力或經驗，他們看見這個世界的需求，並且無所畏懼地踏出腳步，著手進行。

就像這個世界有許多種英雄般的協助者，想要成為其中之一，也有千百萬種方法，但史達伯本人非常熟悉，也特別強調其中一種，就是「因痛苦而孕育的利他主義」，或者說，將痛苦轉化為善良行為的傾向。一九四四年，史達伯六歲，住在布達佩斯。因為勞爾·華倫堡的善行，史達伯得以逃過將近五十萬名匈牙利猶太人的悲慘命運，並沒有被送到德國的集中營與勞改營。華倫堡是一位瑞士商人、外交官與人道主義者。當時，他在布達佩斯擔任外交職員，藉由發放瑞典政府的保護令，並且提供政治中立的「安全屋」，拯救了數萬名猶太男女和孩童的生命——包括史達伯一家人。一九四五年，匈牙利解放之後，當地仍有十萬名左右的猶太人，絕大多數都要歸功於華倫堡的努力。他是一位英雄般的協助者，據傳死於蘇維埃的監獄。

在相關的研究報告中，大衛這樣的家庭英雄被稱為「家長化」「承擔沉重的負擔」以及「被迫提早長大」。沒錯，許多家庭的子女被迫快速地成長，或者面對沉重的負擔。雖然我們不能忽略其中的痛苦與危險，但逆境不見得只有負面效果。很少人討論艱困的經驗如何冶煉一個人的憐憫與競爭力。一組相當多元的研究計畫顯示，曾經對抗掙扎的人——因為戰爭、自然疾病、恐怖主義、社會邊緣化、個人暴力行為，或者家庭動盪，傾向於協助有需要的人。根據史達伯的說法，他們更容易察覺周圍的問題，包容並且注意其他人的掙扎與自己的痛苦之間有何相似之處，甚至同情承受痛苦的人。能夠戰勝或超越逆境者，他們的內心通常會產生一股道德規範，想要傳遞自己的想法，協助他人走過逆境。大衛也非常熟知這種動力：「我不希望其他人承受我曾經面對的痛苦。」這種情感奠定了名聲顯赫的創傷研究專家朱帝絲·赫曼描述的「倖存者的使命」。

「對於『領導』的最大錯覺，」神學家亨利·盧溫說：「就是相信某個從未前往沙漠的人，可以率領群眾走出沙漠。」超凡之子已經體驗過逆境。他們找到方法離開沙漠，遠離精神疾患、霸凌、酗酒或虐待，許多人甚至成為英雄般的協助者，充滿熱情而且有效率地協助他人。他們的背景並未成為阻礙，相反的，就是因為過去的經驗，才讓他們成長。

「唯有醫生本人也罹患疾病時，才能有效地治癒病患。」精神分析學家榮格如是說，而他的母親就像大衛的母親一樣因為憂鬱症而辛苦掙扎。然而，許多超凡之子也會產生信心危機，他們不相信「我是這個工作的最佳人選」，而是質問自己「我為什麼有資格從事這份工作？」

★★★

正如蜘蛛人彼得·帕克經常渴望自己只是一位正常的青少年，大衛有時候也好奇正常的成人生活，或者說，至少是他想像的正常。他帶著嫉妒觀看朋友急促地追求職業發展，甚至為了金錢而努力。一位年輕個案的母親正在服刑，在獄中確定罹患癌症末期之後，大衛也許不是認真的，卻相當自然地認為自己應該進一步提供協助，收養該名個案。**「我好想任職於行銷業，離開辦公室之後，就不用在乎工作了。」**大衛偶爾會這麼想。大衛和蜘蛛人一樣，他們想像著另一種生活，沒有協助他人的真實能力，也就沒有責任，如此一來，也許就會過得更好、更快樂。

也許大衛是對的，也許不是。

超凡之子擁有良好的直覺，無論他們是否自知，協助其他人其實就是協助自己。許多研究成果顯示，協助他人能夠改善健康和生活，不只是被協助者如此，就連行善者亦如是。研究者也發現，相較於並未付出時間行善者，擔任志工的成年人，其幸福指數與生活滿意指數較高，死亡率也較低。研究也證明了為他人付出可以降低人類面對壓力時的心跳速度和血壓。努力工作或者從事有意義的行動是身心健康的關鍵指標，也能提升生活滿意度。積極地照顧罹患疾病的配偶可以讓照顧者變得正面積極，降低死亡風險。女性失去配偶之後，倘若願意實際地支持朋友、鄰居或親戚，也能夠更為迅速地戰勝悲傷與憂鬱。心臟病患者協助其他病人了解並且適應自己的健康狀況之後，康復的速度更快。擔任志工的人類免疫缺陷病毒陽性患者，其平均壽命也更長久。就連參與研究計畫，也能改善我們的心情。一項研究發現，視覺受損的成年人志願參與視覺輔具的開發計畫（但新的輔具無法協助他們）之後，因此覺得非常自豪，也認為自己展現了獨特的價值。正如一篇文章的結論所說：「助人為快樂之本。」

然而，行善或者懷抱善良之心，最驚人的重點或許不是「助人為快樂之本」，而是「施比受更有福」。在一項為期兩年的研究中，罹患多發性硬化症的病人擔任志工，協助其他病患。他們的自信、自主、對生命的掌握、適應力、個人成長與生活目標都有顯著地提升，也減少了憂鬱和焦慮的傾向。在這項研究中，相較於接受協助的病患，擔任志工的病患，其整體的生活滿意指數高達八倍。他們認為擔任志工改變了自己以及看待世界的想法，因為疾病經驗得以提供協助，也讓他們覺得自己與眾不同。另一份相似的研究分析了超過一千名經常前往教堂參加禮拜的民眾之後發現，提供協助可以改善心智健康，程度甚至超過接受協助。還有一項針對老年人的研究顯示，協助朋友、親戚或鄰居可以降低一半的死亡風險，在情感上照顧配偶能夠降低三分之一的死亡風險，但是接受協助並沒有同樣的正面效果。

許多超凡之子選擇以職業、志工或者其他方式幫助其他人。他們談到了「將負面轉化為正面」的價值。這是一種多層次的轉變。痛苦的經驗轉換為行善的動力，我們也從受害者變成了英雄。我們感受到力量，可以協助他人，不再陷入不幸與無助。我們照顧周圍人物的困境，就能夠短暫地遺忘自己的問題，甚至也會因此變得更快樂。我們伸手救助有需要的人，增強了自己與他人的聯繫感，甚至與自我之外、甚至比自我更重要的感受產生了聯繫，進而減緩了疏離感。我們用有意義的方式與他人相處，讓自己的時間與關係得到了重量與重要性。我們讓生活變得重要。

大衛一直都知道自己對母親來說相當重要。大衛成年以後，很多人都認為他非常重要。他知道孩童需要他，事實上，孩童需要大衛這樣的人，因為他真正地理解他們的感受。他的工作是一份召喚，他明白自己每一天都在創造改變。倘若童年生活改變了，大衛成年以後選擇了另外一份職業，能不能繼續如此快樂，其實是完全不同的問題。他很清楚這個問題永遠沒有答案，只是偶爾還是會想起。

★★★

超凡之子不是漫畫人物，他們的善行能否幫助自己，取決於筆墨之下的超級英雄永遠無法也不需要的行動：放假。讀者應該還記得彼得．帕克不願阻止的搶匪，最後殺了他的叔叔——我們當然也從來沒有看過神力女超人和蝙蝠俠放假休息。大衛在夜裡回到家，內心仍然痛苦地明白，孩童的生活不會因為下午六點下班之後而停止。事實上，每一個星期的夜間與週末，都是孩童最艱困且危險的時間。在大衛的記憶裡，他一直都在擔憂，只要自己不在個案身邊，悲慘的命運可能就會降臨——還有他的母親。但是，如果超凡之子想要繼續拯救世界，就必須定期收起斗篷，專心拯救自己。

能力越強，也許責任越大，但好的行為必須出自於個人選擇。相較於被迫，基於個人自由選擇的善行更有用——也帶來更多獎勵。然而，對於超級英雄和超凡之子而言，選擇是一道難題。蜘蛛人並非自願地被蜘蛛噬咬，大衛也不是選擇被罹患憂鬱症的母親扶養。成年以後，蜘蛛人和大衛都善用生命經驗創造的力量，回應只有他們聽見的召喚，完成他們認為重要且正確的目標。拋棄有需要的人，從來都不是大衛的選擇，但他必須擁有選擇。

超凡之子可能無法選擇自己的起源故事，但能夠選擇幫助其他人的時間和方法。無論致力於相關職業，或者在閒暇時間，用自己的能力改善世界，他們還有很多種方法可以成為英雄般的協助者。大衛終於開始思考，原來成為社工不是貢獻世界的唯一方法。「我明白自己的生命經歷和人生志願讓我成為一個好人，我也擁有一份相當有意義的工作。但有時候，我覺得自己的成長背景，讓我無法認識自我，以及我的生命意義……我不知道，我只是……我只是希望母親沒有生病，我就可以選擇不同的人生道路。也許，我可以住在巴西，研究蜂鳥。」

請讀者和我一起回顧本書中出現的另外一位女性——瑞秋，她經歷了手足性侵，卻沒有選擇與社會救助有關的職業，而是成為一位藝術家。雖然家庭經歷讓她痛苦，但她一直都能夠在創作裡找到喜悅。「人們知道哥哥的所作所為之後，似乎心想或期待我會選擇一條救贖的道路，成為某種行善者。但是，我治療自己的最好方法，就是讓我的職業和生活，完全脫離哥哥的行為。也許，這才是我送給這個世界的貢獻。也許，我幫助其他人的方法，就是讓他們明白，我們也能夠選擇另外一條路。」

大衛很確定社工就是自己的人生目標——「我還是可以在假日到巴西學習關於蜂鳥的知識，或者在未來的某一天，我能夠前往巴西繼續擔任社工。」——但他根本沒有辦法放假，也不能在晚上和假日高掛斗篷。大衛經常發現自己與其他仍然痛苦掙扎的人建立了友誼和感情關係。這是一個難題。從工作經驗和個人生活體悟，大衛早就能夠看出許多人還在克服人生難題的階段。然而，他也過度安逸地與身陷危機的人相處。他經常接到緊急電話，必須救助朋友或者女朋友，他們的復原能力也許比不上大衛。有些人看著大衛，認為他必定「壓力成癮」或者渴望扮演救助者。他們或許是對的，但也有可能，大衛只知道如何成為英雄般的救助者，根本無法想像其他角色。

與大衛交往的一位女性疑似為了自殺而服用過多的止痛藥之後，他終於明白自己如何步步踏入危機——也許，在大衛的生活裡，還有許多相似的危機。如果大衛不夠謹慎，就會創造新的家庭與生活，藉此重製童年，繼續扮演家庭英雄。倘若如此，大衛雖然不是無助的孩子，但他的孩子將會陷入這場困境，何其令人心碎。這個想法讓大衛清醒了。他必須開始相信一種與童年經歷截然不同的家庭生活，每一位家庭成員都能夠協助彼此，但沒有人需要拯救。知名的視覺小說家艾倫．摩爾或許是對的，他曾說：「成為英雄的藝術之一，就是知道自己什麼時候再也不必扮演英雄。」

第十六章

復仇者

幸福的生活就是最好的復仇

最好的報復，就是不要變成傷害你的人。

——馬可·奧里略

珍妮佛結束了與另外一位心理諮商師的會談之後，才成為我的個案。有些人可能認為這是一個不好的跡象，她也許是永遠不會滿意或任何心理諮商師都束手無策的類型。或許他們是對的。但是，珍妮佛可能也是明確地知道，或者在潛意識裡非常清楚自己希望從心理諮商得到的結果，並且非常明白，迄今為止，她尚未找到答案。事實上，她選擇新的諮商師，可能是非常好的跡象。

珍妮佛可以明確地指出自己是在什麼時間決定停止前一次的諮商，雖然下定決心之後，她仍然繼續與前一位諮商師見面了幾個月。關鍵的時間點是珍妮佛與前一位諮商師談起她和朋友一起野餐，許多朋友都帶著小孩。珍妮佛的年紀是三十歲左右，正在決定是否要生孩子。她從來不覺得自己是正常人，所以不曾考慮生小孩。野餐時，珍妮佛擔心小孩的直覺會注意到她的異狀，發現她根本無法融入小孩。幾天之後，她在會談時，以非常防衛的姿態，將自己的擔憂告訴前一位諮商師：「我告訴她，也許我應該成為某個男人的情婦，就不用煩惱生孩子的問題。」珍妮佛回憶道：「現在想想，我其實不知道為什麼我會說那句話，更不知道成為情婦到底是什麼意思。我永遠也不會知道為什麼了，因為她根本沒有問我，或者挑戰我的想法。她只是默默地點頭，我已經無法分辨她的表情是不是很欣慰，非常慶幸我沒有打算生孩子，或者只是我單方面的多慮。無論如何，我都覺得她讓我繼續保持這種想法：我不正常，不配擁有家庭。」珍妮佛正在考驗現實生活和她的心理諮商師，而諮商師失敗了。

那次會談結束之後，珍妮佛仍然積極地參與預約，即使她在停車場裡留意到諮商師的車子安裝了兒童安全座椅。於是，珍妮佛開始相信，諮商師是醫生，她是病人。諮商師是正常的，而她很瘋狂。諮商師是正常人，而她不正常。諮商師擁有一切，而她卻一無所有。

過了一段時間，珍妮佛決定再給這位女性諮商師一次機會。她提到另外一次的社交活動。這次是在珍妮佛任職公司的兒童友善環境裡，她注意到自己的心情很放鬆，甚至與同事的子女嬉鬧玩耍。「或許，我想要成為母親……」珍妮佛試探地說，想要隱藏自己的心情。諮商師並沒有看出珍妮佛的期待，只發現了她的矛盾。「我認為妳不想要小孩。」她說。

「我其實有點恨她。」珍妮佛回憶道：「我再也沒有回去找她了。我當時還不清楚，但現在明白我希望她挑戰我的擔憂，我以為我永遠無法成為母親。我猜她的心理治療很有用，因為我離開她的辦公室時，下定決心不要讓任何人低估我。我知道她對我的想法是錯的。我知道我對自己的想法也是錯的。」

★★★

有些人相信，孩童就像小小科學家。為了適應，他們與生俱來一種想要理解世界的動力，於是不停地發展各種關於事物如何運作的理論，例如汽車嗡嗡作響，貓咪喵喵叫，爐子有時候會很燙，但並非永遠如此。孩童的理論不停得到證實，就會變成難以反駁的信仰。雖然我們相信學習的主題是認識物質世界或者事物的運作方式——但孩童的理論和信仰也涉及了人的行為。被虐待的孩童知道成人很危險。酗酒者的孩子明白人類可能會在任何時候突然怒火中燒。特殊需求孩童的手足，學會了小孩可能天生罹患致命的疾病。遭到性侵的青少年，則認為情感關係不安全。

等到他們長大成人，孩童的心智不只影響對世界的看法，至少在一段時間之內，也形成了他們的自我認識。有些人的結論和超凡之子一樣——我是戰士，我白手起家，我有責任改善世界——於是他們超乎期待地飛上雲霄，有時候遠遠勝過同儕，然而其他人卻痛苦地相信：我隱藏了一個祕密，我異於常人，我很惡劣，我非常孤獨。

珍妮佛就是在對抗其中一種常見的想法：他們不正常，不配擁有自己的家庭。正如貧困家庭的孩子以為溫暖的衣服和閃亮的鞋子屬於其他孩童，缺乏愛與保護的孩子則相信，只有其他孩子才能擁有愛與保護。「我不曾愛過，甚至不曾幻想過愛。愛只屬於別人——擁有家庭和房子的人。」瑪麗蓮．夢露在《我的故事》裡如是說。

或許，孩童的人生經歷讓一切變得更糟，他們甚至害怕自己根本無法得到愛。伊莉莎白．史馬特的回憶錄書名也是《我的故事》，她在書裡提到：「我無法克制自己凝視他們，他們看起來好快樂，沐浴在愛裡，如此正常的人生。」她如此回憶當初被綁匪控制，步履蹣跚地走在人行道上，看見一對銀髮夫妻時的內心感受：「我絕對不可能擁有眼前的幸福。我不可能得到那樣的人生。我不會找到自己的真命天子。我也沒有辦法擁有自己的孩子。」當時，史馬特的心裡已經萬念俱灰。幾年以後，她才知道自己錯了。

夢露和史馬特的人生故事在許多層面來說都堪稱非比尋常，但她們對於愛和家庭的結論卻是如此常見。幾乎每一天，我都會從超凡之子的口中聽到一樣的想法。愛是屬於其他人的，只有他們可以得到快樂的家庭。光是為了生存，我已經自顧不暇，又怎麼能夠思考成家。事實上，有些研究者確實主張，從演化論的角度而言，愛是一種「奢侈」的正面情緒。雖然，愛可以讓我們幸福，有助於長期的健康與繁衍，卻不是戰鬥與逃跑反應的必須條件。奢侈，就是超凡之子對愛與家庭的感受——就像他們永遠不敢想像的高價品。

超凡之子與超級英雄之間再度找到了共通點。超級英雄可以打倒惡人，拯救世界，但只能回到孤獨的家。超人輕而易舉地跳過摩天大樓，但沒有辦法逃出他的凡人化身克拉克・肯特與愛人路易絲・蓮恩之間的糾葛。神力女超人或許擁有真言套索，卻跟超人一樣，沒有辦法坦承自己的俗世身分——戴安娜・普林斯與史帝夫・崔佛之間的過往愛情。蝙蝠俠曾經擁有許多情人，但永遠找不到真愛。漫畫歷史上最大的悲劇之一，就是蜘蛛人為了拯救一生的摯愛，關・史戴希——卻失手讓她意外墜地身亡。

有時候，超級英雄找到了愛人和伴侶，甚至與對方結婚，但他們的幸福似乎無法長久。因為各種原因，大多數的超級英雄（和他們的編劇）無法兼顧自己的本質與愛情。他們日以繼夜地繁忙付出，身陷危險。他們的生活可能太不健康，不適合伴侶，更遑論孩子。這是一個嚴重的問題。正如許多人相信，親密關係是幸福生活的關鍵指標，研究者克里斯多福・彼得森和朴南蘇在《超級英雄的心理學》裡曾說：「在愛的世界裡，超級英雄根本沒有超能力。」

★★★

珍妮佛的父親經常用手背毆打母親，以致於她仍然可以在腦海裡看見母親身上宛如螃蟹一般的粉紅掌痕，血肉的顏色透露出父親的兇狠力道。珍妮佛還是小女孩時，無法理解父母為何要結婚，直到母親親口說出：「還沒有妳之前，我們過得很好。妳出生之後，爸爸再也不能隨心所欲了。」珍妮佛完全無法理解，在她的記憶中，父親總是恣意妄為，每個人都遷就他。全家人只能吃他鍾愛的食物，觀看他喜歡的電視節目。父親早睡，大家都要小心翼翼，不能吵醒他。隔天黎明之前，父親起床準備工作，每個人都要假裝聽不見沸天震地的聲響。

稍微長大之後，珍妮佛才知道，父親曾經從軍二十年。他遇見母親的時候，人人都認為他根本不適合結婚，注定單身一輩子。母親視力受損，只有高中學歷。她或許相信婚姻是一場交易，希望換來安全的生活。然而，父親厭惡將自己辛苦賺來的錢，花費在其他人身上，於是他經常拒絕支付母親與珍妮佛的生活費用。珍妮佛之所以知道，是因為她已經不只一次坐在小兒科診所，聆聽櫃檯人員向母親解釋，除非她可以支付現金，否則不能看醫生。珍妮佛戴上牙套之後，牙齒矯正醫師堅持，除非她的家人支付全額費用，否則他拒絕替珍妮佛拆除牙套，而他一直沒有收到醫療費。珍妮佛的第一次月經來潮，需要衛生棉，但母親卻驚聲尖叫：「我們這個星期已經不能向爸爸拿錢了！」

這些年來，珍妮佛明白只有其他人能看醫生，只有其他人可以擁有安全的生活，也只有其他人才能享受快樂的家庭。父親曾經告誡家人，無論現在的環境多困苦，都比他服役時忍受的環境更好。大多數的日子，母親都假裝自己相信他。直到某一個不尋常的下午，母親突然大聲地說自己再也無法忍受坐在一張破爛的沙發上。在珍妮佛的協助下，她們將笨重簡陋的家具拖出客廳，丟過後院的圍籬。珍妮佛聽見家具撞擊水泥地的劇烈聲響，內心湧起一道希望，以為生活將會改變。父親回家之後，打斷了母親的一隻手，換成珍妮佛開始尖聲尖叫，央求父親住手。

「婚姻就是無論好壞。❶」事後，珍妮佛的母親只說了這句話。

★★★

在美國，家庭暴力——或者更準確地說，親密伴侶暴力是暴力犯罪最常見的形式之一。根據估計，每一年家庭暴力產生了兩百萬至四百萬名左右的女性受害者，而且是十五歲至四十四歲的女性最主要的受傷原因。醫院急診部門的女性患者裡，將近四分之一至三分之一是親密伴侶暴力的受害者，但只有五%會正式通報有關當局。

珍妮佛的父親相信，和軍隊相比，家庭是一個更幸福的場所。從許多層面來說，他的想法是正確的，或者說，家庭應該要比軍隊幸福。然而，在二〇〇一年至二〇一二年之間，美國境內遭到丈夫謀殺的女性受害者人數，大約是美國軍人在阿富汗或伊拉克死亡人數的兩倍。正如絕大多數的逆境，家庭暴力平均地分布在所有種族、階級以及社會經濟地位，但殘障女性是最脆弱的一群，例如珍妮佛的母親。無論殘障與否，大多數的女性認為自己無法離開暴力加害者，部分原因就是金錢。她們擔心無法照顧自己和小孩，只好繼續待在暴力家庭裡。

根據「全美國家級的孩童不當暴露於暴力環境」的調查，將近二〇％左右的青少年，也就是一千五百萬名未滿十八歲的孩子——目睹過特定形式的親密伴侶暴力，包括推擠、掌摑、毆打、拳擊、踢擊、掐喉、以尖銳物品刺擊甚至開槍射擊。男性是最普遍的加害者，但也有女性加害者。暴力行為家庭的平均意外事件數是十一，但中位數是三，標準差則是二十二。這些數字意味著，許多家庭只發生過一、兩次暴力事件，其他家庭的孩童成

❶ 婚姻就是無論好壞（for better or for worse）是西方結婚典禮的誓詞，全文應該是：我願意與你結為連理，從今以後，無論好壞、貧富、健康或染病，都會愛你並且珍惜你，直到死亡將我們分離。

長時必須目睹數十次，甚至數百次的暴力事件。珍妮佛的家庭就是如此。

孩童可能聽見家中某處傳來的肢體衝突，因此暴露在親密伴侶暴力的環境中，或者在事發之後看見家長身上的瘀青、挫傷以及破碎的家具，其中一位家長或兄弟姊妹或許會向他解釋究竟怎麼一回事。然而，在大多數的個案中——將近九成的孩童都是直接目睹加害者攻擊被害者的暴力行為。雖然孩童被稱為「沉默的證人」，但他們經常不會選擇沉默。目睹家庭暴力的孩童，將近半數會發出尖叫，希望阻止暴力事件。

目睹家庭暴力事件的孩童雖然並未直接承受肢體傷害——他們不是暴力行為的目標，可能會被認為「逃過一劫」或者家庭裡的幸運兒。但是，目睹暴力行為長大的孩童，完全不認為自己「逃過一劫」或者「非常幸運」。事實上，近距離目睹暴力行為對人類腦部和身體發育的影響，相當趨近於直接受到暴力的肢體攻擊。就像承受其他逆境的孩童，生活在家庭暴力環境中的孩子，也比同儕更容易罹患和壓力有關的疾患，例如憂鬱症、睡眠問題、物質濫用和焦慮。因為上述的理由，**單純**地活在家庭暴力環境中——倘若**單純**是一個正確的字眼，現在也被認定為童年虐待，一種自有的逆境。

比起測量壓力賀爾蒙或憂鬱的等級程度，判斷長期逆境——特別是遭受信賴的人傷害——對人際關係的影響更為艱難。人類是社會的動物，我們來到這個世界，與其他人產生聯繫，並且從家人和朋友身上學習人際關係。對孩童來說更是如此，因為我們的生存和幸福取決於此。因為血緣或道德責任，某些人應該保護並且關愛我們，倘若他們失敗了，就更難以想像其他人還會愛我們，不但損害最基礎的信任感，也毀滅了最原本的希望和夢想。尋求關愛變得危機四伏且徒勞無功。

經過了多年的努力，珍妮佛始終無法拯救母親。「我想要救她，但她不聽我的話，我只能拯救自己。」她指的是自己離家出走，與外婆同住。珍妮佛最後一次衝出家的大門，跑向朋友的汽車時，母親在她身後大吼。「等到妳有了自己的孩子，妳就會明白！」彷彿珍妮佛也會做出一樣的選擇，彷彿珍妮佛的人生也會走上同一條路。

★★★

「歷史將會不停重演」是一句眾所皆知的陳腔濫調。從母親的怒吼，珍妮佛似乎可以預見自己在將來的某一天，身陷同樣的逆境，被一段不幸的婚姻限制，而且無法保護孩子。或許，母親的言下之意是珍妮佛可能成為家庭暴力的受害者，甚至是加害者。成長於不幸家庭的孩童，長大以後很有可能與當初的成人相似，幾乎已經是「不證自明」的道理。然而，比「不證自明」更糟糕的是，日常生活裡有太多用語，一再提醒我們這是真的：上梁不正下梁歪、有其父必有其子、有其母必有其女、有樣學樣、暴力孕育暴力，以及水往低處流等等。

沒錯，孩童確實靠著觀察他人而學習，並且經常模仿。「觀察學習」最有名的突破研究結果是史丹佛大學的心理學家亞伯特・班度拉提出的「波波玩偶實驗」。波波玩偶是一種與成人體型大小相近的充氣玩偶，身體外型接近保齡球瓶，臉上通常被塗繪成小丑表情。玩偶的重心在底部，遭受攻擊時會自動回彈。一九六一年，班度拉在史丹佛大學的護理學院拍攝了實驗過程。他找來一群學齡前兒童，讓其中一些觀看成年人攻擊波波玩偶——赤手空拳地毆打，使用槌子攻擊玩偶的臉部，將玩偶踢到空中。稍後，學齡兒童可以自由地與玩偶互動。曾經目睹成人行為的孩童更傾向於攻擊玩偶。波波玩偶實驗極具指標意義，因為其研究結果提供了強而有力的數據和影像，幾乎在每一本心理學入門教科書裡，都可以看見成年人與孩童攻擊波波玩偶的照片——支持最普遍的觀念：孩童有樣學樣。

班度拉的先驅研究成為所謂的「暴力循環理論」或常見的「暴露在特定虐待環境中的孩童，長大之後也會成為同樣的虐待者或受害者」觀點所使用的理論基礎。暴力循環理論，大眾更熟悉的正式名詞是「不當行為的代間傳遞」，其問題在於讓「失能」成為人類無法逃避的無限循環。但暴力循環理論的證據相當薄弱，相關研究也充滿方法論的問題，包括並未排除其他因素，例如貧困、酗酒和教育，並且過度仰賴極端案例的研究結果或臨床上少見的個案。一份回顧研究檢閱了一九七五年至二〇〇〇年間的「不當行為代間傳遞」相關研究之後發現，在兩百份研究文獻之中，只有十份的實驗設計足以證明其因果關係，只有一份使用了國家級的樣本資料。因此，回顧研究的作者群認為暴力循環理論根本不具一貫性。同樣的，二〇〇〇年，研究者針對「親密伴侶暴力的代間傳遞」進行了綜合分析，也相信家庭暴力史對於孩童成年以後是否會參與另一段行為不當的關係，只有微小至中等的影響力。二〇〇〇年以後的進一步研究成果認為，童年時期的家庭暴力與成年以後的暴力關係並沒有顯著的關係，除了極為嚴重的案例之外。

這意味著暴力循環確實存在於某些家庭，但不是大多數的家庭。許多暴露在暴力環境中的孩子，並不會在長大以後建立暴力的人際關係，其他的眾多因素亦是如此——個人的力量、環境中的積極層面，以及其他有影響力的人際關係也一樣關鍵。重要的是，同樣的道理也適用於其他類型的不當對待，無論肢體虐待、情緒虐待、性侵犯、酗酒或藥物濫用，以及所有超凡之子擔憂父母會傳遞給孩童的逆境。雖然某些童年時期遭受性侵犯的孩童，長大之後成為性侵者，但大多數的人不會如此。時至今日，學界仍然無法證明父母的養育方式猶如指揮棒一樣，可以明確地發生代間遺傳。離婚行為也不會影響孩童成長以後的婚姻結果。就算是確實會受到遺傳影響的問題，例如憂鬱症和酗酒，基因只有一半的影響力，另外一半的影響力來自於人際關係和環境。

綜合上述的討論，任何逆境或問題的循環理論，都只有薄弱的證據。家庭或社群裡流傳的問題確實會造成風險，這一點幾乎千真萬確，但承擔風險不代表命中註定或者被詛咒要面對特定的結果。同樣的，家族成員倘若有乳癌或心臟病史，可能會小幅度地增加我們罹患類似疾患的風險，但不代表我們一定會承受同樣的疾病折磨。事實上，得知風險可以督促我們更謹慎注意，做出正確的選擇，保持自己的健康。心理不幸福的家庭歷史也有同樣的效果。

我想和讀者分享一位牧師和我討論復原力現象時提出的寓言故事。兩名兄弟一起長大，他們的父親酗酒且施虐。其中一名兄弟長大以後，也有嚴重的酗酒問題，更不是一位稱職的父親。另一名兄弟相當節制，溫柔地照顧伴侶和孩子。官員詢問為什麼他們會成長至此，兩兄弟提出了一模一樣的答案：「我的父親如此，我當然也是如此。」有些人看見了父子之間不可逃脫的相似，另外一些人則看見了改變的必要。

★ ★ ★

孩童確實會學習父母以及周圍社會環境中的許多人，但觀察學習不只是「有樣學樣」。一九六三年，班度拉延續了先前相當有名的波波玩偶實驗，繼續讓學齡前的孩童分為兩組觀看成人攻擊波波玩偶。第一組的實驗條件是孩童看見攻擊者得到讚賞與獎勵。第二組的實驗條件則是孩童發現攻擊者將被訓斥和懲罰。相較於得到讚賞與獎勵的組別，看見攻擊行為帶來不良結果的孩童，比較不願意複製成年人的行為。不幸的是，班度拉第二次實驗結果的知名度較低，卻能夠顯示即使學齡前兒童也會同時注意其他人的行為與後果。

俗話說：「智者從他人的錯誤學習。」雖然我們傾向於認為模範人物提供了通往光明未來的道路，但有些影響力最深刻的人，提供的其實是警惕。我們看著他們沉淪，因此決定不可效法他們。我們發誓絕對不要和他們一樣。一項針對暴露在家庭暴力環境的青少年所進行的質化研究顯示，許多受訪者和珍妮佛一樣，擔憂自己也會陷入不幸的人際關係，然而，更多青少年則表示自己絕對不會重蹈家長的覆轍。他們緊密地注意情感追求者的行為，拒絕讓他們想起可怕父親或母親的人選。因為他們知道良好的人際關係並非理所當然，有些人甚至可以泰然自若地謹慎選擇。

「徹底地理解家長，就是不要成為他們。」李奧納多・森古德在《靈魂謀殺》裡如是說。紐約市長白思豪的人生故事就是如此。他的父親是參加二戰的英雄，返回美國之後卻成為冷漠疏離的酗酒者，最後終於在白思豪十八歲時自殺身亡。年滿二十歲之後，白思豪決定改隨母姓。他坦承，在某一段特定的時間裡，他也質疑自己能不能擁有家庭。事實證明，他不但擁有家庭，而且以伴侶和小孩為生活的重心。回首過去，白思豪贊許父親在戰爭時期的貢獻，並且提供了「非常、非常震撼的個人經驗，讓我明白如何經營人生。」白思豪說，從父親的身上，「我看見了負面教材，我知道了什麼不應該做。」

我們永遠都不能低估一個人願意改變的力量——無論究竟是什麼樣的循環，都會被打破。珍妮佛因此得到了力量。成年以後，她在每一件事情上，都與父母不同。她非常努力，得到了一份穩定的工作，永遠都有錢看醫生或購買生理用品。她選擇的伴侶和父親完全不同，兩人結婚的時候一起書寫婚姻誓詞，確認彼此的承諾，但拿掉了「無論是好是壞」。珍妮佛說：「這句話太常被拿來當成藉口了。」

然而，珍妮佛離家之前，母親咆哮的話語仍然如鬼魂般縈繞在她的心裡——「等到妳有了自己的孩子，妳就會明白！」——這才是她最害怕的。「我並不是不願意原諒父母。我原諒他們，也同情他們，但我不想理解他們。因為我相信理解代表替他們找藉口，代表我的生活和他們的相似，我也可能做出同樣的行為。我很努力地逃出童年環境，倘若陷入和父母親一樣的困境，簡直就是全天下最可怕的事情。假如生孩子代表我必須更體諒父母……那麼我做不到。」我告訴珍妮佛，一旦她生下了自己的孩子，也不會諒解父母，相反的，她可能會更無法接受他們的選擇。珍妮佛終於落下了釋懷的眼淚。

★★★

「每當人們問我，他們應該不應該生小孩，我的答覆很單純：『生孩子是最獨一無二的經驗。』沒有任何經驗可以取代生孩子。你無法和朋友生孩子，也不能和情人生孩子。如果你真的想要徹底地理解照顧另一個生命的責任，學會如何愛人，以及用最深刻的方式建立情感聯繫，你應該生孩子。」這是社會學教授莫瑞．史瓦茲❷的文字。他也是米奇．艾爾邦回憶錄《最後十四堂星期二的課》中的主角。每一位超凡之子思量是否應該生孩子時，我都想把這段文字分享給他們。

生小孩是一種自由選擇。想要讓自己的生活與父母的生活截然不同，其中一種方法

❷莫瑞．史瓦茲是社會學教授，與知名學者霍金罹患了相同的病症，肌肉逐漸萎縮，但神智依然清醒。莫瑞教授生前的最後三個月，米奇會在每個星期二前往莫瑞家中，暢談人生的困惑，例如死亡、愛情、婚姻家庭。米奇將這段往事寫成長篇回憶錄：《最後十四堂星期二的課》。

就是讓自己不要成為母親或父親。在超凡之子的眼中，成為家長是一種極度危險的行為，因為他們太清楚婚姻可能會失敗，童年也有可能不幸，不是所有的家長都能善盡責任。一些超凡之子選擇不要生孩子，因為他們已經太疲倦了，不想繼續照顧任何人——我的一位個案曾說：「我只想替自己而活。」理解自己的選擇是一件好事。然而，對珍妮佛而言，替自己而活是一條悲傷的道路。在過去幾年的心理諮商裡，這種感受就像風向球。珍妮佛父母的養育方式，可能讓她覺得自己不適合生孩子。或者，她擔心生孩子之後，就會陷入母親當年的困境，創造虐待和不幸的循環。然而，這都不是真相，不是她不想要孩子的真實原因。

珍妮佛還沒有發現也不相信擁有自己的家庭是一次機會，能夠切斷過去，打破所有的循環。古典鋼琴家詹姆斯·羅德斯曾經自認永遠不可能成為「傑出、富生產力並且正常的社會成員」。他也猶豫過是否應該成為父親，因為他害怕孩子會承受他當初的苦痛，或者說，就是因為他經歷過那份折磨。然而，詹姆斯最後卻說，他但願自己當初就能如此單純地認為：「我的兒子出生之後，代表我過去的生命即將結束，嶄新且充滿意義的新生命就要開始了。」我的意思並不是主張超凡之子的生育必定如此單純，或者必定在過程中如獲新生，但我相信這種轉變是可能的，而且確實發生了。

珍妮佛生下第一個孩子之後，驚訝但釋懷地發現，她的人生確實改變了，每一天起床，就像活在一個嶄新的世界。這個世界當然沒有改變，但珍妮佛從醫院回家的路上，用一種抽離的好奇心觀看周圍高速移動的汽車，每個人都在爭先恐後地上班、吃飯、到商店購物或者回家，彷彿世界從未改變，但珍妮佛的一切都變得不同了。她與新生兒坐在後座，他的雙眼無憂無慮地望著母親，瞳孔彷彿晴空般清澈。

人們說，養育小孩會讓我們成為居住城市的觀光客，因為我們開始到公園，參觀博物館和動物園，在此之前，我們根本不知道城市裡有這些地點。珍妮佛的兒子以及第二個小孩，女兒，稍微長大之後，她開始覺得自己是「生命的觀光客」。她當然也初次造訪了許多地點，但不只如此。現在，珍妮佛有了新的使命與重要任務，新的角色和身分，並且體驗了前所未有的幸福。女兒從幼兒園回家之後，開始填寫「關於我」的回家作業，其中一題照樣造句以「我覺得」開頭，六歲的女兒以潦草的字跡寫了「待在家裡很平靜。」珍妮佛不曾從幸福兒童的雙眼看待這個世界。

這一章的主題是擁有家庭，「復仇者」似乎是一個詭異的章名。但是，我相信有些超凡之子可以理解，因為他們相信幸福的生活就是最好的復仇，而生孩子就是幸福生活最重要的行動，也是最涉及個人情感的反擊，並且改正童年的錯誤。作家喬納森·薩弗朗·福爾接受美國國家廣播電臺訪問時回憶了自己的奶奶，她是猶太人大屠殺的倖存者。福爾談論養育小孩及孫子對奶奶的意義：「奶奶說：『雖然其他人擁有鑽石和珠寶，但你們就是我的鑽石和珠寶。你們就是我的復仇。』她的幸福……她對幸福的定義完完全全來自於她的家庭遭遇，而且，她的幸福就是最好的復仇。」

珍妮佛的小孩是她的鑽石和珠寶，她非常珍惜也不曾想像自己可以擁有這些幸福的時光。兒子雙手捧著石頭送給媽媽，彷彿那是世上最珍貴的珠寶，對珍妮佛來說，當然是最珍貴的珠寶。兒子和女兒走下校車，瘋狂地奔回家門，看在珍妮佛的眼裡，與自己當年逃家的經驗形成了鮮明的對比。她聽見孩子衝向餐桌，興奮地期待今天可以吃到哪一種喜歡的食物。「我不記得自己真的喜歡吃什麼。」她說：「更不曾期待吃到喜歡的食物。」

研究顯示，隨著年紀增長，平凡的經驗會讓我們更快樂。或許，對超凡之子來說，這是千真萬確的真理。因為平凡的生活就像不凡的體驗。只是想要住在安全的家庭就像奢侈的心願。照顧孩子的需要以及我們自己的——也像昂貴的夢想。在他們心中，平均且可預期的生活是如此的驚人不凡。他們從來不能想像自己擁有家庭與愛。

「我從來不知道自己可以擁有這樣的生活。」珍妮佛說：「年輕的時候，我不曾認為任何人覺得我很重要。現在，孩子們會跑到家門口迎接我，就算我只是很快地出門辦事情，馬上就會回家，他們仍然會瘋狂地揮手向我道別。我變得很重要，太重要了，我的心都會因此疼痛。我的生活太美好，我很害怕。」珍妮佛從來不害怕失去任何東西，有時候——或者說，她其實經常非常恐懼幸福無法長久。她終於發現養育小孩的深邃幸福、意義和脆弱其實十分常見，極度的「正常」，而正常，就是最重要的發現。

★★★

珍妮佛現在的生活，有時候就像她的童年往事從來不曾發生。當然，她偶爾還是會想要回到過去，不要爸爸也不要媽媽，重新開始生活。珍妮佛替孩子以及自己難過，她看著其他人的爺爺奶奶來到這座城市，擁抱剛出生的孫子，參與學校舉辦的祖父母活動，或者提供建議，哪怕是最微小的建議。「我靠亞馬遜網站養小孩。」珍妮佛曾說，意思是她幾乎只能上網搜尋資料，觀看其他家長的評論，才能決定要購買哪一條毛巾、哪一本書、哪一輛腳踏車給孩子。

她不讓兒子女兒看見自己這一面，就像她不讓朋友發現自己的困難，但她在我的會談室哭泣，擔心其他人有一天終究會發現她的童年經歷。「我希望永遠不要告訴他們。我不想欺騙孩子，但更不希望他們看著我，想要理解我或者他們自己的時候，就會想起我的父母。我千辛萬苦才擺脫過去，讓我的孩子擁有截然不同的生活。我不要他們擔心。我不想變成他們心中的悲慘故事。我只想要當他們的媽媽。」珍妮佛費盡一生看著自己的母親，卻只看見困境。她希望成為不一樣的母親，不光是讓小孩擁有一個無憂無慮並且保護他們的家庭，也不要讓孩子承擔困境。珍妮佛想要給孩子希望。

「妳的爸爸媽媽是誰？」一天晚上，珍妮佛與孩子在披薩餐廳吃晚餐，八歲的兒子想要認識外公和外婆。他在學校畫了家人樹狀圖，卻沒辦法想起媽媽的家人。珍妮佛只能笨拙地開始談起自己的父母，有些人必須面對嚴重的問題，沒有辦法善盡良好父母的責任，也不能像珍妮佛一樣享受為人母親的喜悅，所以她當初只好離開家裡，和外公外婆一起生活，他們照顧珍妮佛，就像真正的爸爸媽媽。珍妮佛向兒子解釋，在不同的時期，她有不同的爸爸媽媽。年輕的時候，她與親生父母一起生活，後來外公外婆也變成她的爸爸媽媽。

珍妮佛說話的時候，兒子眨眨眼睛，專注聆聽。雖然只有幾分鐘的時間，但珍妮佛望著兒子的眼睛，想起當初從醫院回來的時候，但兒子的眼睛已經不再與過去毫無關係，他正在接納媽媽的過去。

珍妮佛緊張地等待兒子的回應，連呼吸都不敢用力。

「我眼裡的媽媽變得不一樣了。」他終於開口說話，聽起來非常堅定，而這就是珍妮佛長久以來最害怕的結果。

她的心情沉重，再也無法言語。

「媽媽……妳是一個真正的人類。」兒子的眼裡閃爍著快樂的光芒。「妳就像灰姑娘！」

珍妮佛淚如雨下，雖然震驚，但露出了釋懷的笑容。她的兒子完全不認為媽媽只是一個悲慘的故事。媽媽是真正的人類，媽媽以前承受了痛苦，但終於找到了愛和幸福。

第十七章

愛的力量

歷史的弧線總是指向公義，生命的弧線也永遠朝向幸福愛是勇者的優點。

——甘地

一九三八年——超人首次登上漫畫版面的那一年，哈佛大學的醫生、研究者亞倫・布克開始了一項有史以來歷時最長久的幸福研究計畫。布克的計畫獲得了零售業大亨威廉・格蘭特的資助——格蘭特的財富堪稱是當年的山姆・沃頓❶。起初，布克的目的是反對醫學研究界將重心擺在疾病，但「成人發展研究」——這個研究也會被永遠稱為「格蘭特研究」，最後決定著手理解什麼樣的人才能獲得成功幸福。

格蘭特研究謹慎地遴選了兩百六十八名哈佛大學學生作為研究對象，因為一般人認為他們的知識、身體條件以及情緒狀況都相當優秀。這群學生出生於第一次世界大戰末期，童年時期經歷了「咆哮的二〇年代」❷，青少年時期則目睹了經濟大蕭條。他們全都是白人男性，符合當時的時代特徵，其中許多人（但並非多數）都擁有相當優渥的成長環境。一些學生的家族世代定居於美國，其他學生則是移民。將近半數的學生領取財務補助，但也有一些學生來自經濟條件良好的上層社會。半數學生的父母沒有大學學位，許多曾經歷貧困、家人酗酒或其中一位家長死亡的逆境。無論如何，每一位接受研究的男學生都成功地進入哈佛大學。這是一群極為可能功成名就的學生團體，許多人確實成功了。

一開始，調查者只知道這群學生的「代碼暱稱」和「編號」，其中許多學生後來成為傑出的佼佼者，例如參議員或法官，隨著時間經過，少部分的學生身分也被公開了。曾經擔任《華盛頓郵報》執行編輯的班・布萊德利在回憶裡揭露了自己成為格蘭特研究對象的往事，美國總統約翰・甘迺迪亦被揭露是「格蘭特成員」。布克和格蘭特就像研究先驅，《哈佛緋紅》評論他們的研究成就「有一天可能會成為哈佛大學對社會最重要的貢獻之一：分析何謂『正常』的人。」然而，分析正常人並非兩位創辦者最早的目標，他們想要尋找的是「功成名就」的祕密。

在社會科學領域中，有一些研究想要拓展其研究的「廣泛程度」，因此會在大樣本的研究對象中，蒐集特定的小型數據資料，但格蘭特從一開始就決定採取另一條路：「深入探索」。生物決定論統治了一九三八年，當時的研究者普遍相信，能夠在生活裡取得成功者，必定是因為與生俱來的超級力量、超級智慧或者任何超級特質，即使超人也不例外。因此，布克與他的同僚包括一位內科醫生、一位心理學家、一位體質人類學家、

---

❶ 山姆・沃頓是美國沃爾馬超市的創辦人。

❷ 咆哮的二〇年代是指美國與西歐於一九二〇年代中在社會、藝術和文化活力中的蓬勃發展。

一位心理醫生、一位生理學家、一位社工以及兩位祕書，滿懷熱情地深入探索研究對象的健康狀態。格蘭特成員接受生理與智力測驗，在哈佛大學疲勞實驗室的跑步機上賣力奔跑，進行羅夏克墨跡測試[3]，字跡受到專業分析，甚至接受當時剛問世的腦電波檢驗。除此之外，研究團隊縝密地記錄格蘭特成員的飲食習慣，包括早上第一杯咖啡加入多少糖。他們的生理檢查鉅細靡遺，所有身體特質都成為正式紀錄，從眉脊到器官功能，包括許多文章為了表達格蘭特研究的細緻，經常提到的「陰囊的懸空長度」。社工團隊也會拜訪格蘭特成員，蒐集這些男人的童年與家庭歷史，但一直要到多年以後，研究者才能取得這些資訊。

心理學家喬治·威蘭特後來也加入了格蘭特研究團隊，隨著時間流逝，他成為團隊裡任期最長久的主導人物，也是計畫代表寫作者，將格蘭特成員數十年來累積的資料化為書籍。他最近期的作品是二〇一二年出版的《經驗的勝利》。此書分析格蘭特成員從十九歲到九十歲（而且持續追蹤中）的資料，準確地分析他們成就背後的祕密。從哈佛大學畢業之後，超過八〇%的格蘭特成員曾經在一九四〇年代的二次世界大戰中服役，大多數的成員都結婚並且生下子女，建立自己的家庭。從一九五〇年代至一九八〇年代，他們的職業生涯和個人關係都往前邁進，某些人則是結束了。一九九〇年代之後，他們退休並且步入老年。研究團隊繼續記錄格蘭特成員的生理指標，並且定期地請成員接受調查與填寫問卷，甚至進行人格測驗，接受面訪，就連配偶和孩童都會參與計畫。

布克和格蘭特催生這項研究計畫的原因，是希望揭開功成名就背後的祕密，但研究和人類的生命鮮少如此單純簡單。沒有任何一位格蘭特成員擁有迷人的完美人生，他們全都承擔了某種形式的掙扎。當初的研究者努力測量記錄的生理條件，也沒有任何一項能夠預測格蘭特成員的未來。例如，只要超過一定程度——事實上，只需要比平均多出一個標準差，高智商也沒有辦法帶來成功。智商介於一一〇至一一五的格蘭特成員在職場的良好表現，與智商高於一五〇的成員幾乎完全相同。拆散家庭的主因不是眉脊或喝茶時加了多少糖，而是酗酒。年過五十之後，三分之一的格蘭特成員都曾在某一段期間承受至少一項心理疾患，例如憂鬱或焦慮。然而，這個發現卻讓研究創辦人相當沮喪。一九六〇年代時，布克曾經告訴威蘭特：「當年我選擇這些孩子時，他們還很正常。」等到格蘭特成員九十歲，研究者已經能夠分析其一生經歷時，威蘭特提出了最基本的詮釋，但我們無法得知早已離開人士的布克會有何反應。威蘭特認為，從目前的研究成果來看，

❸羅夏克墨跡測驗又稱墨跡測驗，讓受試者觀察卡片上的墨跡，回答墨跡顯示出何種生物、物品或事件，藉此分析受試者的人格特質。

最能夠影響格蘭特成員的一生，決定其人生是否幸福成功的因素，完全出乎研究創辦者當年的意料之外。答案就是愛。

一九五八年，格蘭特研究招募第一群研究對象的二十年之後，哈利．哈洛在美國心理學會年會的主席致詞裡悲嘆地說：「對於愛與情感的起源和發展，心理學家不但沒有興趣，似乎也不知道它們的存在。」格蘭特研究的起點也是如此，然而，隨著研究即將結束，研究成員也無法忽略事實：在生活裡得到愛的人，能夠在家庭和職場綻放光明，沒有愛的人則無法得到同樣的幸福。愛，可以創造差異，也會以不同形式出現，有時候是童年：相較於童年荒蕪孤獨的格蘭特成員，童年非常溫暖，覺得被重要的人關愛與照護的格蘭特成員，收入提高了五〇％。成年以後，他們更容易滿足於自己的生活，也可以得到充滿愛的關係。

但是，就在我們相信幸福的生活取決於良好的父母之前，我必須強調威蘭特也清楚地提到愛有許多種形式。他從格蘭特成員的生活裡看見了改變生命的溫暖，關愛和照顧可以來自於父母、朋友、老師、祖父母、阿姨、叔叔、導師、護士和手足。舉例而言，年過六十之後仍然非常成功的格蘭特成員裡，九成都在年輕時與兄弟姊妹感情融洽。威蘭特也提出另一個非常深刻的觀察：愛也能夠來自於上一章的主題：小孩。一位格蘭特成員曾說：「你們知道我從孩子身上學到什麼嗎？愛！」「雖然在每個人眼中，愛的模樣不盡相同。」威蘭特結論道：「愛就是愛。」

彼得．史考特❹談到格蘭特長期研究計畫時曾說：「其後續的影響是偉大的真相揭露者。精緻理論的基石被打碎了，才能孕育新的理論。」格蘭特成員的生活全貌揭開了計畫創辦者意料之外的真相，事實上，甚至毀滅了他們最早設想的精緻理論：單一的生理特質，例如腦波或智商，就可以創造一個人的幸福生活。從回顧的角度而言，當初他們決定進行如此簡化的研究幾乎可說是非常天真，但也許布克和格蘭特並非如此，只是沒有看見正確的方向。請讓我引述威蘭特的想法，成年生活的幸福關鍵非常單純：「至少我個人相信，格蘭特計畫耗費七十五年和兩千萬美金的研究經費，找出了九個字的結論：愛就是幸福，如此簡單。」

★

★

★

---

❹彼得．史考特是一位心理學家，也是溫尼寇特的通信友人。

格蘭特計畫的哈佛學生可能不是最普遍標準的樣本，但威蘭特的結論確實言之有理。世界各地的許多研究結果都推測，良好的人際關係是最重要的關鍵因素，能夠讓我們找到生命的意義。特別是在探討復原力的多份長年研究中，愛都是最關鍵的幸福能量。美國青少年健康長期調查分析了超過一萬兩千名個案之後相信，青少年面臨可能造成不良後果的風險時，最能保護他們的關鍵，就是他們與家長、老師或啟蒙導師之間建立良好的聯繫。另外一項長期的追蹤調查計畫耗時十四年，追蹤了將近七百名背景多元的青少年與其家庭之後也認為，倘若青少年正在努力對抗生命的逆流，父母、朋友、老師、導師、親戚以及愛人就是最重要的「生命線」。還有一份研究計畫費時十七年，追蹤了三百位青少女母親之後發現，家長或其他重要人物的支持，讓年輕的女孩在課業與職場取得完美成績。另外一份相當知名的研究分析了五百名貧困的青少年犯罪者，結果顯示，成年之後能夠保持「穩定工作」並且感受「愛」的個案，觸法的機率大幅降低。我們已經提過的考艾島長期研究結果也指出，過去掙扎的青少年在成年以後，如果擁有良好的婚姻，只有六分之一的比例在成年以後依然不快樂（有些個案的第一段婚姻過於感情用事，但第二段的婚姻倘若幸福穩定，也有同樣的效果）。良好的婚姻關係，穩定且充滿關愛的伴侶是成年時期最重要的「第二次機會」。在超凡之子克服逆境、重新復原的祕密故事裡，愛是最偉大的重新啟動。

就在前幾章的故事裡，我們已經見證超凡之子如何找到極富創意的方法，在成年時期重新開始。他們遊走在抽象概念與現實生活之間，相信生命可以擺脫過去，過去不必成為新生命的開端。許多超凡之子搬家、換工作甚至改名，因為他們希望獨立自主地解決問題，而這是一個人就可以做到的改變。有時候，許多人無法理解，至少超凡之子並沒有發現——與他人建立嶄新的情感關係也能協助他們重新開始。

良好的情感人際關係與幸福生活之間的關係，是社會科學研究裡最一貫的發現。然而，就算威蘭特所說的「愛就是幸福」是真的，許多超凡之子也頑強地相信他們永遠得不到愛。正如讀者所想的，他們認為只有其他人可以得到愛。愛是一種奢侈，只有成功的人才能擁有，只能僥倖在這個世上生存的人，根本不配得到。愛是一種多餘的情感，對於「戰鬥或逃跑」反應沒有任何用途。超凡之子經常感受超人在一九三八年首次登上漫畫版面的處境。他高大強壯，身手矯健，將一輛被打壞的綠色汽車高舉過頭，壞人從四面八方襲來。但是，我們看不見愛。

★　★　★

一九五八年，哈利．哈洛向美國心理學會的同僚表達悲嘆，認為他們沒有看見愛的存在。同一年，精神分析學家約翰．鮑比發表了一篇論文〈孩童依附母親的本性〉，徹底改變了一切。在這篇論文中，鮑比的文字開創了後人所說的「依附理論」：嬰兒出生之後就會與周圍的人產生緊密聯繫。根據鮑比的想法，愛根本不是演化過程的多餘奢侈品。愛被剝奪的人也許會有這種感受，但愛與被愛是人類與生俱來的本能，而且是生存的重要關鍵。我們呱呱墜地，開始依附照育者，通常是母親或父親，對著他們微笑，緊緊地跟隨他們，因為這就是適應本能。如果我們飢餓或內心不安，察覺外在世界的危險或饑寒交迫，只有在照護者的庇護裡，我們才能得到安全與慰藉。無論嬰兒、孩童或成人，都符合這個道理。鮑比相信：「所有的人類，從搖籃到墳墓，只有生命宛如井然有序的快樂旅行時，才能得到真正的幸福。無論旅途的遠近，我們必須從照護者提供的安全地點出發。」尋找親密關係和愛是人類的本能機制，也許是最重要的適應能力，也是我們生存與成功的方法。

請容許我短暫地介紹薇拉．戴維斯的故事。她是榮獲奧斯卡金像獎、艾美獎和東尼獎三大殊榮的演員。倘若世上真有超凡之子，她的故事必然是其中之一。「我覺得自己是一名英雄。」二〇一六年，戴維斯在《紐約客雜誌》接受影評人約翰．拉爾的專訪時曾說：「我沒有斗篷，也沒有真言套索。但是我聽見了召喚，要我踏上冒險的旅程，讓我超越自己的生命。」戴維斯出生在極度貧困的家庭，父親酗酒並且經常毆打戴維斯的母親。戴維斯與妹妹沒有乾淨的衣服和食物，學校的營養午餐是她們唯一穩定的飲食。她在外套裡藏了一根針，保護自己不要在白人居多的羅德島遭受種族暴力攻擊。由於家庭狀況不佳，戴維斯和妹妹在學校經常受到刁難，但她說當時根本無處求助。「我們沒有逃走的機會。」她回憶道。

為了拯救自己，戴維斯和妹妹將「假扮遊戲」❺和課後活動視為對抗且逃離逆境的方法。「我們就像獵人。」戴維斯說：「就算沒有興趣，我和妹妹依然從事那些活動，只是想要逃跑，讓自己的思緒移轉到其他事物。」演戲最後成為兩姊妹的出口，成年以後，戴維斯走入了茱莉亞戲劇學院、紐約劇場、好萊塢，她贏得了數十個獎項、超過一百次的提名，也榮登星光大道的紅毯。

戴維斯接受拉爾專訪時提到：「我在某個瞬間突然頓悟了，原來創傷永遠不會消失。」到了三十五歲左右，戴維斯只有一次的情感關係經驗，而她的男友只有說過一次

❺ 假扮遊戲（make-believe）是一歲半左右的幼童經常玩的遊戲。孩童會假裝自己是某些人、面對某些事物或特定環境，能夠協助幼兒發展情緒、認知、社會和語言。三歲至六歲期間是假扮遊戲的高峰，過了六歲之後，逐漸隨著現實生活的體驗增加，孩童進行假扮遊戲的頻率就會減少。

「我愛妳」。戴維斯決定尋找心理諮商，處理自己的焦慮和低自尊議題，並且找回了愛人的勇氣。「我遇到丈夫的那一刻，一切的痛苦停止了，包括擔憂和焦慮。」或許戴維斯的故事聽起來過於輕鬆，可能並非每一個人都是如此，但科學支持戴維斯的經驗。

★★★

「生命的所有時刻，定義了我們——我們的一切，存在於生命的所有時刻之中。」湯瑪斯．沃爾夫❻在《天使望鄉》如是寫道。行筆至此，我相信讀者應該非常地清楚，反覆持續的負面時刻會影響我們的心靈，同樣的道理，反覆持續的正面時刻也有一樣的效果。就像引發壓力的各種經驗會觸動杏仁核、提高壓力賀爾蒙，並且增加人類大腦和身體的負擔，與愛人相處的甜蜜經驗則會產生恰恰相反的效果。

當我們感受老師或導師的支持、在充滿關愛的家長或愛人建造的安全堡壘裡覺得舒適、照顧自己的孩子或者與朋友共度一段輕鬆愉快的時光，人腦的杏仁核就會平靜，壓力賀爾蒙指數也會降低，啟動人類大腦的獎勵系統。我們感受好事發生，就能讓自己的感受變好。肢體的親密行為如牽手、撫摸、擁抱、親吻、性行為可以降低壓力賀爾蒙，增加催產素❼和血管加壓素的分泌，這兩種激素也被稱為「愛的賀爾蒙」。凝視鍾愛之人的照片就能讓我們冷靜，也可以關閉內在的警告系統。

然而，愛不只讓我們的頭腦冷靜，也能改變大腦，或許比其他因素更快更好。愛可以安撫杏仁核，減少壓力賀爾蒙，也能讓大腦不再思慮戰鬥或逃跑，能夠開始更新更寬闊的學習。在人類的一生中，大腦不停地適應、再適應周圍世界，倘若世界發生改變，大腦也會改變。這就是所謂的「神經可塑性」。愛不只是「適用」神經可塑性，心理學家路易斯．柯佐里諾更主張：「（神經可塑性）最重要的貢獻者就是愛。」正如鳥類藉由觀察同類而學習歌唱的速度快過於聆聽錄音帶，孩童與其他人實際互動，而不是觀賞錄影帶，才能學會更好的互動方式，情感關係也讓成年人更快速地理解世界。

---

❻湯瑪斯．沃爾夫是美國二十世紀初期的小說家，一生總共創作四部小說，特色是高度的原創性，充滿詩意的筆觸以及悲劇故事。《天使望鄉》充滿了自傳色彩，將沃爾夫和其家人的生活視為原型，從父母的家世出發，故事一直發展至主角大學畢業為止。

❼催產素（oxytocin）是一種哺乳動物激素，也能製作成藥物，經常用來促進子宮收縮，用於加速分娩以及停止產後出血。除此之外，近年來的研究成果開始專注在催產素對各種人類行為的影響，包括性高潮、社會認同、夫妻或情侶之間的融洽情感。

隨著時間經過，某一個令人歡愉的事件（經驗）發生了，無論具體的內容是什麼，又是什麼人讓我們產生快樂的感受，就能夠對人類的身體和大腦產生許多益處，例如降低血壓、降低心血管的壓力反應、減少罹患心臟病的風險、改善免疫功能、減少憂鬱與焦慮、改善睡眠、延年益壽、增加信任感、心胸開闊、更寬闊的人際關係、提升創造力與認知功能。正如羅伯特．布洛克在參議院的委員會會議裡所說童年逆境「可能是造成美國成年人陷入嚴重健康問題的主要原因」，成年期與其他人共同建立的正面經驗，可能就是創造良好健康狀態與幸福的主要原因。

這些討論的意義在於，感受良好不只是「遠離壞心情」。積極正面的經驗能夠修復我們的心情，因為它們改善負面的經驗。心理學研究者芭芭拉．費德克瑞森曾說，積極正面的感受可以創造「修復效果」，而其中最重要的就是愛。然而，愛無法簡單的定義，所以費德克瑞森等理論家傾向於將「愛」視為一種傘狀的名詞，包容了相互照顧的人際關係所產生的一切良好感受——快樂、感激、滿足、興趣、希望、自豪、愉悅、啟發、崇敬。因此，愛帶來了雙重好處：積極正面的感受和人際聯繫，並且降低壓力和孤立引發的傷害。愛如良藥，緩和身體和心靈的負擔，提高人類從逆境中復原的速度。愛的治癒聽起來或許就像陳腔濫調，但愛能夠修復壓力和創傷，可能也沒有任何事物能夠與愛的力量相提並論。

★ ★ ★

行筆至此，我發現自己讓讀者看見了一個矛盾的衝突，這也是超凡之子每天面對的問題。在許多章之前，我們開始探索人生的起源故事，也知道大腦的功能是「求生」，而不是追求快樂，因此，心理學研究者羅伊．鮑美斯特才會說：「壞的記憶比好的記憶更強烈。」「壞情緒、惡劣的父母以及不良的回應所創造的衝擊更勝於好的情緒。人類的大腦也更仔細地消化、處理負面的資訊。」職是之故，最艱困的時刻才會對我們的生活與記憶產生極大的影響。然而，正如我們方才的討論，愛也擁有超凡卓越的力量。

對於許多超凡之子而言，他們最重要——也是最後一場的戰鬥並不是世間的是非正義，而是內心的快樂與痛苦，因為快樂與痛苦的經驗在我們的心靈裡戰鬥。這場戰鬥非常艱困，大腦的功能也不是讓快樂的經驗獲勝，卻值得我們付出全力。

當然，我們必須承受許多危險與恐懼。每一天，我都會聽到每個人的恐懼：人際關係非常辛苦、我從來都不知道他們想從我身上得到什麼、我不想面對新的問題、人際關係根本不值得我冒險、我不想無時無刻都擔心害怕、我不想被困住、我不想被控制、我不想被傷害、我不想到最後又回到童年時期目睹的逆境、我花了一輩子的時間逃離當初的不幸、我不想費力討好別人、我不想照顧任何人、這個世界很爛、我已經承受太多了，一點都不值得。

沒錯，許多超凡之子已經承受了很多痛苦，任何嶄新的人際情感關係也都藏著風險，可能會像以前一樣，再度傷害我們。請記得，家庭是美國最危險的地點，也可能是最難以鼓起勇氣的場所，就算在家庭之外，許多人依然在情感關係裡受到傷害。我們在這本書裡遇見的第一位女性海倫正是如此。她失去了弟弟和父親。她像超級英雄一樣奔馳到我的辦公室進行心理諮商。「我走遍世界各地，為了追求世間的正義而努力奮戰，但回到家鄉面對自己的問題，是我最有勇氣的行動。我必須愛媽媽，就算她的心已經支離破碎，根本沒有辦法愛我了。我想要擁有自己的家庭，雖然我知道有一天可能會失去家人。」

想要克服自己的生命經驗，需要很大的勇氣，不光是在陌生的地方展開新生活，也要嘗試擁有不曾體驗的情感關係。

敞開心胸，需要很大的勇氣，就算我們不知道他們會如何回應，就算不是每個人都會明白我們的痛苦，但總會有一個人理解我們。

我們必須勇敢無懼地相信，自己可以擁有比父母更好的工作和家庭，我們可能是家族中第一個找到愛的成員。

我們必須果敢地相信，我們值得良好的對待，不是因為我們做了好事，而是因為我們很善良，而且其他人也願意妥善地對待我們。

記得並且感激一路上曾經照顧我們的人，縱然很費力，也許他們無法解決我們的問題，依然非常重要。

薇拉．戴維斯曾說創傷永遠不會消失，她是對的，但她也正確地指出愛可以戰勝恐懼。她的人生雖然只是一段故事，但我已經無數次聽到一樣的故事，在這本書裡也有同樣的故事，雖然形式有些不同，但都是一樣的。請讓我解釋這些故事的啟示。

好的伴侶與不好的伴侶，都能產生極為有力的影響。山姆的父親在他小時候就離開了，只留下了支離破碎的十元鈔票和樂透彩券，於是山姆發誓永遠不會結婚，但他改變了心意，因為他遇到了一個女人，她可以理解其童年痛苦以及內心深處害怕離婚的憂慮。她告訴山姆：「你也失去了爸爸。」山姆當然永遠無法遺忘痛苦的回憶，但他的新記憶才是最重要的。「我的妻子是我最好的禮物。」他的語氣非常快樂，他從來不曾期待自己也能找到幸福。「有時候，我甚至覺得妻子是我唯一的收穫。」

讓孩子得到快樂的童年，可能比擁有快樂的童年更好。正如「助人為快樂之本」，我們應該努力成為某個人生活裡的好人，成為自己的孩子身旁的好人，能夠讓我們感受無比的獎勵，甚至得到一股令人敬畏的神奇感受。「我已經習慣性地相信，因為童年，我可能比別人更不適合成為父母。現在，我反而相信，就是因為童年經歷，我比別人更適合養育孩子。」珍妮佛談到成為母親之後的喜悅經驗時曾說：「每一天，就連最細微的小事，我依然無法相信這就是我的生活。」

在這樣的故事中，好人永遠都有一席之地，就算只是支持性的角色。為了哥哥亨利而成為超級手足的伊莉莎白醫生，也說她與妹妹之間建立了一種「從出生到死亡」的重要關係：「我們之間的強烈聯繫，是大多數的兄弟姊妹，甚至伴侶，都沒有的。只要活著，我們就必須一起照顧哥哥，從許多方面來說，妹妹都是我的生命伴侶。」離家追求重新啟動的安東，雖然與第一任女友分手了，但她留下了永恆的正面影響：「我們曾經擁有的生活改變了我的想法，我開始相信生命擁有無限可能。我知道自己可以被愛，也能得到幸福。她看著我的眼神，改變了我對自己的觀點，也影響了我的發展。」

愛不會被限制在家庭裡。凱文小時候，父親禁止他上學，回首過去，他看見了善良的人，他記得寫信讓他進入洛杉磯名門大學的老師：「對他來說，也許只是舉手之勞，但那封信讓我逃脫了被囚禁的人生。他可能不曾愛我，或者根本不知道我是誰，但他改變了我的一生。為此，我永遠愛他。幾年以前，我寫信給他，向他表達我的心情。」根據心理創傷專家貝賽爾．范德寇所說，治療創傷是「記得我們如何生存以及創傷悲劇的真相。」通常，想要治療創傷，我們也要記得世界上總有人協助我們度過難關。

警戒和恐懼之間有著差距。我們需要勇氣，以及一定程度的自知和謹慎，才能找到不再傷害自我的人際關係。海軍士官保羅讚譽父親鼓勵他，讓他挺身而出，勇敢對抗霸凌。「我比許多人更防備——我謹慎地挑選朋友，但我決定不要因為被霸凌的經驗，拒絕和全世界交流。」擁有貓頭鷹刺青的潔希則是慎重地尋找伴侶，她在他的身邊可以安心入睡，得到不曾想像的平靜。社工大衛穿著斗篷，拯救了罹患憂鬱症的母親，同樣謹慎地尋找一名不需要他拯救的伴侶。

我們在人際社群裡體認到「團結就是力量」。瑪莎，想要逃離母親狗仔隊的女演員，她的身旁現在都是真心的朋友，不需要她用任何方式對著相機鏡頭微笑，也不強求她為了誰而活：「我不確定自己是不是想要一直和女人約會，但我覺得很快樂，我決定順從自己的感受。」配戴蝙蝠俠戒指的瑞秋，從朋友身上找到最重要的支持。被哥哥性侵的陰影以及過於膨脹的自我質疑，導致沒有任何一個人，就算是心理醫生或伴侶可以克服她的負面情緒。「我不希望未婚夫的愛情是我唯一覺得自己正常或珍貴的理由。」她仔細地省思道：「這樣會讓他承擔太多壓力，我們的感情也會變得沉重。我相信，愛應該來自於不同的人，才是符合現實的想法。」

也有一些人在心理治療裡找到了能夠修復自己的人際關係。佛洛伊德曾說：「精神分析的本質是用愛治療。」遭到教練性侵的蜜雪兒，在心理治療裡感受到愛，然而，她曾經無法相信不是專業心理醫生的人願意妥善地照顧她。「謝謝妳，是妳第一個告訴我，我很堅強，我可以復原。」她說：「倘若十五年前，我也能夠找到一個人傾訴，倘若某個人願意相信我，也許我現在也能擁有情感關係。」但蜜雪兒的人生還沒有結束，只要她願意，她依然會找到一段美好的情感關係。

當然，這種故事的發展不只一種，我們的美好感受也不會局限在某個特定的地方。正如大腦無法區分不同類型的逆境或壓力，因為不同的創傷之間並沒有高低之分，大腦也不會分辨各種類型的正面感受或人際聯繫，愛也沒有高下之別。「愛就是愛。」威蘭特如是說。

★★★

「我的父親很懦弱，母親囂張跋扈，學校的老師總是瞧不起我，部隊的長官殘酷成性，我和男性朋友之間的關係相當惡質，我交往過的女友總是壓抑我的男性氣概，但我的老婆是完美的人，我的三個小孩亂七八糟，我的生活到底做了什麼好事？」榮獲普利茲獎殊榮的漫畫家與嘲諷家朱利耶斯．菲佛曾經如此評論自己的人生，描述了成人時期的各種人際關係和人生之間的差異。他的文字也指向了威蘭特數十年來研究格蘭特成員的第二個結論，也是我希望世界各地的超凡之子都能明白的道理：從長期的角度而言，好事比壞事更重要。

在格蘭特研究中，威蘭特發現，隨著時間經過，童年時期的各種因素對一個人的影響，遠比我們想像的更少。不同的童年逆境，例如健康問題、家庭失能或經濟弱勢，根本無法影響未來。就算童年時期失去了其中一位家長，也幾乎無法預言一個人在五十歲之後的人生，到了八十歲之後，曾經失去家長的格蘭特成員，與家長能夠親眼見到小孩長大的格蘭特成員，兩者同樣幸福健康。威蘭特相信，在能力和幸福的世界裡，真正重要的關鍵影響因素是他們的成功，不是失敗。他們擁有的愛更重要，更能夠跨越多年的時間，而他們童年時期的匱乏不重要。

我們可以在成年以後學習（或重新學習）如何愛人與被愛，雖然有些人認為「永遠可以仰賴他人」更好，進而貶抑了學習愛人的重要，但這種想法不但毫無基礎，而且有失公允。研究顯示，在成年時期才明白如何建立穩定滿意情感關係的人，一樣能夠得到幸福，通常也非常享受自己的生活。成人時期的人際情感關係是我們學習愛的第二次、第三次、第十次甚至是第二十次的機會。每一個人與另外一個人的相遇，都是一次嶄新的機會，不但重新建構了我們的情感關係，也會改變我們的大腦與生活。

這代表一切永遠不會太遲，一定可以找到一個善良的人或者一群善良的人，改變我們的人生，品嘗快樂的時光，度過美好的一天，甚至享受完美的一年。嶄新的人生契機通常從成年以後遇到新的朋友開始，但有時候，與一路上呵護我們的家人及朋友重新建立聯繫，或者只是單純地想起他們，也會創造不同的改變。我們已經知道童年逆境的睡眠者效應，慢性壓力會隨著時間累積，在成年時期造成問題，但正面積極的影響也會產生睡眠者效應，正面積極的經驗也會逐漸堆疊，一瞬間（或者逐漸地）讓良好的心情戰勝惡劣的情緒。

如果你無法想像這些事情會發生在自己身上，請放心。就算沒有其他幫助，時間就是你的朋友。心理學研究者羅拉．卡斯騰森提出「積極效應」，或者說，隨著我們年紀增長，積極正面的經驗會逐漸累積力量。我們回憶痛苦與惡人的時間會減少。我們越來越能夠控制自己的生活，於是開始區分好壞經驗，讓自己得到更多有意義的正面互動，減少負面或瑣碎的情緒。我們也會越來越善於控制情緒，減緩面對生命難關的強烈情緒反應。走入成年期之後，我們對於其他人的信心也會逐漸增強，我們的人際情感關係也會變得更為堅強。整體而言，在人生的下半場，我們更願意注意人生裡的美好，而不是痛苦。

我們在這本書讀到的故事裡，男男女女的主角們，確實都是剛開始進入成年期，或者已經開始自己的人生了。這是超凡之子最為痛苦的時期，因為經年累積的童年壓力和可怕的未來惶恐將在此處交會。正如卡斯騰森的可能推測，年紀更大的成年人比較不會到我的辦公室討論童年的痛苦，如果他們真的尋求心理諮商的協助，也更傾向於強調童年的美好記憶。「我年輕的時候經歷了許多可怕的事情，我已經接受自己或許永遠無法理解了。」一位年逾六十的女性個案曾說：「但那已經是很久很久以前了，到了現在，我知道自己擁有更多幸福的時光，遠遠多於不快樂。我選擇專注幸福。」也許，壞的記憶確實比好的記憶更強烈，特別是在我們年輕，才剛開始學習這個世界的運作方式和危機時，但美好歲月的生命記憶最後必定勝利。正如歷史的弧線總是指向公義，生命的弧線也永遠朝向幸福。

第十八章

永不結束

成為自己內心的鬥士，從你的能力裡找到力量現實生活是不穩定的混亂，幾乎沒有任何事情會真正地得到解決。我花了很久才明白這個道理。

——艾倫．摩爾，《守護者》

二〇一三年，美國公共廣播電視公司首次播放史詩級紀錄片《超級英雄：永不結束的戰鬥》，標題強調了超人、蝙蝠俠、神力女超人和蜘蛛人以及所有的超級英雄主角——在二十一世紀仍然繼續他們在數十年前初次問世登場的使命。永不停歇、無窮無盡的超級英雄故事，與超凡之子產生了部分共鳴，因為他們無法看到自己故事的結局。雖然珍妮佛的兒子覺得媽媽就像灰姑娘，相信母親的痛苦已經結束，從此以後過著幸福快樂的日子，但珍妮佛心中的好壞之戰仍然方興未艾，對於我們所有人而言，只要活著，就要繼續戰鬥。

希望這些文字能夠在一路上陪伴你。

成為自己內心的鬥士，從你的能力裡找到力量，堅強並且勇敢克服一路上的障礙。如果你曾經陷入憤怒，也沒有必要因此愧疚，或者羞愧地不願接受真相。這是復原力之子生存與成功的方法，然而，也請你記得替自己找尋平靜。

找到一個能夠傾訴祕密的人。倘若對方的回應不好，就尋找另一個人，而且要快。每一次敘述自己的故事，都會變得更容易，更條理分明，也更容易理解，甚至有可能變得更簡短。

就算——不，應該要說，特別是你在孩童時並沒有得到妥善的照顧，成年以後一定要好好的照顧自己。找一個好醫生，每年接受定期的檢查。讓醫生知道你的童年逆境，因為他可能無法從你的外表得知。每一天保持八個小時的睡眠，好好吃飯、玩樂、運動、工作，當然也要休息。現在就開始。如果我們因為慢性壓力而早逝，我們內心的幸福就沒有辦法迎接最後的勝利。

如果你覺得自己活在憂鬱、焦慮、失眠或者其他的壓力症狀之中，請將它視為正常的腦部健康問題。尋求心理治療，或者告知你的醫生。請記得，就算你很掙扎，或者偶爾覺得自己根本就是反英雄，也不代表你沒有辦法復原，或者你不是一個好人。然而，倘若你依賴特定物質，試著仰賴人。物質只會傷害你，而人有益於你的健康。

瑜珈和冥想也很有幫助，但並非減少壓力的唯一途徑。任何活動，只要能夠清除痛苦的想法與感受，讓你得到自然的情緒，包括閱讀、觀賞網路廣播電視節目、騎單車、編織、慢跑、接近大自然或者看電影，讓自己的心智與痛苦之間保持距離，就是非常好的方法。

保持實際的距離也很好。特定的人際情感關係也許會隨著時間改善，但大多數的不會。如果某個人正在傷害你，你應該嘗試修改這段關係的距離。倘若改變距離會讓你心碎，你有正當的理由徹底地離開。親戚、伴侶或職場的上司如果重製了你的創傷，就要遠離他們。

保護自己免於危險人物的傷害是睿智的行為，但確保你的盔甲不會過於緊密，讓愛可以走入你的心。伸出援手，幫助生命中的好人，遠比在意壞人更有用。寫下一張清單，記錄你覺得應該感激的人物，也許寫一封衷心的信給他們。將生命中重要人物的照片，還有一切能夠提醒你記得他們的物品放在日常生活隨處可見的地點。為了他們的重要性而奮戰——在你的生活裡，在你的腦海裡，就像他們曾經替你而戰。

把握現在，努力創造某些物品或成就，藉此阻止你的過去逐漸逼近。隨著你的人生旅程一路向前，也要阻止誘惑，不要和其他人比較自己的逆境和勝利。我們對於成功和逆境，平凡和正常，都有不同的定義。

找到你愛的人，而他也愛你，請記得他們可能來自四面八方，不必在生命裡選邊站，也無須限制自己只和同樣受苦的人交往。多元的視野可以豐富我們的生命。擁有平均且可預期的成長背景者，不一定更容易擁有比你更好的生活，這不是事實，也並非公允的對待。

倘若你有了自己的孩子，請成為你內心渴望的父母，創造你一直都想要的家庭，但是，請克制自己，不要保護孩子免於所有的傷害，但也不要讓他們的生活變得艱困。生命自然會讓他們經歷各種試驗與傷痛，倘若真的發生了，你只需要傾聽、相信、指引、同情地理解、解決問題並且愛孩子。你曾經希望別人如何待你，現在就如何照顧孩子。

除此之外，在任何時刻都應該善待自己以及在生命旅途中相遇的朋友，並不是每個朋友都在對抗艱難的人生問題，但我們知道，許多人和我們一起奮戰。

致謝

在這裡感謝所有無法提及其真實姓名的朋友，才是最重要的重點。他們是真正令人大感驚奇的男男女女，與我分享了他們的人生故事。你們讓我明白「復原」的關鍵並不是韌性，而是力量和勇氣——並且了解了活在平均且可預期之外的世界，竟是如此複雜。我在這本書裡描述了個案和學生的人生故事，縱然只是一小部分的人，但能夠替他們戰鬥，並且照顧他們的感受，已經是我的榮幸，我希望讀者以及世界各地的超凡之子，能夠因此知道自己並不孤單。雖然我無法全盤地述說你們的故事，但我努力地要讓你們的經驗和故事獲得公平的看待。倘若世上真有所謂的「正常」，也無法和你們相提並論。

我也要奉行自己所提出的建議，向所有的好朋友傳遞最深刻的感激，他們也曾經替我戰鬥，並且照顧我的感受——以及這本書：

我要感謝十二出版社。布萊恩．麥可雷頓是一位卓越的行銷人才，我希望先從你開始表達謝意，因為編輯來來去去，但你永遠都在這裡支持我。我們一起經歷了許多難關，你的善良和友誼不曾動搖，讓我感受無比的美好。《非凡韌性：釋放傷痛，不再偽裝，從逆境中找到更強大的自己》的第一任編輯戴比．福特從一開始就支持我寫作此書，我要感謝你一直以來的熱忱和支持。西恩．戴斯蒙是最後一任編輯，感謝你接手，拯救了它，並且確保這本書值得世上所有的超凡之子擁有。我也非常感謝哈契特出版集團的伙伴多年來的支持，特別是潔米·拉伯、保羅·山繆森、瑞秋·康保麗、貝利·唐納古、伊莉莎白·庫哈奈克、桑雅·沙芙羅、利比·波頓以及麥可·皮許。

封面設計師瓊·格雷，謝謝你替這本書創造了一件如此強烈、美麗和神祕的外衣。你的作品如實呈現了身為超凡之子的感受。

我非常信賴我的同僚，凱薩琳·克拉金、羅伯特·艾梅利、克麗絲塔·珍娜，特別是史帝夫·拉格費。想要將作品的草稿分享給自己崇拜的人物，需要極大的信任，感謝你們讓我有這個榮幸，並且付出了你們的時間閱讀和誠實的建議——時間和建議是我最珍惜的資源。你們讓這本書變得更好，為此，我心懷感激。

感謝我的同僚、督導和朋友，琳達·柯茲薩瑞里、南西·秋多羅、戴布拉·拉斐爾、羅里·凱斯、凱洛·曼尼、艾瑞克·圖克海默、愛蜜莉·拉普。你們讓我知道什麼樣的臨床心理學家才能創造改變，用愛治療個案。你們讓我成為一個更好的心理諮商師、更好的人，為此，我心懷感激。

茉莉·戴維斯·福柯是一位臨床心理學家、研究助理，也是卓越非凡的引用資料查核人員。我曾經說過，這本書沒有妳的協助，就無法完成，而我是真心誠意地如此相信。妳展露的熱忱精神以及無止盡的辛勤付出，以及將任何事物與《漢彌爾頓》聯想的能力，都讓我非常感激。當然，《漢彌爾頓》也是一個超凡故事。我期待能夠用一生的時間歌頌對妳的讚美，並且推薦妳從事任何偉大的使命，也希望能夠繼續陪伴妳、支持妳。順帶一提，妳的二十年華表現驚人，非常了不起！

我的經紀人蒂娜．班尼特，感謝妳，妳和我是同一類型的女人：努力不懈、熱情、致力改善世界。我欠妳很多，妳是全世界最聰明的建言者、伙伴，也是最好的閨密，這一切都已經超乎妳的工作職責。最重要的是，我非常感謝妳送我的閃亮耳環，妳甚至非常慷慨地寄到我家。我會用一生守護這些耳環，還有妳我的情誼。

傑氏一家人，你們已經知道自己多麼了不起了。謝謝你們給我的歡笑與愛。從有記憶開始，我就想要成為作家，或許正是因為從有記憶開始，我就不停地聆聽家庭故事，第四篇、第九篇、第十一篇還有第二十七篇。這些故事讓我學會心碎和幽默或許可以，也應該並行不悖。當然，這是另一個值得用一本書的篇幅討論的主題，也許有一天我也會開始著手書寫。

我的丈夫，我的伴侶，你是如此的慷慨、善良，從我們相遇之後，永遠地支持我大大小小的雄心壯志。我想要感謝你的付出，卻又覺得這樣過於簡單，因為你把自己的生活與我分享，你將自己的每一天、每一年借給我，讓我得到幸福與實現夢想。當初我們結婚時，你可能還不知道自己惹上了什麼麻煩，我愛你，因為你勇敢地用自己的生命，參與了我的生命。

我的孩子，我的祖母綠和紅寶石，你們的重要性已經超越文字能夠表達的範圍了。儘管這樣不夠，但我必須謝謝你們總是關心這本書的進度，甚至讓我沒有後顧之憂地專心寫作。能夠參與你們的童年，是我最大的樂趣和榮幸，無論你們年紀多大，我都要一直說自己多愛你們。在我的人生裡，最重要的任務以及最偉大的成就，就是成為你們的媽媽。

國家圖書館出版品預行編目資料

非凡韌性：釋放傷痛，不再偽裝，從逆境中找到更強大的自己／梅格．潔伊（Meg Jay, PhD）著；林曉欽 譯. -- 初版. -- 臺北市：圓神，2019.5
432面；14.8×20.8公分（圓神文叢；252）
譯自：Supernormal: the secret world of the family hero
ISBN 978-986-133-688-6（平裝）

1. 心理諮商　2. 個案研究

178.4　108002816

Eurasian Publishing Group 圓神出版事業機構　圓神出版社 Eurasian Press

www.booklife.com.tw　reader@mail.eurasian.com.tw

圓神文叢 252

非凡韌性：釋放傷痛，不再偽裝，從逆境中找到更強大的自己

作　　者／梅格．潔伊（Meg Jay, PhD）
譯　　者／林曉欽
發 行 人／簡志忠
出 版 者／圓神出版社有限公司
地　　址／台北市南京東路四段50號6樓之1
電　　話／（02）2579-6600．2579-8800．2570-3939
傳　　真／（02）2579-0338．2577-3220．2570-3636
總 編 輯／陳秋月
主　　編／吳靜怡
責任編輯／歐玟秀
校　　對／歐玟秀．林振宏
美術編輯／李家宜
行銷企畫／詹怡慧．林雅雯
印務統籌／劉鳳剛．高榮祥
監　　印／高榮祥
排　　版／杜易蓉
經 銷 商／叩應股份有限公司
郵撥帳號／ 18707239
法律顧問／圓神出版事業機構法律顧問　蕭雄淋律師
印　　刷／祥峯印刷廠
2019年5月　初版

定價 380 元　ISBN 978-986-133-688-6　